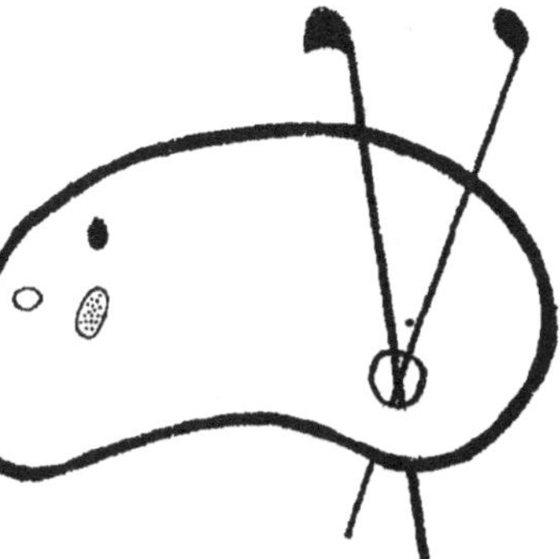

COUVERTURE SUPERIEURE ET INFERIEURE
EN COULEUR

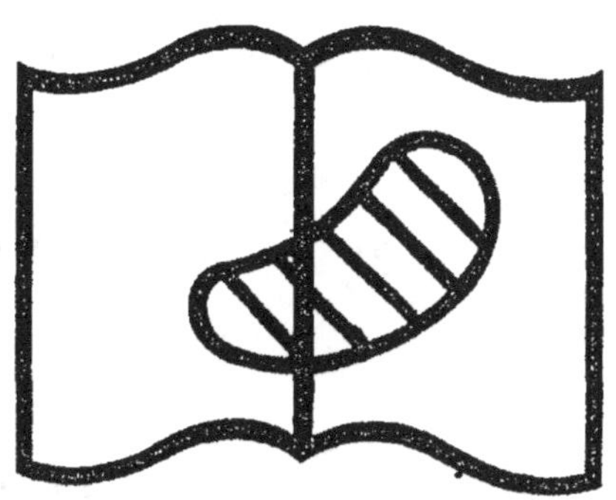

Illisibilité partielle

VALABLE POUR TOUT OU PARTIE DU
DOCUMENT REPRODUIT

PEUPLES ARYÂS ET TOURANS

Agriculteurs et Nomades

NÉCESSITÉ

DES RÉFORMES

DANS L'EXPOSITION

DE L'HISTOIRE DES PEUPLES ARYÂS-EUROPÉENS & TOURANS

Particuliérement des Slaves et des Moscovites

PAR

F.-H. DUCHIŃSKI (DE KIEW)

« J'ai toujours trouvé à l'histoire une grande
« vertu d'apaisement.
« L'histoire stimule les timides en leur faisant
« voir les nécessités impérieuses des choses. »

(M. DURUY, ministre de l'Instruction publique,
dans la circulaire accompagnant son programme
relatif au cours d'histoire en philosophie.)

PARIS

FRIEDRICH KLINCKSIECK

RUE DE LILLE, 11

1864

PEUPLES

ARYÂS ET TOURANS

Agriculteurs et Nomades

G

IMPRIMERIE RENOU ET MAULDE

Rue de Rivoli, 144.

PEUPLES ARYÂS ET TOURANS

Agriculteurs et Nomades

NÉCESSITÉ

DES RÉFORMES

DANS L'EXPOSITION

DE L'HISTOIRE DES PEUPLES ARYÂS-EUROPÉENS & TOURANS

Particulièrement des Slaves et des Moscovites

PAR

F.-H. DUCHIŃSKI (DE KIEW)

> « J'ai toujours trouvé à l'histoire une grande
> « vertu d'apaisement.
> « L'histoire stimule les timides en leur faisant
> « voir les nécessités impérieuses des choses. »
>
> (M. DURUY, ministre de l'Instruction publique,
> dans la circulaire accompagnant son programme
> relatif au cours d'histoire en philosophie.)

PARIS

FRIEDRICH KLINCKSIECK

RUE DE LILLE, 11

1864

INTRODUCTION

SOMMAIRE

Aux professeurs d'histoire universelle aux Colléges et Lycées. Texte du § XXI de la circulaire du Ministre de l'instruction publique du 24 septembre 1863, relatif au panslavisme, à la Pologne et à la Moscovie. L'auteur croit que son ouvrage actuel peut répondre, au moins en partie, au programme ministériel. — M. Henri Martin, en admettant les principes de l'auteur, les a formulés pour les besoins de l'enseignement. Ses trois principes fondamentaux : 1° L'unité des peuples Aryâs jusque dans le bassin du Dniéper ; 2° La nécessité d'une fédération de ces peuples; 3° L'impossibilité aux Moscovites de faire partie de cette fédération; ils sont Touraniens par leurs besoins, ressortant des origines et du génie. — Il faut les appeler Moscovites, et non pas Russes. — Quelques remarques sur les dernières publications françaises et anglaises qui corroborent les principes de M. Henri Martin et les nôtres : *La Revue des Deux Mondes* et *Westminster-Review*. — La réponse de M. Chewyreff, membre de l'Académie des sciences de Saint-Pétersbourg, à M. le sénateur Bonjean et à ceux qui reconnaissent les Moscovites pour des Slaves mongolisés. Cette réponse et celle de M. Pagodine prouvent plutôt qu'elles n'infirment nos principes. — Rapport entre la dissertation sur la non-slavicité des Moscovites publiée dans *la Revue des Deux-Mondes* (1er juin 1863) et la note du Ministre des affaires étrangères de France au cabinet de Saint-Pétersbourg (3 août), d'après les journaux moscovites et allemands. Quelques extraits des études de M. le sénateur Mérimée démontrant la mongolisation des Moscovites, que l'auteur reconnaît pour descendants des républicains novgorodiens. Erreurs de M. Mérimée à ce sujet; ses erreurs au sujet des Kosaks. — Sommaire des sujets traités dans l'ouvrage actuel. — Les réformes fondamentales à introduire dans l'enseignement de l'histoire de Pologne et de Moscovie consistent dans l'appréciation de l'histoire de la formation de la nationalité polonaise et de la nationalité moscovite, au lieu de prendre pour l'histoire de la Pologne l'histoire de la dynastie de Piast, et l'histoire de la dynastie de Rurik pour l'histoire de la Moscovie, comme cela a été fait jusqu'à présent.

AUX PROFESSEURS D'HISTOIRE UNIVERSELLE
AUX COLLÉGES ET LYCÉES.

Monsieur le ministre de l'instruction publique de France a pensé qu'il était temps de signaler le panslavisme, avec tous ses principes et conclusions, comme un fléau dangereux pour la civilisation européenne. En vérité,

l'introduction dans l'enseignement aux écoles moyennes de France de la doctrine du panslavisme, lui a porté un coup mortel. La circulaire du ministre de l'instruction publique, publiée par le *Moniteur* du 24 septembre de l'an passé, et précédée du décret Impérial, prouve la justesse de nos paroles. Il y est dit, § XXI :

« *Le Tsar Nicolas et le panslavisme.*

« Politique de l'empereur Nicolas à l'égard de la France
« depuis 1830. — Influence du tsar sur l'Allemagne. —
« Ses efforts pour dénationaliser la Pologne. — Il sauve
« l'Autriche en écrasant les Hongrois, et croit le moment
« venu de saisir Constantinople. — La France et l'Angle-
« terre l'arrêtent. — Guerre de Crimée. — Prise de Sébas-
« topol. — Convention avec la Suède. — Congrès et traité
« de Paris. — Nouveaux principes du droit des gens. »

Voilà l'esprit qui doit diriger les professeurs d'histoire universelle.

Mais qu'est-ce que le tsarisme ? Qu'est-ce que le panslavisme ? Pourquoi est-il si dangereux ? Qu'est-ce que la nationalité polonaise ? Pourquoi la nationalité polonaise ne veut-elle pas se fondre dans la nationalité moscovite, pour jouir des libertés et de la puissance de cette dernière ? Quelles sont les différences entre la nationalité polonaise et la nationalité moscovite ?

Telles sont les questions auxquelles doit répondre à ses élèves tout professeur d'histoire universelle, en se conformant au programme ministériel. Il y a bien d'autres questions non moins importantes que résument les autres paragraphes de la dernière circulaire. Nous croyons que l'ouvrage actuel peut répondre, au moins en partie, aux besoins qu'elle provoque.

L'ouvrage actuel n'est qu'un recueil de nos écrits, dont une partie fut publiée au commencement, l'autre à la fin de l'année 1862 ; la troisième dans le courant de l'année passée et enfin, la dernière partie, qui sert d'introduction, a été publiée cette année. Nous les avons réunies en un seul volume ; quoiqu'elles offrent des différences selon l'époque et les circonstances dans lesquelles elles ont été faites, toutes ces parties ont le même but, savoir : légitimer la nécessité des réformes à introduire tant dans l'exposition que dans l'appréciation de l'histoire universelle et particuculièrement de l'histoire des Slaves et des Moscovites, (Grands-Russes).

Le lecteur ressentira les inconvénients d'une réunion d'écrits préparés et en partie publiés comme nous venons de le dire, à différentes époques et répondant à des circonstances diverses. Mais en revanche il aura peut-être quelque satisfaction à voir le progrès de nos travaux depuis plus d'un quart de siècle, dans les différentes contrées des Empires russe et ottoman, en Grèce, en Italie, en Allemagne, enfin en France, où ils ont été couronnés de succès. Nous voulons pourtant faciliter au lecteur l'appréciation de ce recueil. A cet effet, nous le faisons précéder du résumé succinct de son contenu que nous faisons suivre des sommaires des sujets traités dans chacun des chapitres. Ainsi le lecteur aura sous les yeux la légitimation même des principales réformes que nous proposons ; il pourra laisser de côté une partie de ces légitimations et reporter son attention sur tels points qui lui paraîtront plus importants ou moins connus.

Nous sommes heureux de pouvoir soumettre à l'attention des professeurs d'histoire, les formules des principales réformes que nous proposons, telles qu'elles ont été présentées par un des premiers historiens français. M. Henri Martin a admis nos principales conclusions, les a corroborées de ses propres études et est allé dans leur application au point que le court résumé qu'il en a fait, peut être considéré comme constituant la base même du XVIIIe volume de son Histoire de France. Ce résumé, que l'auteur eut la complaisance de nous adresser sous forme de lettre, est, selon nous, la dernière réponse de la science française, au prince Troubetzkoï, à MM. Pagodine, Parochine, Chewyriew, Schnitzler, aux généraux Mieroslawski, Rybinski, à l'auteur de l'ouvrage : *La Pologne et la cause de l'ordre* et autres défenseurs de nos jours des oukases de Catherine II, oukases décrétant que les Moscovites sont Slaves, Européens et Russes ; cette lettre est enfin le meilleur argument contre ceux qui prétendent que les Lithuano-Routhènes sont Moscovites.

Nous devons prévenir, que dans la lettre de M. Henri Martin qu'on va lire, il s'agit de réformes que réclame l'enseignement de l'histoire universelle dans les écoles moyennes de France. Voici cette lettre, datée du 4 février courant :

    « Mon cher Monsieur,

    « Je pense entièrement comme vous sur les questions
« capitales dont vous m'avez parlé. Il est très-nécessaire
« d'insister fortement, dans l'enseignement de l'histoire

« universelle, sur l'unité primitive de la grande race
« *aryenne*, appelée improprement indo-européenne, unité
« établie par toutes les découvertes de la philologie et de
« l'ethnographie.

« Il est très-nécessaire d'enseigner, que cette unité s'est
« maintenue au fond, sous la diversité des nationalités,
« parmi les peuples d'origine *aryenne* qui forment la
« *Société européenne*, et qui devront former un jour la
« *fédération européenne*, en ajoutant au lien moral et
« social qui les unit, un lien positif et politique, une orga-
« nisation d'arbitrage international et de défense mutuelle.
« Ce n'est point là une utopie abstraite, ni une prophétie
« enthousiaste ; c'est un développement logique de la nature
« des choses, et ce sera un contre-poids nécessaire : 1° du
« développement de la colossale fédération américaine,
« destinée à sortir avec une puissance toujours croissante
« de son épreuve actuelle ; 2° et du développement de
« l'unité despotique chez les peuples touraniens (Tatars,
« Chinois, etc.) du Nord et de l'Orient destinés probable-
« ment à tomber sous la main des Moscovites.

« Il est très-nécessaire, enfin, de bien définir la société
« européenne actuelle et la future fédération européenne,
« *ethnographiquement et géographiquement*. La véritable
« Europe ne s'étend point du tout jusqu'aux monts Ourals ;
« elle s'arrête au bassin du Dniéper. Les Moscovites (écar-
« tons ce nom de Russes qui n'est qu'une équivoque et ne
« désigne ni une nation ni une race) ; les Moscovites, tou-
« raniens de race et de génie, ne sont pas de la société
« européenne ; ils la troublent et la désorganisent ; ils
« n'en seront jamais un élément harmonique : ils doivent

« traiter avec elle mais *du dehors ;* leur rôle légitime est
« en Asie et il peut avoir là sa grandeur ; jusqu'à ce qu'on
« les oblige à s'y résigner, et qu'on déchire pour jamais le
« *Testament* de ce *Pierre le Grand* si funeste à l'huma-
« nité, il n'y aura ni paix, ni sécurité, ni ordre en
« Europe.

« Tout à vous,

HENRI MARTIN.

« 4 février 1864. »

Notre exposé actuel n'est qu'un recueil des faits et des
chiffres démontrant la justesse des principes que nos lecteurs ont sous les yeux. Ces principes complètent, comme
l'on voit, en les formulant en un système scientifique propre
à être enseigné à la jeunesse, toutes les discussions sur les
rapports entre les peuples aryâs et tourans, rapports anciens
et modernes, depuis cinq mille ans.

Déjà le savant auteur de la dissertation publiée dans la
Revue des Deux-Mondes (livraison du 1ᵉʳ juin 1863), sur
les *frontières de la Pologne,* a pu dire en présence des
documents qu'il cite, qu'il ne manque pas de preuves pour
juger en dernier ressort les points en discussion; l'étude de
ces documents amena l'auteur de la dissertation à une
conclusion analogue à celle formulée par l'historien français. A la même époque ont paru, sur le même sujet,
les études du Marquis de Noailles (membre de l'Institut). Sa brochure : *La Pologne et ses frontières,* se recommanda par la nouveauté ou plutôt par la singularité
des sources. L'auteur, pour prouver la non-slavicité des
Moscovites, prit à tâche de ne recourir qu'aux autorités
moscovites, en commençant par l'historiographe Karamzin.

MM. Kurzwelle, professeur à l'école militaire de Saint-Cyr (1), Elias Regnault et autres savants et publicistes, dont les travaux nous occuperont plus tard, sont venus corroborer les conclusions de ces auteurs, qui, eux-mêmes, ont compulsé, touchant le sujet, les travaux de M. Auguste Viquesnel et adoptèrent les conclusions de l'ancien président de la Société géologique et météorologique de France.

La lettre de M. Henri Martin, qu'on vient de lire, ferme toutes les discussions sur le sujet. Elle doit servir de base à l'enseignement de l'histoire universelle dans les écoles françaises. Nous nous permettrons de faire quelques remarques sur les formules du célèbre historien :

1° La réforme qu'introduit M. Henri Martin en ne donnant à nos pères et aux pères des Aryâs-Hindous d'autre nom que celui d'Aryâs, corrige la dénomination d'Indo-européens dont nous nous sommes souvent servi comme équivalent. Nous admettons cette correction, elle est importante ; car nos pères ne sont pas venus des Indes, mais des pays Aryâs qui commençaient à l'Est du lac ou de la mer d'Aral. Le nom Aryâ caractérise la prédominance des penchants sédentaires, agricoles, contrairement au nom de Tourans, qui signifie nomades.

2° Nous sommes d'accord avec M. Henri Martin, que la Finlande fait partie intégrante des pays et des peuples européens ; car, quoique les paysans finlandais aient conservé leur langue, il ne faut pas oublier que l'éducation de l'Église catholique-romaine, le protestantisme, leurs traditions historiques depuis le XII⁰ siècle et même la configuration de

____

(1) La solution définitive de la question polonaise.

leur sol, les séparent du monde touranien et les font classer parmi les peuples européens.

Il en est de même des Madiars et des paysans de l'Esthonie.

3° Tout notre ouvrage actuel n'est, répétons-nous, que la légitimation des principes formulés par M. Henri Martin. Mais le progrès de ces principes a été extrêmement rapide, particulièrement depuis que M. le ministre de l'instruction publique attira l'attention du monde sur le danger du panslavisme, par sa circulaire du 24 septembre dernier. Voilà pourquoi nous n'avons pas pu mentionner dans l'exposé que le lecteur a sous les yeux deux importantes publications, une en langue française, l'autre en langue anglaise, qui viennent confirmer la justesse des principes que nous défendons. Comme nous écrivons ces quelques mots à l'adresse des professeurs d'histoire universelle, pour les prévenir du but et de la forme de notre exposé, dont l'impression est terminée, nous profitons de l'occasion pour dire quelques mots sur les deux publications en question. La première est une dissertation concernant les résultats des dernières études sur les peuples aryâs; elle a paru dans la livraison du 1er février courant de la *Revue des Deux Mondes*. L'auteur en est M. Albert Réville. La deuxième est une dissertation analogue sur les *Slaves* et les *Moscovites*; cette dernière a paru dans une des plus importantes revues anglaises: *Westminster Review*, dans la livraison du mois de janvier. Les Anglais ne signent pas leurs articles.

La dissertation qui vient de paraître dans la *Revue des Deux-Mondes* est d'autant plus importante qu'elle sert de réponse aux objections que présenta M. Pagodine à une autre dissertation publiée par la même *Revue* dans sa livraison du 1ᵉʳ juin de l'an passé, et dont nous avons déjà parlé. Dans l'intervalle de ces publications ont eu lieu les faits que nous ne pouvons pas passer sous silence ; car nous commençons notre exposé actuel par l'énoncé de *quelques faits de l'histoire des études sur les peuples aryâs et tourans* et les faits dont nous parlons ne s'y trouvent pas, car ce sont les journaux allemands qui viennent d'attirer notre attention sur leur importance relative.

Le futur historien du progrès des études sur les peuples aryâs et tourans ne doit pas oublier que, selon l'opinion des savants moscovites, qui, — disons-le en passant, sont tous hommes d'État et diplomates, — la dissertation en question a été élaborée dans les bureaux du ministère des affaires étrangères de France, et que c'est pour cela que le cabinet de Saint-Pétersbourg confia la réponse à ce *document ethnographico-politique* (comme furent appelées les études publiées par la *Revue*), à M. Pagodine lui-même, c'est-à-dire au savant qui défend avec l'ardeur qu'on lui connaît le slavisme des Moscovites et le moscovitisme des paysans lithuano-routhènes. La réponse de M. Pagodine fut publiée dans le journal officiel *l'Invalide Russe*, au mois de juillet ; mais le mois suivant, M. Drouyn de Lhuys expédia une dépêche à Saint-Pétersbourg où il constatait, que, d'après le cabinet français, les provinces lithuano-routhènes sont aussi polonaises que le royaume de Pologne (dépêche du 3 août). Quelques écrivains allemands ont vu dans cette dernière dépêche du cabinet français une réponse non moins politique qu'ethnographique. Le fait est que c'est ainsi que posa la question l'auteur de la dissertation publiée dans la *Revue des Deux-Mondes* du 1ᵉʳ juin, et que c'est ainsi que l'envisagent les défenseurs du slavisme des Moscovites et du moscovitisme des paysans lithuano-routhènes. Un des collègues de M. Pagodine est intervenu dans la discussion. Ce savant a cru le moment venu de la trancher tout court; il est venu exprès à Paris pour être plus près du théâtre de la lutte scientifique. Il s'en prend surtout à M. le sénateur Bonjean. Voici ce qu'il en dit: « Voulant expliquer pourquoi la partie russe de la Pologne est livrée à des insurrections périodiques, l'honorable séna-teur en fait remonter la cause à l'opposition profonde qui résulte des deux civilisations contradictoires. La civilisation polonaise qui appartient à l'Occident, dit-il, se sépare de la civilisation russe qui appartient aux races asiatiques. » M. le sénateur Bonjean a dit clairement que la civilisation moscovite appartient aux peuples tartares. Voyant dans le progrès que fait en France la vérité sur l'origine non slave des Moscovites, une offense à sa nation, M. Chewyreff a écrit: « Je n'ignore pas que quelques *pré-tendus savants de circonstance* nous attribuent une origine finnoise et une mongolisation postérieure. Ces *inepties.....* La mongolisation qu'on veut nous imposer est *un rêve creux d'historiens superficiels* ou *une calomnie de nos ennemis,* »

Toute cette condamnation de ceux qui ne reconnaissent pas les Moscovites pour les plus purs Slaves, toutes ces preuves à légitimer les idées contraires, sont écrites par M. Chewyreff, ici, à Paris (voir *le Nord* du 9 janvier) et signée en toutes lettres: « *Etienne Chewyreff* » et dans l'article suivant avec ses qualificatifs : « *membre de l'aca-démie des sciences de Saint-Pétersbourg.* »

Les autres preuves qu'apporte M. Chewyreff pour légi-timer l'européisme et la slavicité des Moscovites, sont les suivantes : 1° le christianisme ; 2° l'élément normand ; 3° la langue slave avec sa pureté et ses caractères de cyrilisme. Pour ce qni concerne le communisme pratiqué par les Moscovites, M. Chewyreff dit : « Il est vrai que les champs cultivés par les paysans appartiennent à la commune en général. Ils se distribuent d'années en années selon la nécessité. » Or c'est précisément ce manque de propriété individuelle (nous ne parlons pas des exceptions), qui ruine de fond en comble les preuves sur lesquelles s'appuie M. Chewyreff pour prouver l'européisme et le slavisme des Moscovites ; car chez les Petits-Russes eux-mêmes et chez les Slaves de Turquie, le partage annuel de terre est inconnu. Au nombre des autres raisons invoquées par M. Chewyreff pour prouver le slavisme et l'européisme des Moscovites, plusieurs nommément les caractères du cyrilisme que porte la langue moscovito-slave ont été déjà rappelées par M. Pagodine. On lui a déjà répondu que ce sont précisément les nombreux caractères de la langue moscovito-slave, et surtout les carac-tères du cyrilisme dont elle porte plus le cachet que les langues routhènes et serbes, prouvent le mieux que la langue slave a été introduite parmi les Moscovites avec la religion chrétienne. Pour ce qui concerne l'influence sur les Mosco-vites de l'élément normand, M. Pagodine lui-même n'osa l'indiquer comme preuve de leur européisme, car les princes Rurikovitches eux-mêmes succombèrent sous l'élément tou-ranien de leurs sujets souzdaliens dès la seconde moitié du xII^e siècle. Enfin, admettre, comme le veut M. Chewyreff, que c'est le christianisme des Moscovites qui prouve leur européisme, ce serait — nous demandons pardon au savant académicien — mettre de côté toute logique.

MM. Viquesnel, Alfred Maury, les sénateurs Mérimée (1) et Bonjean, de Flourens, l'auteur de la dissertation publiée dans la *Revue des Deux Mondes* du 1er juin, le marquis de Noailles, MM. Kurzwell, Charlier de Steinbach, Paul de Saint-Vincent, Jérôme David, Elias Regnault et autres savants, hommes d'Etat, professeurs et publicistes ont pesé tous les faits se rapportant au sujet des Moscovites, et M. Henri Martin, en sa qualité d'historien, est venu formuler leur pensée comme nous venons de voir. Nous allons voir que la formule de M. Henri Martin a été celle de nos pères aux xve, xvie, xviie et même au xviiie siècle. Mais voyons d'abord la dissertation de M. Albert Réville.

Chacun des auteurs dont nous invoquons l'autorité a apporté quelques nouvelles preuves à l'appui de la thèse que nous défendons. Nous avons vu que les études du marquis de Noailles ont ceci de nouveau que, pour ce qui concerne les preuves de la non-slavicité, du non-européisme des Moscovites, l'auteur se borne à celles que fournissent les écrivains moscovites les plus compétents, en commençant par Karamzin, que M. Chewyreff lui-même appelle « le plus consciencieux. » L'historien de l'histoire des Aryâs et Tourans aura à rendre compte de ce que chacun des savants, des historiens, des sénateurs, des députés, des publicistes dont nous invoquons l'autorité a apporté de nouveau. La nouveauté des preuves qu'apportent les études de M. Albert Réville consiste dans

____

(1) Voir la note suivante.

l'enchaînement des faits depuis quatre mille ans. Voici ses dernières conclusions : 1° les Slaves, ou plutôt Lehs, les Latins et les Germains s'appelaient Aryâs, c'est-à-dire *excellents*, formaient une seule famille en Asie dans la Perse actuelle et dans les contrées les plus rapprochées; 2° les Moscovites, les Turcs ottomans et les autres Tourans (y compris les Chinois) formaient une autre famille au nord des Aryâs; 3° les luttes actuelles entre les Aryâs et les Tourans en Europe commencèrent en Asie bien avant quatre mille ans; 4° les Kozaks ne sont pour l'auteur que Touraniens et représentent les Moscovites. Voici les paroles de l'auteur, paroles qui formulent la dernière conclusion de ces études : « Le Kozak, le Tartare, le Mongol — voilà l'éternel ennemi de notre race. » (Revue citée, page 710.) (1)

(1) Voici quelques passages des études sur les Moscovites publiées par le sénateur, membre de l'Institut, M. Mérimée. Ce sont des appréciations qui corroborent celles de son collègue du sénat, M. Bonjean :

« On dit qu'à la vue de Moscou, Mme de Staël s'écria : « Rome tartare »…. Moscou a une physionomie toute orientale… Par une brillante journée d'hiver, Moscou, c'est Constantinople en pelisse, c'est l'Orient gelé ». Ailleurs, l'auteur reconnaît la justesse de la caractéristique de toute histoire ancienne et moderne des Moscovites, qu'en a fait Napoléon Ier, et dit : « la politesse des Russes n'est qu'une affaire de discipline, une partie de l'uniforme qu'ils prennent le matin avec le hausse-col ». Pour M. Mérimée, comme avant pour le comte Montulet, les Moscovites de nos jours rappellent les Arabes. (*Une Année en Russie*, M. S.-M. Girardin, par Henri Mérimée, pages 126, 128, 164, etc.

Et pourtant M. le sénateur Mérimée considère les Moscovites, comme descendants des républicains de Novgorod ! et suppose que c'est la domination des Mongols du XIIIe au XVIe siècle qui les a *mongolisés*. M. Chewyreff dit : « que « la mongolisation qu'on veut nous *imposer* est un rêve creux d'historiens « superficiels ou une calomnie de nos ennemis. » Voilà la réponse bien crue de l'académicien moscovite à l'académicien-sénateur français, et à tous les Aryâs-Européens; car les plus ignorants et les plus complaisants n'ont jamais considéré les Moscovites que comme Slaves mongolisés. Nous respectons trop la science de M. Mérimée, de même que celle de M. Flourens, professeur au Collége de France, qui partage son opinion sur les Moscovites, pour ne pas admettre qu'ils reconnaissent eux-mêmes s'être trompés. Nous espérons

Nous nous permettrons de soumettre à l'attention des professeurs d'histoire seulement les trois passages suivants dû beau travail de M. Albert Réville, qui résument toutes ses laborieuses études. Du reste, nous avons à constater un point dans l'appréciation duquel nous ne sommes pas d'accord avec l'auteur.

(Page 724) ; « Il nous a suffi d'indiquer ici quelques-uns « des brillants et curieux sujets que l'étude des origines « indo-européennes offre à l'analyse. On a pu se faire ainsi « quelque idée de l'intérêt propre à ces sciences modernes, « dont la comparaison est le principe générateur. Que l'on « ne s'imagine pas, au surplus, que la curiosité soit seule « intéressée à cette résurrection de nos ancêtres inconnus. « Les conséquences pratiques de telles études ne tarderont « peut-être pas à se révéler dans ce monde instruit qui, « sans cultiver les sciences spéciales, est ouvert à leur « influence et la fait pénétrer à la longue chez ceux même « qui n'en ont pas le moindre soupçon. On ne se serait pas « imaginé que la philologie comparée allait quelque jour « fortifier la puissance anglaise dans les Indes. C'est pour- « tant ce qui arrive, et on ne peut plus contester aujour- « d'hui que les Anglais ne soient dans l'immense péninsule

qu'ils reconnaîtront que les trente et quelques millions de Moscovites purs de nos jours ne peuvent pas descendre des quelques milliers de Novgorodiens transportés par Yvan III en Moscovie ; ils reconnaîtront que les Moscovites de nos jours descendent de ces Moscovites qui combattaient contre les Novgorodiens en l'an 1137 et l'an 1170, et qui ruinèrent l'État Novgorodien aux XVᵉ et XVIᵉ siècles.

Nous nous permettrons d'adresser respectueusement à M. le sénateur Mérimée la prière de revoir ses études sur l'histoire des Kosaks de Koulische, études publiées dans le *Journal des Savants* de l'an passé. L'erreur capitale de ces études consiste dans l'idée que les Kosaks représentaient les besoins moraux et sociaux des Routhènes.

« les alliés par le sang des populations brahmaniques, aux-
« quelles ils ont donné un gouvernement régulier et en
« somme bienfaisant, surtout si on le compare aux gou-
« vernements arabes et mongols qui ont avant eux opprimé
« les descendants des Aryas. On prétend même que déjà
« les Hindous les plus éclairés reconnaissent cette vérité,
« qui met leur amour-propre à l'aise, et se montrent bien
« plus disposés qu'auparavant à faire cause commune avec
« les Européens contre leurs anciens envahisseurs. Le
« Cosaque, le Tartare, le Mongol, voilà l'éternel ennemi
« de notre race. »

(Page 727) : « L'Europe, en connaissant mieux ses véri-
« tables origines, ne comprendra-t-elle pas enfin ses véri-
« tables intérêts ? Ne verra-t-elle pas que ces antipathies
« internationales, au nom desquelles une politique égoïste
« réussit encore à entraver l'émancipation des peuples et la
« constitution d'un ordre de choses assurant sa place au
« soleil à chaque nationalité, à chaque Européen sa liberté,
« ne sont que des préjugés injustifiables au point de vue
« historique, aussi bien qu'au point de vue chrétien. »

. . . .

« Nous sommes tous les fils des Aryâs, et nos pères, en
« quittant, il y a plus de quatre mille ans, la patrie primi-
« tive, ont emporté nos titres de noblesse et nous les ont
« légués. Dans ce progrès continu, que depuis lors ils
« n'ont cessé de faire à la surface de la terre, se trouve
« comme une prédiction, comme un symbole du progrès,
« bien plus glorieux encore, que nous avons à faire dans le
« monde de l'esprit. »

Mais tout en rendant justice aux travaux de M. Albert

Réville, nous ne pouvons passer sans protester contre les paroles suivantes que nous trouvons dans sa dissertation.

Après avoir constaté que la racine du mot Aryâ (ar) exprime originairement l'action de s'élever, comme le latin *oriri*, et le substantif qui en dérive désigne le maître, le seigneur, celui à qui l'honneur est dû, l'homme de bonne race, de sang pur par opposition à des populations inférieures, l'auteur dit : « Cette signification du mot Aryâ a « été contestée à tort par M. Max Müller, qui préférerait voir « dans ce mot le sens d'agriculteur (de la racine *ar* prise « dans le sens de labourer comme dans le latin *arare*), « comme si nos ancêtres se fussent distingués primordiale- « ment à titre de peuple sédentaire et agricole des hordes « nomades dont ils étaient environnés. Cela est d'autant « moins admissible, que précisément les deux branches « hindoue et iranienne, à qui nous devons la conservation « et la signification ethnique de ce mot, étaient adonnées « encore presque exclusivement à la vie pastorale quand « elles émigrèrent vers les contrées où elles s'établirent « définitivement. »

Voici nos remarques sur ce passage :

1° Max Müller n'a pas eu l'intention de contester les autres significations du mot Aryâ, son but est de démontrer qu'il signifie agriculteur; 2° nous-même nous avons admis cette dernière explication, et ce n'est pas à cause de l'autorité du nom de Max Müller, mais nos propres études nous y ont conduit, principalement notre appréciation de l'histoire du genre humain sous le point de vue physiologico-psycho-logique et physiologico-moral. D'après ces principes, les Aryâs, dès l'époque de leur séparation d'avec les Tourans, ont toujours été agriculteurs comparativement à ces derniers, sinon par le fait (par exemple à l'époque des migrations des Aryâs aux Indes et en Europe), du moins toujours en principe. Les Aryâs seront toujours agriculteurs, c'est-à-dire auront les penchants et toutes les institutions des peuples sédentaires agricoles; les Tourans, au contraire, auront toujours les penchants et les institutions des peuples nomades comme les Moscovites fantassins appelés agriculteurs et les Moscovites cavaliers ou Kozaks. Les paysans moscovites affranchis redeviennent ce qu'ils étaient avant Godounow et Pierre Ier, car ils n'étaient sédentaires (en tant qu'ils l'étaient) que malgré eux. Il ne faut pas oublier, enfin, que la racine du mot Aryâ sert à désigner l'agriculteur chez les Slaves : *orac, oraty* signifie labourer la terre; *oratch* signifie *laboureur*, etc. (1.)

Nous nous hâtons de constater que M. Albert Réville ne fait aucune mention de la lutte scientifique actuelle sur l'origine des Moscovites; il semble ignorer qu'une telle lutte existe. Ce sont les études de caractères de civilisation des deux familles, aryâ et tourane, comme elles se présentent depuis quatre mille ans, qui l'ont amené aux conclusions que nous venons de constater.

Voici à présent quelques mots sur les conclusions de la *Revue anglaise*.

On accuse les auteurs de la dissertation sur les Slaves et les Moscovites d'être allé trop loin dans leurs conclusions. En effet : dans sa livraison du 1er juin de l'année passée, la *Westminster Review*, se contentait de démontrer la non-

---

(1) Dans l'appréciation de la dissertation de M. Albert Réville nous n'avons en vue que les principes et conclusions que nous venons d'indiquer.

slavicité des Moscovites; aujourd'hui elle justifie sa première assertion par des preuves nouvelles, dont une partie est tirée des publications de MM. Viquesnel, Henri Martin, Elias Regnault, Charlier de Stéinbach, le marquis de Noailles, ainsi que des assertions sur le non-européisme des Moscovites, de feu le président Billault et de M. le sénateur Bonjean (1). *La Revue*, dans sa dernière dissertation, aboutit à cette conclusion : que les Moscovites sont *incivilisables*. C'est ce mot ou plutôt son esprit qui offusqua une partie des critiques qui jugeaient la question du point de vue de la perfectibilité infinie de l'homme. D'après nous, les Moscovites peuvent se perfectionner certainement, mais comme peuples nomades, et c'est seulement comme nomades que les Moscovites peuvent atteindre un certain degré de perfection, même au point de vue de la moralité.

Nous avons à peine besoin de dire que les questions de la non-slavicité des Moscovites, des principes de nationalité et de la nécessité de créer un Congrès international proposé par l'empereur Napoléon III, vont de concert, et sont aujourd'hui les questions principales du monde civilisé.

A présent que le lecteur connaît les principes généraux de l'ouvrage actuel, nous le prions de passer en revue les sommaires des sujets traités dans chaque chapitre :

SOMMAIRE : I. Division du genre humain sous le point de vue physiologico-psychologique et physiologico-moral. Considérés sous ce point de vue, indépendamment des origines, les Moscovites ne sont pas Aryàs-Européens mais Touraniens. Le rétablissement de cette vérité sur les Moscovites, dans ce dernier quart de siècle,

(1) Le feu président du conseil des ministres, M. Billault, caractérisa aussi bien que M. le comte Bonjean le non-européisme des Moscovites, sans les nommer Tourans, comme le premier président M. Billault a dit que les Polonais aiment la légalité, tandis que les Moscovites ne respectent que le fait. Nous citons les propres paroles de M. Billault plus bas.

oubliée depuis le xviiie, constitue la fin de la première période de la dernière époque de l'histoire des deux familles. Cette dernière époque commence avec l'affranchissement des peuples indo-européens de la crainte de l'invasion des Tourans-Ottomans à la fin du xviie siècle, et avec l'admission des Tourans-Moscovites pour Slaves et Européens à la même époque. (Pierre Ier). Principes des nationalités comme base de la formation des États. Ce principe est plus moral que tous ceux qui, jusqu'à présent, légitimaient la formation des États. Le principe des nationalités n'est pas, de nos jours, difficile dans l'application. — II. L'étude du panslavisme est introduite dans les écoles moyennes de France. Le progrès du panslavisme en Pologne. Les principaux panslaves polonais en France : le comte Roger Raczynski, les généraux Miéroslawki, Rybinski, MM. J.-B. Ostrowski, Zb..... Protestation de la population polonaise contre la déclaration de la diète de Varsovie de 1830, que les Moscovites sont Slaves. Progrès de la légitimation du panslavisme parmi les Français. Reconnaissance du slavisme des Moscovites par le Gouvernement et les chambres françaises en 1840. — III. L'éclaircissement de la question sur les Slaves et les Moscovites, date de la même époque. Importance résultant de la reconnaissance de l'ancienne vérité sur le non-slavisme des Moscovites, pour la réorganisation de l'Europe, d'après les principes des nationalités ainsi que par la fédération de tous les peuples. Le principe de la fédération des peuples a été admis par Henri IV et Elisabeth d'Angleterre; mais alors, vers le xvie siècle, l'Europe savait les difficultés qu'offrirait l'admission des Moscovites dans la fédération. Le marquis de la Rochejaquelein et le sénateur Bonjean croient devoir avertir le Sénat des dernières conclusions des études sur les peuples rangés au nombre des Slaves, d'après lesquelles les Moscovites ne sont pas Slaves mais Touraniens. Le sénateur Bonjean reconnaît que ses longues études sur les races l'ont amené à cette même conclusion. Le ministre de l'Instruction publique partage cette même opinion. MM. Auguste Viquesnel et Henri Martin montrent les efforts et les moyens dont s'est servi le cabinet de Saint-Pétersbourg pour induire en erreur l'opinion à ce sujet depuis Elisabeth Petrowna. Protestations au xviie siècle, de Müller, de Stritter, Mirabeau, Rousseau, l'abbé Chappe d'Auteroche et de Rhulière contre ces efforts. Rousseau prévoit dans les nouvelles réformes introduites en Moscovie un danger pour l'Europe, il prédit l'invasion des Mongols en accusant les rois de l'accélérer. — IV. Résumé de M. Henri Martin des faits se rapportant au sujet. Son appel aux publicistes français les invitant à étudier la question. Les discussions politiques entre le cabinet des Tuileries et celui de Saint-Pétersbourg, sur les provinces Lithuano-Routhènes donnent occasion à des éclaircissements scientifiques sur cette question. Progrès de nos études en Allemagne et en Angleterre. Les Français ne doivent pas s'étonner de l'ignorance des Polonais sur leur histoire. Explication de la forme de notre publication actuelle. Ses inconvénients.

CHAPITRE Ier. — Sommaire : But de notre Cours public et de la publication présente. — Elle renferme le développement et la continuation des principes de l'auteur exposés dans le *Mémoire* de M. Viquesnel sur la nationalité des Slaves et la nationalité des Moscovites.—Importance de ce *Mémoire* et des trois cartes qui y sont jointes. — Différences entre les opinions de M. Viquesnel et les nôtres. — Ce que nous croyons apporter de nouveau dans le domaine de la science. — Division de notre travail. — Pourquoi nous nous servons et conseillons à tous les historiens de se servir du nom de Moscovites et non pas de Russes pour désigner les habitants de la Grande-Russie. — Tables statistiques de l'empire russe. — Quelques réformes que nous introduisons dans l'exposition des sujets de statistique de cet empire.

CHAPITRE II. — Sommaire : Les vingt-huit éléments de critique dont nous nous servons. — Ce sont les degrés de parenté entre les peuples au point de vue des origines, qui expliquent les phases les plus importantes de leur histoire; mais ce ne sont point les langues qui offrent les manifestations les plus évidentes des origines. — Raisons pour lesquelles nous nous servons des origines après tous les autres éléments de critique.—Application de ces divers éléments de critique dans la classification des peuples. — Place des Slaves et des Moscovites.

CHAPITRE III. — Sommaire : Ce que nous avons apporté de nouveau d'après nos critiques moscovites dans notre méthode d'appréciation et dans les conclusions de nos études sur les Slaves et les Moscovites. — Ce sont les points relevés par ces critiques que nous voudrions, avant tous les autres, faire entrer dans les livres historiques destinés à la jeunesse. — La non-slavicité des Moscovites se légitimant par une sérieuse critique, s'imposant par les événements de nos jours, se recommande par l'ancienneté des traditions: « c'est une vieille chanson », d'après l'expression de ces mêmes critiques moscovites.

CHAPITRE IV. — Sommaire: Principales erreurs que commettent les historiens, et surtout les publicistes français et anglais, dans l'exposition et dans l'appréciation de l'histoire des Slaves et des Moscovites; elles se retrouvent dans le jugement porté par le journal anglais *the Times* sur le monument inauguré l'année 1862, par l'empereur Alexandre II à Novgorod.

CHAPITRE V. — Sommaire: Continuation du chapitre précédent.

CHAPITRE VI. — Sommaire: Continuation et fin des deux précédents chapitres.

CHAPITRE VII. — Sommaire: L'importance des cartes de M. Visquenel, ci-jointes, sous le point de vue etnographique, statistique et historique. — Comment nous les complétons: 1° Frontières des Vénèdes ou Lehs du côté des Allemands et des peuples Tourano-Moscovites. — 2° Existence de faibles colonies slaves au-delà de l'Oder en Allemagne, comme sur le Dniéper. — Formation de l'élément germain. — La Germanie était habitée par différents peuples indo-européens. — Différences entre les peuples indo-européens et les Indo-germains. — 3° Les Kosaks du Don de même que les autres Moscovites descendent des Tschoudes ou Scythes nomades ou royaux, *qui étaient les seuls vrais Scythes*. Leur unité dans la prédominance des penchants à la vie nomade. — 4° Les Budini et les Neuri en Pologne. — 5° Les faibles colonies Linhites ou Lekites et Lettes s'étendaient jusque dans l'Armorique. — 6° L'identité des Scythes nomades et royaux avec les Moscovites ne se légitime pas seulement par la prédominance des penchants à la vie nomade, mais par le nom même des Merdians *Mordwa*, l'un des noms sous lesquels sont désignés les Scythes. — 7° Le nom de Slaves ne vient ni de *Slowo* (parole) ni de *Slawa* (gloire). La racine du mot *Slawianie* (*anie* n'étant que la désinence répondant à la question: *d'où*) est le mot finnois *sal* (schalou); le nom de Niemtzi ne vient pas du mot *niémy* (muet), mais de la peuplade des *Némètes*. Autres erreurs sur les noms. — 8° Routes commerciales qui unissaient les Vénèdes de la Vistule avec les Grecs, les Gaulois et les Latins. — 9° Rapports des Gaulois avec les Lehs de le Vistule dès le IVe siècle avant J.-C. Données sur l'histoire de l'ancienne France fournies par les traditions conservées dans les chroniques polonaises. — 10° Migrations des Lehs des bords de la Vistule à Novgorod, sur le Dniéper, au sud des Karpathes, sur l'Elbe, en Angleterre. La pression des Lehs de la Vistule force les Allemands a se jeter sur l'Empire romain. — 11° Différentes versions sur l'époque de la migration des Lehs sous Viat et Radym dans le bassin du Dniéper. Les Lehs de Viat (Viatitchanie) sont forcés par les Tourans moscovites d'abandonner le bassin de l'Oka. — 12° Notre division des langues slaves en deux branches: A. Langues slaves; B. Langue moscovito-slave. — 13° et 14° Importance des nouvelles classifications indiquées par M. Viquesnel dans l'appréciation des rapports entre les peuples rangés au nombre des Slaves. — 15° Points où nous différons avec M. Viquesnel par rapport aux frontières des deux groupes moscovites, sous le point de vue de l'extension de la domination des princes Rurikowitches (et ensuite de la religion chrétienne et de la langue Slave). — 16° Nous reconnaissons les habitants du Gouvernement de Koursk, d'Orel et de Kalouga, pour Touraniens d'origine (excepté ceux du district de Bransk). — 17° La principauté de Polotsk occupait la majeure partie de la Lithuanie slave ou de la Russie-blanche dans le sens le plus large de ce nom. Importance de son histoire. — 18° Importance de l'influence des Tschoudes Esthoniens, des Ves et des Méra sur les rapports des Novgorodiens avec les Varègues. — 19° La première Russie est en Suède. Les Suédois sont les premiers Russes.

CHAPITRE VIII. — Sommaire: Quelques faits se rapportant à la division de l'Europe sous les points de vue: 1° d'étendue; 2° de la géologie; 3° de l'exploitation agricole; 4° de l'orographie; 5° de l'hydrographie et 6° provincialismes. Sous ces six points de vue, le bassin du Dniéper termine la région occidentale ou slavo-germano latine de l'Europe.

— Objections de M. Proudhon à notre système, ses prémisses ne lui permettent pas d'apprécier les rapports entre la Pologne et la Moscovie au point de vue des besoins des peuples agriculteurs et sédentaires; M. Proudhon juge la noblesse et la propriété du sol en Touranien, en nomade. — L'enseignement ancien et nouveau sur les frontières naturelles entre la Pologne et la Moscovie.—La direction des bassins peut faciliter la création des États; les couches du sol, surtout les couches agricoles et le genre d'exploitation rurale caractérisent les penchants des peuples à la vie agricole ou à la vie nomade de trafiquants. — Quelques éclaircissements sur les faits anthropologiques propres à être enseignés dans les classes de philosophie. Distinction entre l'anthropologie et l'ethnographie.—Protestation contre l'accusation portée contre nous d'élever les agriculteurs au détriment des pâtres. — Nouveaux éclaircissements et nouvelles preuves de la justesse de notre division du genre humain en deux groupes, sans diminuer l'importance des divisions de Dom Calmet, de l'abbé Rohrbacher et de MM. Blumenbach, Cuvier, Pritchard, Latham, Quatrefages et autres savants. — Pourquoi le droit de propriété chez les gouvernants et les gouvernés est plus respecté en Turquie que dans l'empire russe? — Sous le règne d'Alexis Michaïlowitsch et même sous son fils Pierre Ier, les Moscovites ceux mêmes du centre de l'empire n'avaient le droit de faire du feu dans leurs maisons pendant l'été, qu'en vertu de priviléges particuliers signés par l'empereur lui-même. — Les Moscovites (gouvernement et peuple) ne reconnaissent pas de noblesse dans le sens européen du mot. — Le tzar a le droit de changer un noble héréditaire en roturier et les enfants de ce noble ne sont que des roturiers. Un prince moscovite n'a pas le droit d'aller se promener dans une voiture attelée de quatre chevaux, s'il n'occupe pas un rang assez élevé dans le *tschine*.

CHAPITRE IX. — Sommaire : Continuation de l'anthropologie.—L'unité des peuples touraniens, y compris les Moscovites, de même que l'unité des peuples hindous ou aryâs, y compris les Slaves, s'est développée depuis environ quatre mille ans. — Cinq phases historiques caractérisant le développement de l'unité de ces deux groupes dans les sens opposés. — Psychologie, facultés sentimentales et rationelles; climatologie; maladies propres à certains pays et peuples; folie; rhumatisme; hygiène: place de la femme dans la société; physiologie, zoologie, minéralogie, botanique, comme éléments de critique dans l'appréciation des peuples indo-européens et touraniens, particulièrement des Slaves et des Moscovites.—Sous le point de vue de l'enchaînement des faits historiques et sous les points de vue des sciences nommées, c'est le bassin du Dnièper qui finit la région occidentale ou slavo-germano-latine de l'Europe.

CHAPITRE X. — Sommaire: Preuves et éclaircissement des assertions moins connues se trouvant dans l'exposé actuel : 1º La pureté de l'élément slave n'a pu se conserver le mieux que dans le bassin de la Vistule, surtout en Mazovie : réponse au général Mieroslawki; — 2º La nationalité polonaise ne s'est formée que depuis l'union des Slaves de la Vistule, de la Dvina, du Dnièper et du Dniester au XIVe siècle. Les Moscovites ne sont pas les descendants de la nationalité polonaise comme le soutiennent le général Rybinski et M. J.-B. Ostrowki. La Pologne, même celle du Dnièper, fait partie intégrante de l'histoire de la civilisation des peuples aryâ-européens, même avant le XIVe siècle; les Moscovites ne doivent pas être reconnus pour Slaves, même en *politique*, comme le veut M. Zb....; — 3º La minorité des Moscovites, tout en payant un tribut aux princes Rurikovitches, s'oppose au christianisme jusqu'au XIIIe siècle; les Moscovites sont musulmans et juifs, même dans le gouvernement de Wladimir, adjacent à celui de Moscou, jusqu'à l'an 1223. C'est la victoire des Slaves (chrétiens) sur les Moscovites qui a été une des causes de l'invasion des Mongols l'année suivante. Preuve de l'unité des intérêts des Moscovites de la Souzdalie avec les peuples de l'Asie centrale à cette époque; — 4º la majorité des Moscovites n'est forcée d'embrasser le christianisme que dès la seconde moitié du XVIe siècle; c'est cette majorité qui formait les Khanats de Sybérie, de Kazan et d'Astrakhan; — 5º Au XIIIe siècle, l'on compte treize évêchés à Novgorod, sur le Dnièper et sur le Dniester, tandis qu'on n'en trouve qu'un seul en Moscovie; — 6º Vers le XVIe siècle, le cabinet de Moscou se pose la question : la religion juive doit-elle être reconnue comme religion de l'État? Le métropolitain de Moscou; Les Juifs moscovites de nos jours; 7º Fécondité extraordinaire des femmes moscovites. Le gouvernement de Smolensk appartient aux provinces Lithuano-Routhènes, sous le point de vue des naissances.

La publication actuelle va être suivie d'une autre qui a pour but de présenter : 1° de nouvelles preuves aux assertions contenues dans le recueil actuel, et 2° de présenter les formules mêmes de l'histoire des peuples aryâs-européens et touraniens, particulièrement des Slaves et des Moscovites, d'après les principes et les faits que nous venons d'exposer. Mais le recueil actuel contient tous les documents nécessaires pour remplacer l'exposé de l'histoire de la Pologne et de la Moscovie, tel qu'il a été fait jusqu'à présent, par l'exposé répondant à la dernière circulaire ministérielle. D'après cette circulaire, c'est la question de la *formation de la nationalité polonaise et de la nationalité moscovite* qui doit servir de guide à l'exposé de l'histoire des Polonais et des Moscovites. C'est là que se trouve la principale réforme. Jusqu'à présent on commença l'histoire des Polonais à Gniezno, avec la dynastie de Piast, et l'histoire des Moscovites, à Novgorod, avec la dynastie de Rurik. Mais c'étaient les histoires des princes issus de la maison de Piast et de Rurik, et nullement les histoires de la formation de la nationalité polonaise et de la nationalité moscovite ; car la nationalité polonaise *de nos jours* n'est pas du tout limitée aux bords de la Vistule ; elle s'est formée au XIVe siècle par la réunion des Lithuano-Routhènes avec les Lehs de la Vistule. Pour ce qui concerne l'histoire de la nationalité moscovite, en tant qu'il y a nationalité, (car les Moscovites, comme les Turcs et autres Touraniens ne vivent que des principes de race); la nationalité moscovite n'a pas pris son origine à Novgorod, mais dans la Moscovie elle-même; Novgorod, république slave, ainsi que Pskow, n'y ont été réunies qu'au XVe et XVIe siècle, et ce n'était que par droit de conquête. Rien n'est donc plus erroné que de commencer l'histoire des Moscovites dans les cités républicaines de Novgorod et de Pskow ou en général sur le Dniéper et le Dniester ; car les habitants de ces contrées étaient en guerre continuelle avec les Moscovites du Don et de la Moscova, même avant l'invasion des Mongols, et quoiqu'ils se trouvaient sous la domination de princes issus de la même dynastie Rurik, comme on va le voir successivement avec quelques détails.

MESSIEURS LES PROFESSEURS D'HISTOIRE UNIVERSELLE AUX ÉCOLES MOYENNES DE FRANCE !

Je vous dédie ce court résumé de la première partie de mes études, me réservant de vous dédier aussi la seconde. C'est surtout à votre intention que ces publications voient le jour, et les études qu'elles renferment ont été faites dans des circonstances de ma vie, souvent bien difficiles. Émigré polonais, j'ai l'espoir de voir ma patrie indépendante et glorieuse. Je le dis hautement, car sans cette foi appuyée sur le raisonnement, je n'aurais pu faire ce que Dieu m'a permis d'accomplir. Je le dis pour lui en rendre grâces publiquement et parce que je ne crains pas que vous trouviez, dans mon résumé des citations mensongères. La vérité seule, en effet, peut dignement et utilement servir la cause de la Pologne, et les sciences, surtout les sciences historiques lui rendront plus de services que les autres moyens. Voilà pourquoi je m'adresse surtout à vous, Messieurs, en ma qualité de collègue, étant professeur d'histoire dans une école polonaise fréquentée par des jeunes gens émigrés.

Voici encore un fait sur lequel je désirerais, Messieurs et honorables collègues, attirer votre attention particulière. Vous venez de lire les paroles injurieuses publiées à Paris même, par un membre de l'Académie des sciences de Saint-Pétersbourg, et adressées à tous ceux qui considèrent les Moscovites comme Touraniens, paroles plus injurieuses encore pour ceux qui disent, comme le sénateur Mérimée, M. Flourens et autres savants, que les Moscovites sont des Slaves, mais *mongolisés*. Vous venez de lire que d'après cet académicien moscovite, ce sont « les calomniateurs et les ennemis de ce peuple », qui se permettent des assertions de cette nature. Vous verrez dans le résumé actuel que les Moscovites ne commencèrent à juger les choses comme les juge aujourd'hui M. Chewyreff qu'à la suite des oukases de Catherine II et que ce fut cette souveraine qui inculqua aux Moscovites la haine de leur véritable origine, haine que les classes inférieures de la société ne partagent nullement. Je considère comme un devoir de vous dire ici même, que le parti que représente M. Chewyreff diminue tous les jours, à mesure que les classes supérieures se rapprochent de leurs serfs nouvellement affranchis. Les Moscovites commencent à se reconnaître pour Moscovites, comme on peut s'en convaincre en lisant le manifeste du parti libéral moscovite, publié à Saint-Pétersbourg, l'année dernière, dans une revue qui fut supprimée pour le fait de cette publication. M. Élias Regnault a reproduit ce manifeste dans un de ses derniers ouvrages : *La question européenne improprement appelée polonaise.*

En reconnaissant les Moscovites pour ce qu'ils sont, vous appuyez le parti vraiment libéral.

Nous terminons cet écrit le **22** février **1864**. Ce jour ne doit pas être oublié dans l'histoire de l'histoire des peuples aryâs et toürans ; car c'est pour la première fois que les principes de nationalités comme base morale dans la formation des États, de même que la nécessité de réaliser la pensée de Henri IV, de Sully et d'Élisabeth d'Angleterre, pour ce qui concerne la fédération des États européens, enfin, la non-slavicité, le non-européisme des Moscovites, ont été posés et défendus au nom de l'histoire par M. Henri Martin lui-même.

Trois mille auditeurs (salle Barthélemy), applaudissaient le célèbre historien. Parmi les auditeurs se trouvaient : S. A. I. le prince Napoléon et M. le ministre de l'instruction publique. C'est dans ses études sur Jeanne d'Arc que M. Henri Martin a démontré, avec plus ou moins de détails, les trois principes que nous venons de rappeler et que nos lecteurs ont déjà vus résumés dans la lettre que M. Henri Martin nous a adressée.

Nous allons voir successivement que ces trois principes furent plus connus au XVe, XVIe et XVIIe et même au XVIIIe siècle qu'aujourd'hui.

QUELQUES FAITS

DE

L'HISTOIRE DU PROGRÈS DES ÉTUDES

Sur les peuples aryâs-européens et tourans.

———

SOMMAIRE

I. Division du genre humain sous le point de vue physiologico-psychologique et physiologico-moral. Considérés sous ces points de vue, indépendamment des origines, les Moscovites ne sont pas Aryâs-Européens mais Touraniens. Le rétablissement de cette vérité sur les Moscovites, dans ce dernier quart de siècle, oubliée depuis le XVIIIe, constitue la fin de la première période de la dernière époque de l'histoire des deux familles. Cette dernière époque commence avec l'affranchissement des peuples indo-européens de la crainte de l'invasion des Tourans-Ottomans à la fin du XVIIe siècle, et avec l'admission des Tourans-Moscovites pour Slaves et Européens à la même époque. (Pierre Ier). Principes des nationalités comme base de la formation des États. Ce principe est plus moral que tous ceux qui, jusqu'à présent, légitimaient la formation des États. Le principe des nationalités n'est pas de nos jours difficile dans l'application. — II. L'étude du panslavisme est introduite dans les écoles moyennes de France. Le progrès du panslavisme en Pologne. Les principaux panslaves Polonais en France : le comte Roger Raczynski; les généraux Miéroslawski, Rybinski, MM. J.-B. Ostrowski, Zb...... Protestation de la population polonaise contre la déclaration de la diète de Varsovie de 1830, que les Moscovites sont Slaves. Progrès de la légitimation du panslavisme parmi les Français. Reconnaissance du slavisme des Moscovites par le Gouvernement et les chambres françaises en 1840. — III. L'éclaircissement de la question sur les Slaves et les Moscovites, date de la même époque. Importance résultant de la reconnaissance de l'ancienne vérité sur le non-slavisme des Moscovites, pour la réorganisation de l'Europe, d'après les principes de nationalité ainsi que par la fédération de tous les peuples. Le principe de la fédération des peuples a été admis par Henri IV et Élisabeth d'Angleterre; mais alors, vers le XVIIe siècle, l'Europe savait les difficultés qu'offrirait l'admission des Moscovites dans la fédération. Le marquis de la Rochejaquelein et M. le sénateur Bonjean croient devoir avertir le Sénat des dernières conclusions des études sur les peuples rangés au nombre des Slaves, d'après lesquelles les Moscovites ne sont pas Slaves, mais Touraniens. Le sénateur Bonjean reconnaît que ses longues études sur les races l'ont amené à cette même conclusion. Le ministre de l'Instruction publique partage aussi cette même opinion. MM. Auguste Viquesnel et Henri Martin montrent les efforts et les moyens dont s'est servi le cabinet de Saint-Pétersbourg pour induire en erreur l'opinion publique à ce sujet depuis Élisabeth Petrowna. Protestations au XVIIIe siècle, de Müller, de Stritter, Mirabeau, Rousseau, l'abbé Chappe d'Auteroche et de Rhulière contre ces efforts. Rousseau prévoit dans les nouvelles réformes introduites en Moscovie un danger pour l'Europe, il prédit l'invasion des Mongols en accusant les rois de l'accélérer. — IV. Résumé de M. Henri Martin des faits se rapportant au sujet. Son appel aux publicistes français les invitant à étudier la question. Les discussions politiques entre le cabinet des Tuileries et celui de Saint-Pétersbourg, sur les provinces Lithuano-Routhènes donnent occasion à des éclaircissements scientifiques sur cette question. Progrès de nos études en Allemagne et en Angleterre. Les Français ne doivent pas s'étonner de l'ignorance des Polonais sur leur histoire. Explication de la forme de notre publication actuelle. Ses inconvénients.

Sans contester la valeur des divisions du genre humain faites et adoptées jusqu'à ce jour, nous sommes pénétré de respect surtout pour la division se rattachant aux trois fils de Noé, division qui, du reste, fortifiée par la critique scientifique de Cuvier, compte le plus d'adhérents. Nous nous sommes servi nous-même de cette dernière division. Mais nos études sur ce point nous ont amené à voir que ni la division de Cuvier, ni les divisions de Blumenbach, de MM. Bory de Saint-Vincent, d'Omalous d'Halloy, de Latham, de Pritchard, de Quatrefages et autres anthropologues ne suffisent pour expliquer les phases historiques pour ce qui concerne la vie des peuples au point de vue physiologico-psychologique et physiologico-moral ; que, pour atteindre ce but, il faut les diviser sous les mêmes points de vue. Dans la première catégorie de l'appréciation (c'est-à-dire sous le point de vue physiologico-psychologique), nous plaçons : l'attachement au sol natal, l'amour de l'agriculture, l'amour de la patrie, le respect de la femme, l'amour de la liberté individuelle, la perfectibilité intellectuelle et autres manifestations de ce genre, où la physiologie et la psychologie agissent de concert. Dans la deuxième catégorie, nous plaçons *les moyens* que les peuples choisissent ou plutôt qui leur ont été donnés pour garantir le développement de l'ordre précédent des phénomènes, comme différentes institutions religieuses civiles et politiques. Le genre humain, uni dans nos premiers parents, dans un seul couple, s'est divisé, il y a bien plus de quatre mille ans, en deux groupes au point de vue des deux ordres de phénomènes que nous venons de caractériser, et c'est d'après le degré de la prédominance, chez eux, des penchants psycologico-physiologiques, et, comme conséquence, des moyens dont ils se servent pour garantir le développement de ces penchants. Tels sont les principes de notre historiosophie.

Quels sont les peuples que nous rangeons dans chacun des deux groupes ? Nous l'indiquerons plus bas (pages 23 et suivantes) ; il nous suffira de rappeler ici, qu'au point de vue physiologico-psychologique et physiologico-moral, indépendamment des physionomies, du langage, de la religion, les Moscovites (Grands-Russes) font partie intégrante des Chinois. Nous rappelons que ces peuples, de même que les peuples de l'Asie centrale, les Sémites, les Peaux-Rouges et les Nègres, forment une unité parfaite vis-à-vis d'un autre groupe que nous appelions, avec les autres auteurs, Indo, et qu'il faut appeler Aryâs-Européens. Nous nous servons du nom de Touraniens pour désigner tous les peuples du premier groupe. Tout en admettant qu'il n'y a pas de populations (si ce n'est dans des cas exceptionnellement temporaires) auxquelles les notions d'agriculture seraient complétement inconnues ; que tous les peuples aiment le sol natal ; nous disons que, prenant les deux extrêmes, par exemple, de la vie sédentaire et agricole ou des nomades-chasseurs ; chez les peuples appelés Aryâs-Européens prédominent les penchants, les prédispositions physiologico-psychologiques *sédentaires*, *agricoles* (même chez les Slaves de Turquie, chez les Allemands et chez les Anglais), tandis que chez les Tourans prédominent les penchants nomades, se manifestant tantôt dans les faits comme chez les Nègres et les Peaux-Rouges, tantôt dans les idées, dans la législation, dans les règles de la formation des États et de garantie de la stabilité, comme chez les Chinois et les Moscovites. Dans l'ordre physiologico-moral, les deux groupes suivent naturellement des moyens très-différents pour garantir le développement de leur sûreté. L'enchaînement des faits historiques, depuis environ quatre mille ans, légitime, pour sa part, la justesse de notre division, laquelle, nous le répétons, ne contrarie en rien les autres divisions ayant toutes des buts particuliers tels que : Origines, crânologie, physionomies, langues, etc. Du reste, d'après nous, les Moscovites et les Chinois sont unis même par les besoins de leur unité en origine ; seulement les Moscovites ont subi l'influence extérieure du mélange avec les Aryâs.

Voici quelques faits qui caractérisent le mieux les rapports des Moscovites avec les Aryâs-Européens et les Chinois au point de vue des caractères de civilisation et des traditions historiques : 1° La majorité des Moscovites formait les khanats de Sibérie, de Kazan, d'Astrakhan et des Nogaï ; 2° cette majorité de Moscovites ne fut conquise par leurs frères de la Souzdalie, qui constituaient la minorité, que dans la seconde moitié du xvie siècle (les Moscovites Nogaï au xviiie siècle) ; 3° ce n'est que dans le xviie siècle que la religion chrétienne et la langue slave commencèrent à prendre racine chez cette majorité des Moscovites ; 4° il y a actuellement environ 15,000,000 de Moscovites qui se servent de la langue slavo-moscovite officielle et de leurs idiômes nationaux touraniens ; 5° il y a actuellement dans la Grande-Russie, dans les contrées de l'Oural, du lac Aral et de l'Amour une population guerrière nomade de 8 à 12,000,000 qui apprennent le slave avec une facilité qui fait la stupéfaction des peuples sédentaires, agricoles, indo-européens ; 6° la minorité des Moscovites (ceux du grand-duché de Souzdalie) ne sont eux-mêmes que Touraniens, qui, tout en payant différentes sortes de tributs aux princes russes Rurikowitches, s'opposaient au christianisme et à la langue slave jusqu'au XIIIe siècle ; 7° dès le XIIIe siècle tous les Moscovites furent unis avec les Chinois par les Djengiskanides. Ce sont là les principes que nous développons, en les légitimant toujours par de nouvelles preuves, depuis un quart de siècle, tantôt dans différentes contrées de l'empire russe ou de l'empire ottoman, tantôt en Grèce, en Italie et enfin en France, où il nous a été donné de voir notre victoire complète, au moins pour quelques-uns des principes de ce qu'on appelle notre doctrine, et d'abord pour la séparation des Slaves d'avec les Moscovites. Il n'y a pas aujourd'hui une grande ville de l'Europe, nous voulons parler de centres d'hommes intelligents, où les principes que nous défendons n'aient des adhérents et des défenseurs. Quelques actes rendus publics par le ministre des affaires étrangères et de l'instruction publique, montrent que le Gouvernement français lui-même les admet. Nous le verrons bientôt; mais, ici même, nous pouvons déjà constater les conséquences de la nouvelle découverte.

Les caractères des luttes entre les peuples aryâs-européens et touraniens constituent naturellement une des bases essentielles de la division de leur histoire en époques et périodes. Ces luttes qui commencèrent en Asie , continuent en Europe. Ici nous les voyons luttant surtout pour le bassin du Dniéper, depuis environ deux mille ans avant notre ère jusqu'aujourd'hui. Dans les temps plus proches de nous, dès le VIe jusqu'au Xe siècle, les Tourans-Moscovites sont maîtres de ce bassin , qui est essentiellement aryâ-européen. A partir du xe jusque vers le milieu du xiiie siècle, les Slaves de la contrée, sous la direction des Normands ou Warègues-Russes, assurent l'indépendance de ce pays et parviennent même à subjuguer une petite fraction de Tourans-Moscovites (ceux de la Souzdalie). A l'exception d'un espace de temps d'environ quatre-vingts ans, pendant lequel les Slaves du sud du Dniéper et ceux du Dniester se trouvent séparés militairement des Aryâ-Européens, ils étaient unis jusqu'au partage de la Pologne, qui eut lieu dans la seconde moitié du xviiie siècle. (Il faut en excepter Smolensk et la Petite-Russie où les Touraniens prédominent dès le xviie siècle.) Depuis le xviiie siècle, les peuples aryâs-européens sont menacés d'un danger d'autant plus grand que les Touraniens-Moscovites commencent à être reconnus pour Slaves, pour Aryâs-Européens, tout en conservant leurs mœurs touraniennes ; ils parviennent à ruiner l'Etat polonais et la Suède, à s'imposer en Allemagne, où ils sont acclamés par plusieurs Souverains, à être reconnus comme protecteurs de l'ordre et de la moralité des Aryâs-Européens ; ils obtiennent, enfin, la légitimation de leurs prétentions, celles de régner sur tous les Slaves, par le Gouvernement et les Chambres françaises, qui les reconnaissent officiellement pour des Slaves. Cette dernière reconnnaissance eut lieu en 1840, à l'occasion du projet d'établissement d'une chaire de langue et littérature Slaves au Collége de France.

Mais alors même commença la réaction contre cette prédominance des Touraniens-Moscovites sur les Aryâs-Européens. Cette réaction en faveur de la vérité fut consommée décidément l'année passée (1863), d'abord par la prise en considération du public français des études historiques constatant la non-slavicité des Moscovites, ensuite, par la protection que donna à cette idée le Gouvernement Français par l'organe du ministre de l'instruction publique (circulaire du 24 septembre 1863), par le discours de l'empereur Napoléon III, du 5 novembre dernier et un commentaire sur les principes des nationalités dans sa lettre adressée au duc d'Augustenburg, le 8 décembre.

Tous ces faits, commençant par l'admission du slavisme des

Moscovites par la chambre des députés, le 5 mars **1840**, jusqu'aux manifestations contraires que nous venons d'énumérer, sont si importants, que nous considérons notre dernier quart de siècle comme formant *la première période de la dernière époque de l'histoire des peuples aryâs-européens et touraniens* ; car c'est dans ce dernier quart de siècle que le panslavisme, avec toutes ses conséquences, a été reconnu par l'Allemagne et par la France elle-même comme légitimé scientifiquement par l'origine slave des Moscovites et leur puissance, tandis que de leur côté ces mêmes Moscovites se présentaient aux peuples touraniens de l'Asie centrale et de la Chine comme personnifiant leurs besoins nationaux, et ces peuples leur accordèrent ce droit.

Déjà un siècle auparavant, Rousseau, dans son projet de fédération des peuples, projet qu'il appela *Contrat social*, disait que, *tous les rois de l'Europe travaillaient dans le but d'accélérer la domination des Tatares en Europe*, et il le disait en appréciant l'histoire des Moscovites ; mais jamais ses paroles n'ont été aussi vraies que dans ce dernier quart de siècle. C'est par la reconnaissance des Moscovites pour ce qu'ils sont réellement, que les peuples aryâs-européens commencent à s'affranchir de la crainte de la prédominance des Touraniens ; ils prévoient au moins le danger qui les menace.

C'est surtout à la Pologne que l'Europe doit la liberté de ses mouvements intérieurs depuis l'invasion des Touraniens dès le XIIIe siècle (bataille de Lignitza 1241) jusqu'à la fin du XVIIe (bataille de Vienne l'an 1683), car ce n'est que par cette bataille que les Aryâs-Européens furent affranchis de la crainte d'invasion des Touraniens. Aujourd'hui, grâce encore à la Pologne, les Aryâs-Européens sont délivrés du joug d'ennemis bien plus redoutables que n'étaient les Touraniens-Mongols, Tatares et Ottomans, car ils sont affranchis des Touraniens-Moscovites qui commencèrent déjà à être reconnus pour Slaves, pour Aryâs-Européens, pour les sauveurs de l'ordre et de la moralité de ces derniers. Cette sorte d'asservissement intellectuel des Aryâs-Européens par les Moscovites date précisément de Pierre Ier, comme le constate Rousseau.

La découverte que les Moscovites ne sont ni Slaves ni Aryâs-Européens, mais Touraniens, décida en même temps des frontières orientales de la Pologne. Enfin, comme conséquence de tout ce qui précède, l'Empereur Napoléon III a pu faire un appel aux Gouvernements et aux peuples de cesser leurs guerres intestines, se décidant à former un congrès permanent, en prenant pour point de départ dans l'appréciation des frontières des États, non pas les principes de races et des origines, qui ne sont pas l'œuvre des hommes, mais les nouveaux principes des *nationalités* qui sont les résultats de l'histoire, où la spontanéité, la liberté de l'homme sont bien manifestes, à côté des lois de la destinée.

Le principe des nationalités comme base de la formation des États ne remplit pas certainement le but définitif des phases par lesquelles doit passer l'humanité avant d'aboutir à son unité ; mais il répond aux besoins de notre époque, et, malgré tous les maux qu'il peut produire à cause des difficultés qu'il présente dans son application, il n'en est pas moins vrai, que le principe des nationalités est supérieur en moralité aux autres formules qui légitimaient jusqu'à présent la formation des États. Il y a plus : l'idée d'application des principes des nationalités n'est venue de nos jours, que lorsqu'en effet les nationalités qui ont leurs fortes individualités se sont développées et se sont manifestées à ne pouvoir plus être contestées. Les petits coins de terre, où les populations et les intérêts sont mêlés, peuvent présenter quelques difficultés, mais ces difficultés seraient facilement applanies par le Congrès international. Enfin c'est dans les penchants mêmes des peuples qu'il faut chercher les moyens de résoudre les difficultés et d'assurer la paix du monde dans un temps donné. Les penchants de notre époque, époque qui commence par l'affranchissement de l'Europe de la crainte de l'invasion des Touraniens-Ottomans sont ceux des nationalités.

Ainsi, à côté de la découverte des frontières géographico-historiques entre les peuples aryâs-européens et touraniens dans l'empire russe, l'admission du principe des nationalités pour la formation des États politiques et le projet de Congrès perpétuel, légitiment pour leur part, l'importance du dernier quart de siècle et en font la fin de la première période de la dernière époque de l'histoire de l'humanité.

Nous allons tout de suite voir l'importance de la découverte des frontières entre les peuples aryâs-européens et touraniens dans l'empire russe, et nous verrons successivement que les principes des nationalités de même que l'idée du congrès ne trouvent d'ennemis dans la réalisation que parmi les Moscovites, et c'est par suite de la prépondérance qu'ils croient avoir le droit d'exercer sur les Slaves et les peuples englobés parmi eux (les Roumains, les Madiares, les Turcs, les Allemands). L'Europe en les reconnaissant pour Slaves, a légitimé, à leurs yeux, ce droit.

En effet, les Moscovites sont plus intéressés que les Anglais et les Turcs à empêcher la fédération des peuples aryâs-européens. Les Turcs ne demandent qu'un bénéfice des alliés. De leur côté, les peuples aryâs-européens doivent considérer les Moscovites comme les seuls Touraniens sur lesquels ils peuvent compter dans leurs luttes contre ces peuples; luttes qui, comme nous l'avons rappelé, commencèrent entre eux en Asie et se poursuivirent en Europe surtout sur les frontières orientales de la Pologne depuis quatre mille ans. Ces luttes commencent à prendre une extension inouïe jusqu'à présent, car l'union des Moscovites avec les peuples chinois est imminente.

Pour ce qui concerne l'Angleterre, son mauvais vouloir à l'égard de la fédération des aryâs-européens, proposée par Napoléon III, est par trop visible. Mais ce n'est pas la faute des Anglais de nos jours. Du temps d'Élisabeth ils avaient plus d'intérêt sur le continent européen qu'à présent. En effet, sous son règne, les Anglais étaient unis avec les Français dans la politique européenne. Au projet de fédération des États européens d'Henri IV, Élisabeth a répondu qu'elle était prête à sacrifier les trésors de l'Angleterre pour sa réalisation. Le refus de l'Angleterre d'entrer dans le congrès pacificateur proposé par l'Empereur des Français n'est que passager. Il faut que les États et les peuples apprécient et réalisent l'idée du congrès sans l'Angleterre, mais pas contre l'Angleterre. Elle y viendra de bon gré, tôt ou tard.

Les autres États européens, aujourd'hui ennemis de la fédération, seront forcés par leurs peuples à changer de politique. L'opposition sérieuse ne vient que des Moscovites ; nous ne disons pas du Gouvernement mais des peuples moscovites ; et ce n'est pas en tant qu'ils sont Touraniens, mais, et parce qu'ils veulent entrer dans la fédération comme Slaves avec toutes les conséquences des idées panslaves et communistes. C'est à quoi l'Europe ne doit pas, ne peut pas consentir. La condition unique de l'admission des Moscovites dans la fédération des peuples aryâs-européens, sans danger pour ces derniers, consiste dans la renonciation par les Moscovites eux-mêmes de leur prétention à l'unité avec les Slaves et avec les autres peuples aryâs-européens par les besoins ressortant des origines, des caractères de civilisation et des traditions historiques ; il faut qu'ils se reconnaissent sous tous ces rapports pour des Touraniens.

Quelques faits de l'histoire des progrès des études concernant les peuples aryâs-européens ét touraniens, particulièrement les Slaves et les Moscovites facilitent l'appréciation de l'importance du sujet.

Le lecteur a déjà remarqué dans les principes mêmes de notre division du genre humain, que nous n'écrivons pas sous l'inspiration des besoins de la politique courante. Au contraire, nous soumettons ces besoins à la plus sérieuse critique des sciences physiologico-psychologiques et physiologico-morales et d'autres éléments, comme on le verra successivement.

II.

La victoire des principes que nous défendons a mis le désespoir dans les rangs des différentes espèces de panslaves ; c'est surtout l'impossibilité de la fusion entre les Slaves et les Moscovites qui a porté le coup le plus sensible à l'école panslave. Les soi-disant libéraux de cette école se sont montrés les plus zélés défenseurs de l'origine slave des Moscovites , car, d'après leurs idées erronées, les tzars ne suivent pas les penchants de leurs sujets ; ils ne sont que les esclaves du parti Allemand. La haine des panslaves contre notre enseignement a été et est encore d'autant plus grande qu'à mesure qu'ils cherchaient à confondre les Slaves avec les Moscovites, ils excitaient la haine des premiers contre les Allemands et en général contre l'Occident et contre la civilisation occidentale *pourrie* d'après eux et destinée à une perte infaillible sous les coups d'une race nouvelle qui n'est autre que la race slave. La Pologne , la Moscovie , le slavisme , le panslavisme , pas même la civilisation occidentale (pour laquelle du reste , nous ne cachons pas nos sympathies) , ne sont le but de nos études ; c'est l'humanité qui nous intéresse ; c'est du point de vue humanitaire que nous jugeons le polonisme, le russinisme ou routhénisme et le moscovitisme, ce qu'on peut facilement voir par notre division du genre humain et le développement de quelques détails qu'on lira plus loin. Mais le panslavisme étant une pierre d'achoppement pour les études sur les rapports entre les Slaves et les Moscovites et l'explication du panslavisme aux écoles moyennes de France étant prescrite par le ministre de l'instruction publique dans sa circulaire du 24 septembre 1863 précédé du décret impérial du 23 septembre (§ XXI de la circulaire : « Le tsar Nicolas et le panslavisme »), il sera intéressant de savoir comment le panslavisme s'est développé , quels ont été ses protecteurs , et c'est alors qu'on pourra apprécier l'importance des résultats que nous avons obtenus en commun avec nos amis. C'est alors que l'on verra la grande portée de l'ordre du ministre de l'instruction publique prescrivant de combattre les idées panslaves même dans les écoles moyennes de la France. (La suppression du mot : *panslavisme*, par le Conseil impérial de l'instruction publique ne diminue pas du tout l'importance de la question.) Ce sont précisément les quelques faits que nous allons rapporter, pour éclaircir certains côtés du panslavisme, qui servent en même temps à éclaircir quelques points dans l'histoire du progrès des études historiques sur les peuples aryâs-européens et touranniens, particulièrement sur les Slaves et les Moscovites, Grands-Russes.

Deux peuples jouent le premier rôle dans le panslavisme, les Polonais et les Moscovites. Nous dirons d'abord quelques mots sur le panslavisme parmi les Polonais. Nous ne pouvons pas accuser de méchanceté tous les Panslaves Polonais. Plusieurs d'entre eux tombèrent dans le piége parce qu'ils ne connaissaient pas bien les rapports historiques des Polonais avec les Allemands d'un côté, et avec les Moscovites de l'autre; car en vérité, plusieurs historiens polonais du XVIIIe et même du XIXe siècle, de guides de la conscience de la nation qu'ils devaient être, en devinrent les corrupteurs, en commençant par Naruszewicz, qui rejeta de la Pologne l'histoire tout entière des provinces lithuano-ruthènes d'avant le XIVe siècle, jusqu'à M. W. A. Macieiowski, plus coupable encore, car les questions sont plus claires de nos jours qu'elles ne l'étaient à l'époque de Naruszewicz. On peut bien dire de M. W. A. Macieiowski ce que M. Henri Martin a dit de M. Pogodine qu'il ne pèche pas par ignorance. Lelewel lui-même a mis en doute plusieurs des dogmes nationaux les plus essentiels. Les mauvaises méthodes scientifiques d'un côté, de l'autre, la trahison d'une faction de la noblesse polonaise, qui, pour expliquer sa défection, disait qu'elle se réunissait aux Moscovites au nom de l'unité d'origine, se manifestèrent le plus clairement dans le célèbre acte de la diète de Varsovie de 1830 proclamant l'unité des Moscovites avec les Polonais comme un axiome! Le comte Roger Raczynski accusait de folie (*Revue contemporaine 1861*), tous ceux qui adoptaient nos théories, et cela précisément au moment où la noblesse de Podolie, de Volhynie, de l'Ukraine répudiait solennellement toute espèce de fraternité avec les Moscovites, fraternité que le cabinet de Saint-Pétersbourg voulait lui imposer pour croyance comme il l'a imposée à ses sujets de Moscovie.

Ce ne sont pas des personnes peu connues qui défendent l'unité des Polonais avec les Moscovites au nom des origines, contrairement aux faits et à la critique la plus sérieuse. Laissant de côté le comte Roger Raczynski que nous venons de nommer, l'histoire des progrès des études sur les Slaves et les Moscovites présente deux généraux polonais : Mieroslawski et Rybinski (J.-B. Ostrowski) qui se sont déclarés défenseurs de la slavicité des Moscovites. Le Gouvernement national polonais lui-même a bien des peines à se débarasser des employés panslaves de la pire espèce, car ils se présentent à la Pologne et à l'Europe comme défenseurs de l'ordre.

Ecoutons d'abord le raisonnement du général Microslawski ; nous entendrons ensuite le général Rybinski. Nous sommes heureux de prévenir le lecteur qu'il y a déjà parmi les Français, des écrivains qui savent réfuter les erreurs des Polonais. Nous donnerons plus bas le résumé de ces réfutations.

Voici les propres paroles du général Miéroslawski.

« M. Duchinski, savant ethnographe polonais de Kiew, a publié il y a quelque temps, dans le *Journal de Constantinople*, une dissertation très-intéressante sur l'origne de la nationalité moscovite, tendant à prouver que ce peuple est foncièrement Finnois, de race hunnique et non slave. S'appuyant aussi bien sur l'autorité du père de l'histoire slave, Nestor, que sur celle du célèbre ethnographe bohême, Szaffarzyk, et des historiens russes eux-mêmes, Karamzin, Saloview et Bialaïew, l'auteur cherche à démontrer que l'élément slave n'entre qu'en proportion très-minime dans la composition de l'amalgame moscovite.

« Malgré tout ce que cette ingénieuse analyse offre d'utilement répressif contre les prétentions panslaviques de la Russie moderne, nous ne saurions, avec M. Duchinski, refuser aujourd'hui la qualité de Slaves aux Moscovites. Originairement Finnois, à la vérité, le bassin supérieur du Volga a été complétement slavonisé par les émigrations du Dniéper, dès le xe siècle, c'est-à-dire dans la première époque de la formation des nationalités chrétiennes. Ce qu'il y a donc aujourd'hui de mongolien dans le sang et dans le caractère des Moscovites ne peut se rapporter qu'à la période des retours offensifs de cette race asiatique contre la Moscovie déjà slavonisée, ce qui n'eut lieu qu'au xiie siècle. L'énergie avec laquelle l'élément slave a prévalu définitivement sur tous les éléments hunniques dans le bassin entier du Volga, pour former un peuple de 30 millions de Moscovites, nous révèle au contraire la véritable mission de cette respectable nationalité qui est, non pas de russifier la Slavie, comme le voudrait la politique des tzars, mais de slavoniser le plus d'Asie possible, comme le permet et le désire la politique chrétienne. » (*La Nationalité polonaise*, p. 10).

Dans le courant de l'ouvrage, le général Mieroslawski dit que les Moscovites ont mieux conservé la pureté de l'élément slave que les Polonais et les Slaves du sud, car les Moscovites 1° pratiquent le communisme et 2° sont restés étrangers à la civilisation des peuples germains et latins.

Ecoutons le général Rybinski et J.-B. Ostrowski :

..... « Le peuple de la Ruthénie et de la Lithuanie garde la
« foi de ses pères, affronte le martyre, comme l'ont fait les
« paysans du gouvernement de Witebsk. S'il y a des Slaves,
« Slaves faux, qui ont *renié* la foi *qu'ils ont reçue de leur père,*
« ce sont seulement les Moscovites, peuple d'apostats, meurtriers
« politiquement et religieusement. *Issus de Novgorod la Grande,*
« *de Smolensk, de la Ruthénie, de la nationalité polonaise,*
« les Moscovites les ont reniés; ils les extermineront. Ils ont
« dévasté à jamais Kiew, capitale des Polono-Slaves, leur capi-
« tale politique et religieuse, catholique, apostolique et romaine,
« professant le rite slave (?). Les Moscovites ont fondé, développé
« la séparation, l'opposition religieuse à la Pologne et à l'Europe.
« Ils sont schismatiques, peuple qui, *infidèle à son origine natio-*
« *nale et religieuse* est *revenu* corrompu par des éléments nou-
« veaux pour assassiner *sa* mère patrie. » (1)

Au fond, le général Rybinski et M. J.-B. Ostrowski luttent contre les Moscovites, mais nous sommes ethnographe, nous étudions les rapports entre les Slaves et les Moscovites sous les points de vue physiologico-psychologique et physiologico-moral; les luttes qui occupent les deux auteurs nous importent peu.

____

(1) *La Pologne et ses frontières historiques*, p. 63-64. Les journaux qui ont annoncé cette publication du général Rybinski, ont nommé J.-B. Ostrowski comme son collaborateur. **M. J. B.** Ostrowski est bien connu parmi les émigrés polonais; ses amis disent qu'il avouera s'être trompé.

Ils reconnaissent les Moscovites comme étant unis par les besoins ressortant de la communauté d'origine, et c'est ce principe que nous reconnaissons pour erroné et comme servant au développement du panslavisme. Jusqu'à présent on reconnaissait les Moscovites pour Slaves, mais ce sont les auteurs que nous citons qui sont allés jusqu'à reconnaître qu'ils sont issus de la *nationalité polonaise*, qui elle-même, n'existe que depuis la réunion, au XIVe siècle, des Lithuano-Slaves qui furent soumis aux princes Rurikowitches avec leurs frères de la Vistule.

Enfin, M. Zb....., dans son ouvrage : *La Pologne et la cause de l'ordre*, et dans un autre : *Des conditions d'une paix durable*, a pris à nous-même toutes les preuves sur l'impossibilité de la fusion des Moscovites avec les Slaves, preuves qu'il publie dans ces ouvrages, c'est à quoi il avait droit, mais en même temps il proteste explicitement contre cette conclusion ; car il dit que c'est l'élément slave qui est de nos jours prédominant chez les Moscovites et qu'ils doivent être reconnus pour Slaves *en politique* (*Des conditions d'une paix durable*, page 68); tandis que, de l'autre côté, il dit que les Polonais étaient *essentiellement* étrangers à la civilisation occidentale jusqu'au XIXe siècle! Le mot essentiellement est souligné chez l'auteur (*La Pologne et la cause de l'ordre*.

Nous relevons ces erreurs car elles sont passées sans protestation de la part des savants et de publicistes français de premier ordre, qui rendirent compte des travaux de l'auteur en les recommandant chaleureusement à l'attention du public, comme MM. de Forcade, Saint-Marc Girardin, Mazade et autres. On voit qu'il s'agit de questions très-graves et que nous ne pouvions passer sous silence. Nous sommes d'autant plus forcé d'en parler que quelques Polonais publient un journal à Bruxelles, *la Pologne*, qui lutte avec ardeur contre le tzarisme, mais confond la conscience des Slaves et des Moscovites en les poussant à l'union au nom de leur unité dans les besoins ressortant de l'unité en origine et en caractères de civilisation.

La partie la plus saine de l'aristocratie polonaise et surtout la noblesse pauvre, la bourgeoisie et les paysans ont constamment protesté et protestent de nos jours contre l'idée de leur unité avec les Moscovites. Dans les années 1830 et 1831, c'est-à-dire au moment même où les premiers personnages de la Pologne, *forcés* (c'est l'expression propre) par l'insurrection à diriger la guerre de 1830-31, et désespérant de la réussite, préparaient les voies pour se réconcilier avec leurs maîtres, en publiant la proclamation qui déclarait l'unité des Moscovites avec les Polonais par les besoins de la communauté d'origine, les soldats et le peuple protestèrent à leur façon, soit en combattant, soit par des chansons. En voici une qui caractérise l'état des esprits à l'époque par rapport aux origines : « Celui qui dira « que les Moscovites sont nos frères à nous, Lechites, je lui brû- « lerai la cervelle près de l'église des Carmélites. » (Il y avait un corps-de-garde moscovite devant cette église (1). Depuis cette époque la distinction entre les panslaves et les nationaux devint plus marquée. Le parti que représenta plus tard le marquis Wielopolski ne cessa de travailler. Le comte Yablonowski, le comte Gurowski propagèrent le panslavisme en France. A partir de 1839-40 il devint difficile de trouver un publiciste, un poëte polonais, surtout dans l'émigration, qui n'eût pas été panslave. La masse de la nation polonaise ne cessa jamais de répéter la chanson que nous venons de rapporter, mais cette masse n'avait pas de représentants dans le monde scientifique. Le danger était d'autant plus grave que les Allemands se sont soumis complète- ment au tzar, et enfin, le Gouvernement français lui-même devint l'avocat du panslavisme !

Oui, le Gouvernement français de Louis-Philippe devint le protecteur, l'avocat du panslavisme par les moyens mêmes dont il voulait se servir pour le combattre. Le cabinet dirigé par M. Thiers a admis l'unité des Moscovites avec les Polonais par les besoins des origines et des caractères de civilisation, comme Slaves, pour guide de sa politique. Cette unité fut admise comme entièrement juste par la Chambre des pairs et par celle des

(1) Voici le texte polonais de la chansonnette :

    « A kto powie, że Moskale są to bracia nas Lechitów,
    To mu pierwszy w łeb wypalę przed kościołem Karmelitów

députés. En parlant ainsi, nous nous reportons à l'époque des discussions dans les deux Chambres sur le slavisme, lors de la demande d'un crédit pour la chaire de langue et de littérature slaves au Collége de France (année 1840). « L'empire russe est slave » disait le rapporteur de la motion sur le crédit à la Chambre des députés, M. Véjux (5 mai 1840) et la Chambre des pairs se montra plus généreuse. Tout en protestant en faveur de la nationalité polonaise, la Chambre des pairs décida que toute la littérature et toute la civilisation des provinces lithuano-ruthènes avant le XIVe siècle appartenaient aux Moscovites, en ne s'apercevant pas que ce sont précisément les Lithuano-Routhènes qui s'unissent au XIVe siècle avec leurs frères de la Vistule, que cette union n'est que la conséquence de leur littérature, de leur civilisation passées ; que la nationalité polonaise ne date que depuis cette union au XIVe siècle, comme la nationalité française ne date que depuis le XVe ; qu'enfin, la majorité des Moscovites s'opposa au christianisme et à la langue slave jusqu'au XVIIe, et la minorité jusqu'au XIIIe siècle.

Pas une voix ne s'éleva pour protester contre l'enthousiasme que manifestèrent les deux Chambres françaises pour la grande unité de 70,000,000 de slaves (nombre admis par M. Véjux).

Depuis cette décision, qui ne fut que la répétition de celle de la diète de Pologne de 1830, tous les publicistes, presque tous les journalistes français prêchèrent le panslavisme autant qu'ils le pouvaient et dans la limite de leurs connaissances.

Les Panslaves ne laissèrent pas échapper l'occasion de montrer que les Chambres, en protestant en faveur de la nationalité polonaise, se mettaient en opposition avec la décision de la Diète de Varsovie et avec leur propre décision.

Voilà les aberrations dont a affranchi le monde aryâ-européen le Gouvernement de Napoléon III. Mais cet affranchissement commença encore sous le règne précédent quoique à son insu.

III.

Ce fut précisément la légitimation du panslavisme par le Gouvernement et les Chambres françaises ainsi que les circonstances qui l'avaient précédée qui éveilla l'attention des hommes intelligents sur cette question. Ce fut alors que le marquis de Custine démontra le non-européisme des Moscovites dans les formes du Gouvernement et dans la classe noble ; le baron de Haxthausen arriva à la même conclusion en examinant la commune chez les Moscovites (basée sur le communisme). Ce fut alors que trois savants géologues, MM. Murchisohn, Kaïserling et de Verneuil, découvrirent l'unité de la Moscovie sous le point de vue géologique en y constatant le terrain permien qui s'étend sans interruption sur des espaces aussi vastes que plusieurs pays comme la France ; ce fut enfin à cette époque que Mickiewicz commença ses leçons au Collége de France. Dans la première de ces leçons, il indiqua le cours du Dniéper comme frontières entre les peuples aryâs-européens et touraniens dans les temps anciens et de nos jours, c'est-à-dire qu'il exclut les Moscovites du nombre des Aryâs-Européens ; dans les nouvelles éditions de ses leçons il indique le Don comme formant ces frontières, cela pour caractériser l'aryâ-européisme des Petits-Russes ; mais le Don prend sa source au sud même du gouvernement de Moscou. Dans les leçons xxiiᵉ et xxivᵉ il expose les luttes des Moscovites-Touraniens de la Souzdalie contre les Slaves de Novgorod et du Dniéper *dès la seconde moitié du XIIᵉ siècle*, en expliquant ces luttes par l'influence des Finnois de la Moscovie sur leurs princes Rurikowitsches. Ce n'est que plus tard, que Mickiewicz tomba dans le mysticisme et le panslavisme et devint, à son tour, propagateur de ce dernier qu'il a pourtant renié peu de temps avant sa mort. Pendant son séjour à Constantinople il disait à qui voulait l'entendre qu'il avait toujours pressenti la vérité, mais que c'étaient nos écrits qui lui avaient ouvert les yeux. La mort seule l'a empêché d'abjurer formellement le panslavisme comme basé sur l'unité des besoins moraux des Polonais avec les Moscovites, par suite de leur unité d'origine. Ses anciens coreligionnaires ne cessent pourtant pas de rejeter son enseignement primitif, pour ne s'attacher qu'au panslavisme moscovite prêché par Towianski, élevé à la hauteur d'un dogme religieux dont Mickiewicz fut l'apôtre. Nous-même commençâmes à propager nos principes l'an 1837. C'est l'an 1838 qne nous avons remis au comité de la censure de Kiew notre premier manuscrit.

Les difficultés que nous avions à vaincre étaient nombreuses et de différentes sortes; nous n'en parlerons pas; nous préférons dire que nous les avons vaincues. Les écrits des généraux Mieroslawski, Rybinski, Sadyk Pacha, de MM. J. B. Ostrowski, Zb..... et de leurs adhérents, ainsi que les ardeurs de M. Proudhon et des écrivains du Gouvernement moscovite n'ont fait que hâter la décision en notre faveur, car les principes que nous défendons n'ont besoin que d'être mis en discussion pour être admis « *pour quiconque sait lire* », pour nous servir des expressions du célèbre historien français, M. Henri Martin, qui est devenu le défenseur de notre système après l'avoir combattu.

Ce qui fait notre force c'est que les principes que nous défendons sont aussi anciens que les divisions du genre humain en races d'après les prédominances des penchants sédentaires, agricoles ou nomades trafiquants. Un nombre considérable de savants ont déjà assez souffert pour ces principes; il est temps que les sociétés savantes et les hommes d'État les prennent sous leur protection, comme depuis un quart de siècle ils ont protégé les principes opposés. Nous sommes convaincu que les Moscovites sont étrangers aux Slaves et aux autres peuples aryàs-européens, car ils sont unis avec les peuples de l'Asie centrale et de la Chine par les besoins d'origine, les caractères de civilisation et les traditions historico-politiques et commerciales. Nous sommes convaincu, contrairement à l'opinion de M. Zb..... et de ses amis, que les Polonais font partie intégrante des peuples latins et germains dès longtemps avant le xixᵉ siècle, dans tous les points caractérisant les traits généraux de la famille aryâ-européenne et étant élevés par le catholicisme et par les Normands (les Slaves du Dniéper et du Dniester d'avant leur union avec leurs frères de la Vistule étaient sous la domination normande). Mais il ne s'agit pas pour nous, nous le répétons, de Polonais ni de Moscovites. C'est le genre humain qui nous occupe. Cependant, nous pensons, nous sommes persuadé, que tout homme au courant des sujets qui se débattent entre les deux peuples sera de notre avis ; que l'éclaircissement des questions que nous soulevons, leur rendra un grand service. On commence à savoir en Europe que le cabinet de Saint-Pétersbourg, pour rapprocher ses sujets moscovites des Européens et d'abord des Slaves, a imposé aux premiers le nom de Russes, la haine de leur origine touranienne, et les a contraints (les classes lettrées) d'abjurer leurs traditions historiques pour celles des Slaves de Novgorod, de Pskow, du bassin du Dniéper et du Dniester. Ce fut un des actes les plus tyranniques qu'un gouvernement ait jamais exercé contre ses sujets. On ne croirait pas même à la possibilité d'une pareille oppression si les nombreux documents publiés à Saint-Pétersbourg et même à Moscou ne le constataient clairement. L'oppression dont nous parlons n'a pas pu changer les Moscovites en Slaves, en Aryâs-Européens ; ils ne cessent et ne cesseront jamais d'être Touraniens ; leur affranchissement commencera le jour où ils se reconnaîtront pour ce qu'ils sont. Aujourd'hui, une partie des Moscovites en sont venus au point de n'avoir plus honte ni de leur origine touranienne ni de leur nom de Moscovites, nom lui-même qui ne tire nullement son origine de la ville de Moscou, comme le nom de la ville ne vient pas du nom de la rivière Moskowa ; le nom de Moscou, Moskowa, avec les différentes nuances moscovites Moskales, Mouschka, Mosko, Mossyki, Moxelles, Mokscha, Motcha, etc., signifie dans sa racine : *lieu du séjour de la horde d'or*, c'est-à-dire *de la horde principale* (1). Il est donc clair, de ce qui précède, que nous avons de nombreuses raisons pour dire, que la découverte de la non-slavicité des Moscovites, de leur unité avec les peuples de l'Asie centrale et de la Chine constitue un des plus grands événements de notre époque. Ce n'est en effet qu'aujourd'hui que l'Europe peut parler de la fédération de ses grands États, qu'elle peut parler des principes des nationalités comme devant former les frontières géographi-

---

(1) Nous verrons plus bas que comme les grands Khans moscovites changeaient souvent leur demeure, il est tout naturel qu'il doit y avoir grand nombre d'endroits portant le nom de Moscou en Moscovie, et qu'il y en a.

ques des États. Depuis le xviiie siècle, c'est-à-dire depuis l'admission des Moscovites au nombre des peuples aryâs-européens, les nouvelles idées que nous relevons n'étaient pas praticables, car les Moscovites ne peuvent donner de garanties morales, nécessaires pour le fédéralisme ; et cette impossibilité ne découle pas seulement de leur origine touranienne, mais de ce qu'ils renient leur origine dans leur politique à l'égard des peuples aryâs-européens, tandis qu'ils s'en prévalent vis-à-vis de leurs frères, les Touraniens de l'Asie. Abordons la question principale.

La question de l fédération des peuples aryâs-européens a été soulevée dès le xviie siècle par Henri IV et Élisabeth d'Angleterre, car alors on connaissait bien les Moscovites. On savait à cette époque, que c'est en Finlande et dans le bassin du Dniéper, que se terminaient les possessions des peuples qui, à part les origines, étaient fortement unis par les caractères essentiels de leur civilisation (les provincialismes, le latino-germanisme). On savait alors que les Moscovites, tout en formant un État politique et militaire puissant, ne pourraient donner les garanties morales exigées par le fédéralisme, qui est entièrement basé sur la moralité comprise de la même manière par les fédérés. Les paroles de Sully sur les Moscovites de son époque, méritent d'être souvent méditées par les historiens modernes : « Je ne parle point de la Moscovie ou Grande-Russie. Ces vastes pays, qui n'ont pas moins de six cents lieues de long sur quatre cents de large, étant en grande partie idolâtres et en partie schismatiques comme les Grecs et les Arméniens, mais avec mille pratiques superstitieuses qui ne leur laissent presqu'aucune conformité avec nous. Outre qu'ils appartiennent à l'Asie pour le moins autant qu'à l'Europe, on doit presque les regarder comme un pays barbare et les mettre dans la même classe que la Turquie, quoique depuis cinq cents ans on lui donne rang parmi les puissances chrétiennes. » (Mémoires de Sully, liv. 30.)

D'après le projet de Henri IV, d'Élisabeth d'Angleterre, de Sully, la Pologne avait dans le congrès autant de voix que les autres grands États, et Cracovie était désignée pour une des capitales du congrès. Plusieurs souverains allemands se reconnurent pour vassaux des Moscovites, tandis que, d'un côté les légitimistes français les considèrent comme les protecteurs de l'ordre et de la moralité, et de l'autre, M. Proudhon avec son école applaudit aux mesures prises par le tzar pour anéantir jusqu'au nom de Pologne. Qui donc, en présence de ces faits, oserait contester que la découverte de la vérité sur la vraie place des Moscovites parmi les autres peuples, ne constitue pas un des plus grands événements de notre époque? Beaucoup de savants, d'hommes d'État en France l'ont reconnu comme tel. Au commencement de la session parlementaire de l'année 1862-63, le marquis de La Rochejaquelein a considéré comme nécessaire d'avertir le Sénat que les Polonais, pendant leur guerre contre les Moscovites en 1830, ayant alors en leur pouvoir toutes les forteresses du royaume, une armée régulière de 40,000 hommes, cent millions de florins dans leurs caisses, reconnaissaient les Moscovites pour frères d'origine, pour Slaves, et qu'aujourd'hui, ils contestent cette parenté. Le fait méritait en effet l'attention du Sénat et de tous les hommes d'État. Un autre sénateur, M. Bonjean, qui, l'année dernière ne pouvait encore expliquer le fait énoncé par son collègue, vient de déclarer au Sénat que plusieurs années d'étude l'ont amené à découvrir que les Moscovites ne sont en effet, ni Slaves ni Aryâs-Européens, mais Touraniens. Nous avons déjà dit que le Gouvernement français par la voix du ministre de l'instruction publique, a cru devoir attirer l'attention des professeurs des écoles moyennes et des sociétés savantes sur cette découverte. Nous avons au reste toutes les raisons de regarder comme très-justes les paroles suivantes de M. Charlier de Steinbach : « Le ministre de l'instruction publique, en introduisant dans le programme des lycées un chapitre consacré à l'étude du Panslavisme, lui a porté un coup mortel. Les études historiques sur les origines des peuples ont marché de front avec les droits des nationalités, ou plutôt elles ont préparé les voies à la revendication de ces droits. *Nul ne sait mieux que M. Duruy que les Moscovites ne sont pas Slaves* (1).

(1) L'auteur voit les preuves dans les cartes publiées par M. Duruy. Voir *la Moscovie et l'Europe*. 1863, page 4.

Enfin, pour légitimer notre assertion que la non-slavicité des Moscovites constitue le plus grand événement scientifique et politique de nos jours, nous allons rapporter une partie du résumé de l'histoire des progrès des études qu'a fait sur ce sujet le célèbre historien français, M. Henri Martin. Après M. Viquesnel, dont nous parlerons plus bas, c'est à cet historien que la France doit la propagation des vraies idées sur les falsifications de l'histoire par le cabinet de Saint-Pétersbourg.

M. Henri Martin constate d'abord que la non-slavicité des Moscovites était considérée par ceux-ci comme la base essentielle de leurs traditions historiques; ils se considéraient, en effet, comme descendants des Wes, des Méra, des Mouroma et des Mordwa, qu'ils savaient très-bien ne pas être Slaves, même à l'époque d'Elisabeth et au temps de Catherine II; que déjà sous la tzarine Elisabeth, fille de Pierre Ier, mais définitivement sous Catherine II, les hommes d'état moscovites et la tzarine elle-même commencèrent à voir que l'idée de l'origine slave des Moscovites pouvait être profitable à la politique européenne de l'État moscovite, tandis que le fait de leur origine touranienne (on disait alors tatare) nuisait à cette politique; que le secrétaire perpétuel de l'académie de Saint-Pétersbourg, Trediakowski, reçut plus de cent coups de verges sur le dos, pour avoir osé défendre l'historiographe Müller, qui recherchait les origines des Moscovites; que Müller lui-même fut emprisonné et contraint de reconnaître que les Moscovites étaient des Roxolans; que Catherine II fit de grands efforts pour persuader à ses sujets que leur origine tatare ou finnoise était un grand scandale. Elle écrivit de sa propre main sur ce sujet à l'occasion de l'ouvrage de Stritter : « Ce serait un scandale pour toute la Russie, si vous admettiez l'opinion de M. Stritter, que les Moscovites sont d'origine finnoise. Le scandale et la répulsion sont des preuves bien claires que leurs origines sont différentes. »

C'est Catherine II elle-même qui insinue à son peuple une honte et un scandale dont il n'avait pas la moindre idée. Ceci est tellement vrai que la tzarine, voyant que ses insinuations ne produisaient pas d'effet, jugea nécessaire de décréter par un oukase formel que les Moscovites sont des Européens. Pour légitimer l'origine européenne des Moscovites, Catherine II cita les paroles de Montesquieu, portant que si les Moscovites n'étaient pas Européens, la civilisation européenne introduite par Pierre Ier ne se serait pas développée avec tant de rapidité. Montesquieu l'a dit en effet, trompé qu'il était par les récits des voyageurs qui ne connaissaient de la Moscovie que la galanterie de la cour des souveraines moscovites qui se succédèrent presque sans interruption, pendant près de soixante ans. Mirabeau protesta contre l'opinion qui affirmait l'européisme des Moscovites. « Les Russes, écrivait-il, ne sont Européens qu'en vertu d'une définition déclaratoire de leur souveraine. »

Cette mémorable protestation de Mirabeau se trouve dans sa brochure portant le titre : *Doutes sur la liberté de l'Escaut*, 1785.

Tous ces faits, de même que l'intervention de Voltaire et des Encyclopédistes dans la falsification de l'histoire des Moscovites, dans le but de les présenter comme Slaves et Européens sont constatés par M. Henri Martin qui, du reste, n'a fait que corroborer sur ces points les détails consignés dans l'ouvrage de M. Viquesnel dont il sera bientôt question. A cette partie de leurs travaux, nous n'avons à ajouter ici que les quelques faits très-caractéristiques suivants.

Pour prouver à l'Europe que les Moscovites sont de vrais Européens, que Voltaire et Montesquieu ne s'étaient pas trompés en les reconnaissant comme tels, et enfin pour protester contre Rousseau qui ne cessait de considérer les Moscovites comme des Tatares pour lesquels les institutions européennes étaient impraticables ; Catherine II convoqua à une espèce de parlement les députés de tous ses peuples, sous le prétexte de discuter un code de lois générales devant régir tout l'empire. Il y avait des députés des Mordwa, des Metschéra, des Tschérémisses, des Lapons, des Syrians, des Baschkires, des Kalmoucks, en un mot comme on s'était servi des descriptions des peuples de l'empire russe faites par Pallas et Gmelin pour désigner les différentes populations de l'empire, il devait y avoir à ce parlement les députés d'environ une centaine de langues. Sous Catherine II les seigneurs moscovites s'appelaient encore *raby*, c'est-à-dire esclaves.

Mais la tzarine, à l'occasion de cette convocation de députés, publia un manifeste tellement libéral que le Gouvernement français en interdit la publication dans le royaume. Les formules libérales du manifeste moscovite étaient toutes prises dans les ouvrages des Encyclopédistes. Ces formules, comme on le suppose aisément, restèrent un livre fermé pour les députés moscovites ; ils signèrent tout ce qu'on leur donna à signer, et en premier lieu, leur profonde reconnaissance envers leur souveraine pour l'oukase qui les déclarait Européens. Les libéraux d'alors ne trouvèrent pas assez de mots pour glorifier la Sémiramis du Nord. « Je suis Catherin et je mourrai Catherin », écrivait Voltaire (juin 1770) et à l'occasion de l'oukase de convocation des députés, il proclamait les Moscovites le peuple le plus libre et le plus civilisé (voir les preuves au chapitre dernier). Pour gagner les bonnes grâces de Voltaire et de ses amis, Catherine II alla jusqu'à offrir aux Encyclopédistes sa protection dans son empire. Elle leur promit la publication de ceux de leurs ouvrages qui pourraient être prohibés en Europe. Tout cela ne pouvait qu'étonner les Européens. Ils ne voyaient pas que les ouvrages les plus révolutionnaires au point de vue de ces peuples et de leurs gouvernements n'avaient pas plus d'influence sur les Moscovites que sur les Chinois.

Il y eut pourtant de vrais savants, hommes de cœur que les libéralités de Catherine II, ses manifestes révolutionnaires, ne trompèrent pas. Tels furent à côté de Mirabeau, Jean-Jacques Rousseau, l'abbé Chappe d'Auteroche, Rulhière, Montulet et autres. Ils protestèrent de différentes manières contre les Mémoires de Catherine, déclarant les Moscovites Européens et contre ses écrits, développant la haine de ses sujets contre leurs pères.

Rousseau disait : « Pierre (Ier) avait le génie imitatif; il n'avait pas le vrai génie, celui qui crée et fait tout de rien. Quelques-unes des choses qu'il fit étaient bien, la plupart étaient déplacées.… *Il a empêché ses sujets de devenir ce qu'ils pourraient être, en leur persuadant qu'ils étaient ce qu'ils ne sont pas.* »

La tendance des Européens de l'époque dont nous parlons à admettre les Moscovites pour Européens effraya Rousseau au point qu'il présageait la conquête de ces derniers par les Tatares. « Cette révolution, dit-il, me paraît infaillible. Tous les rois de l'Europe travaillent de concert à l'accélérer. » Ce sont les paroles de Rousseau de l'an 1762 dans son *Contrat social* (liv. II, chap. 8).

Les souverains de l'Europe ne travaillèrent-ils pas de concert à accélérer la conquête de l'Europe par les Moscovites depuis cette sinistre prophétie de Jean-Jacques? N'était-elle pas prête à s'accomplir?

L'abbé Chappe d'Auteroche n'était pas moins décisif dans sa protestation contre l'européisme des Moscovites. Il est allé même plus au fond de la question, car il l'a étudiée sur les lieux mêmes. L'abbé Chappe d'Auteroche, envoyé par la cour des Tuileries pour étudier en Sibérie la nouvelle planète ou plutôt le nouvel empire des Tsars, qui était en effet une nouvelle planète dans l'orbite européen, caractérise ainsi les différences entre les paysans ruthènes et moscovites. C'est une des graves questions qui occupe aussi de nos jours les anthropologues, les historiens et les hommes d'État. Vers la moitié du XVIIIe siècle elle était mieux connue qu'à présent. Voici ce qu'en dit l'observateur français :

« L'esclave russe (moscovite) et l'esclave ruthène paraissent contraires en tout. Le premier *néglige l'agriculture*, il est *sans mœurs* et *rusé ;* l'esclave ruthène, au contraire, cultive la terre *avec plaisir ;* il a des mœurs, mais il est stupide. L'esclave polonais possède des terres en propre, un Russe *n'a rien en propre* (voir au chapitre dernier).

On dit généralement que c'est le baron Haxthausen qui découvrit le communisme comme principale base des caractères de civilisation des Moscovites, mais les paroles de l'observateur français, écrivant un siècle avant le savant agronome allemand : « Un Russe n'a rien en propre », ne disaient-elles pas la même chose? En effet, aujourd'hui comme au siècle dernier, la pro-

priété individuelle n'existe pas même pour les nobles. La preuve
en est dans les cadeaux qu'a faits aux serfs le souverain actuel
des terres qui sont attachées à leurs maisons (enclos) sans rachat.

Enfin Rulhière qui était arrivé en Moscovie avec la conviction profonde que les Moscovites étaient de vrais Européens,
comme le supposait Montesquieu et l'affirmait Voltaire, fut stu-
péfait de trouver tout le contraire. Ce qui l'a frappé, c'est l'autocratie sans borne de la *libérale* Catherine et la vie nomade de
ses sujets. A force de rechercher les différences énormes qui
séparaient les Moscovites des Polonais et des autres peuples européens, Rulhière cherchait si les Moscovites n'étaient que des
Juifs issus des dix tribus amenées par Salmanazar, au viie siècle
d'avant notre ère. Il trouve la preuve de son assertion dans l'opinion qui régnait alors chez les Juifs. Cette opinion n'était pas
entièrement erronée, elle était fondée en ce que les dix tribus
juives transportées par Salmanazar se mêlèrent avec les Touraniens moscovites. Contraints d'embrasser le christianisme, les
Moscovites ne cessèrent de conserver le judaïsme. Sous Iwan III
l'attachement au judaïsme se manifesta avec tant de puissance,
que ce souverain fut obligé de souffrir que le métropolitain de
Moscou lui-même fût un Juif (le métropolitain Zossime). Les
premiers hommes d'état étaient des Moscovites juifs, et c'est
sous son règne que la question fut posée par le gouvernement
lui-même si les Moscovites ne devaient pas reconnaître le judaïsme pour la religion de l'État. Tous ces faits, oubliés aujour-
d'hui, étaient bien connus en Moscovie du xviiie siècle, car ils
se sont passés au commencement du xvie siècle. Les chrétiens
(particulièrement les Novgorodiens, prisonniers de guerre) l'em-
portèrent dans la discussion, et c'est de ce temps que datent en
Moscovie les persécutions contre les Juifs et le judaïsme, et
qu'il se trouve de nos jours en Moscovie des sectaires judaïsants,
comme Rulhière le savait fort bien. (Voir sur ce sujet le dernier
chapitre).

Les auteurs de la *Vie de Catherine II*, ouvrage publié en
langue moscovito-slave et dédié à l'empereur Nicolas, en 1833,

rappellent (page 12) qu'à l'époque où Rulhière ne voyait dans les Moscovites que les dix tribus juives de Salmanazar, le comte Montulet les reconnaissait pour Arabes.

IV.

Après avoir rappelé les faits qui précèdent, nous rapportons les autres comme ils sont présentés par M. Henri Martin. Les notes que nous croyons devoir ajouter nous-mêmes sont distinguées par les guillemets : «   ».

« La Pologne, les Russies et la Moscovie.

Malgré tout le poids de l'autorité suprême, et de quelle autorité! la vraie tradition historique avait peine à s'éteindre, même en Moscovie. Chose bien singulière, Catherine elle-même, dans sa déclaration contre Stritter, tout en se révoltant contre l'*origine finnoise*, laisse échapper cet aveu décisif :

« Quoique les *Russes* (les Moscovites) *ne soient pas de la même origine que les Slaves*, il n'y a pas de répulsion entre eux (1). »

Dans une *Histoire de l'empire russe*, composée pour les écoles, sous Catherine, par le comité de l'instruction publique, la tradition des vieux chroniqueurs transpire encore (2).

A peine peut-on dire qu'elle ait jamais été complétement interrompue; car, aussitôt qu'un écrivain sérieux, Karamsin, entreprend d'écrire l'histoire de Russie en grand depuis les origines, il est obligé, lui, l'homme de l'autocratie, l'ennemi systématique de la Pologne, l'apologiste de l'unité russe, il est obligé, pour son honneur d'historien, d'abandonner la fable des Roxolans, de rendre à la Suède les Varègues-Russiens et le

----

(1) Voyez la Déclaration réimprimée dans le *Journal de l'instruction publique de l'empire russe*; janvier 1835. «Ce passage se trouve dans les mêmes remarques adressées par Catherine II à la Commission pour la publication de livres pour les écoles, parmi lesquels se trouvent les passages sur la honte et le scandale que doivent éprouver les sujets de la tzarine si on les prenait pour des Finnois. »

(2) Bytopissaniie Rassiiskago naroda.

fondateur Rurik, et de constater, au cœur de la Grande-Russie, de la Moscovie, les populations finnoises et non slaves qui en sont toujours restées le fond.

« L'œuvre principale du règne de Rurik fut la forte union de quelques tribus finnoises avec les Slaves (1), de sorte que les *Vès*, les *Méra*, les *Mouroma* se changèrent *enfin* en Slaves (2), en acceptant leur langue, leur religion et leurs coutumes. (*Hist. de Russie*, t. Ier, ch. IV.) »

L'historien avait écrit ce passage pour ses compatriotes; le politique recula et le supprima pour l'Europe; cette phrase a disparu de la traduction française, écrite en 1819 sous les yeux de l'auteur. Karamsin avait compris la portée de l'aveu qui attestait que les Moscovites ne sont pas Slaves; qu'ils sont des Finnois transformés quant à la langue, et n'ayant jamais quitté leur patrie. Il réfutait ainsi d'avance le système imaginé depuis pour le besoin de la cause et consistant à faire expulser les premiers habitants finnois par des colons slaves. Il réfutait enfin implicitement son propre système sur l'unité de la *nation russe* en face de la Pologne (3).

Même après la suppression de ce passage destiné à devenir célèbre, en sens inverse de celui de Montesquieu, si les esprits eussent été éveillés sur la question, l'on eût trouvé dans le livre de Karamsin tous les éléments nécessaires pour dégager la vérité. L'histoire de la vraie fondation de la Moscovie du XIIe siècle par André de Bogolub, le caractère des populations et tous les

---

(1) C'est-à-dire avec les Slovènes de Novgorod. « Karamsin place les trois tribus sur la carte attachée au premier volume dans les gouvernements actuels de Twev, de Yaroslaw, de Kostroma, de Vladimir, de Moscou et dans la partie septentrionale du gouvernement de Novgorod, de telle manière que les célèbres Slaves-Novgorodiens n'occupent qu'une fraction moindre de l'actuel gouvernement de Novgorod. »

(2) Ce *changement* exigea trois à quatre siècles, et fut plus apparent que réel, de même que la *forte union* des Finnois et des Slovènes, qui ne cessèrent de s'entre-battre jusqu'à la chute de Novgorod.

(3) « Ce qui est intéressant à savoir, c'est que sur la carte ethnographique qui se trouve attachée au premier volume de son *Histoire*, les Wès, les Méra, les Mouroma sont placés dans la partie septentrionale du gouvernement de Novgorod et dans les gouvernements de Twer, de Moscou et de Vladimir. »

grands incidents des annales du tzarisme apparaissent assez net-
tement à qui sait lire.

Mais les yeux n'étaient pas ouverts.

Les Polonais eux-mêmes, du moins beaucoup d'entre eux,
éblouis par l'idée du panslavisme, telle qu'elle s'était produite,
sous une forme révolutionnaire et fédérative, dans la conjura-
tion de 1825, se jetaient dans le piége tendu par leurs ennemis,
et la diète insurrectionnelle de 1830 en appelait aux Russes
contre leur gouvernement, *comme des Slaves à des Slaves* (1).

Cependant, à partir de cette guerre de 1831, dont l'issue paraissait l'écrasement de la Pologne, une série de travaux scientifiques, suscités par le mouvement général des études historiques en Europe, prépara le gain de la cause polonaise devant
l'histoire, parallèlement au sourd travail moral qui préparait
une génération nouvelle aux sublimes dévouements dont nous
sommes témoins. Bon nombre d'écrivains, en ne songeant qu'à
la science, servirent la Pologne, sans le savoir ni le vouloir. La
traduction française de la *Chronique* de Nestor, le *Grégoire de
Tours* des Slaves, en 1834, par M. Louis Pâris, souleva le voile
qui couvrait pour nous les bases ethnographiques de l'Europe
orientale, et fournit les éléments essentiels des futures polé-
miques. Puis vinrent les grands ouvrages du Tchekhe (Bohême),
Schafarik (1837-1841), qui, s'il range les Moscovites parmi les
Slaves au point de vue de la langue, dans son *Ethnographie
slave*, sépare très-bien la race des Slaves et la race des Finnois
dans ses *Antiquités slaves* (1). Les savants moscovites eux-mêmes,
les professeurs de l'université de Moscou, dès qu'ils s'engagent,

(1) Les travaux de Schafarik n'ont pénétré en France que de 1848 à 1854,
par les fragments qu'en a traduits M. Vivien de Saint-Martin, dans *Nouvelles
annales des voyages*. « Schafarik reconnaît que 1° tous les Slaves, *de nos jours*,
sont sortis du bassin de la Vistule (du II° au VIII° siècle de notre ère); 2° que,
dans leurs migrations vers l'est, les Sclis furent forcés de se retirer sur le Danube du bassin de l'Oka, car l'élément touranien y fut puissant; 3° que les
habitants des gouvernements de Twer et de la Moskowa (au-delà de la Twertza
et de la Moskowa), de même que les Moscovites de la partie septentrionale du
gouvernement de Novgorod, les Wes, les Mera et les Mouroma ne parlaient pas
encore slave à l'époque du chroniqueur Nestor. (V. *Antiquités Slaves*, tome II,
chap. XXVI, XXXIV et *Appendice* extraits de la chronique de Nestor. »

à l'exemple de Karamsin, dans la voie des solides études historiques, sont entraînés inévitablement à des aveux de la grande portée sur les origines, ainsi ont fait les Soloviev, les Saveliev, les Bielaiev, et jusqu'au précepteur d'Alexandre II, ce Pogodine dont les remarquables travaux d'histoire ne présageaient pas la sinistre renommée à laquelle il est arrivé aujourd'hui. Celui-là ne pèche point par ignorance.

Chez nous, le grand poëte polonais devenu professeur au collége de France, Mickiewicz, malgré quelques oscillations et quelques fascinations panslavistes, accuse puissamment dans ses cours la distinction des territoires asiatique et européen et des deux *idées*, des deux génies moscovite et polonais.

MM. de Ségur et Schnitzler, dans leurs ouvrages sur la Russie, admettent jusqu'au XIIe siècle la distinction des deux races slave et finnoise, bien qu'ensuite ils abandonnent ce terrain et ne les distinguent plus.

Nul ne jette plus de lumière sur l'opposition des races et des nationalités qu'un agronome allemand qui n'y songe point, et qui ne porte dans ses recherches aucun esprit politique, le baron de Haxthausen, dans ses *Études sur la Russie* (1). Il prend les Moscovites pour Slaves, comme on les lui donne ; mais il constate, par les observations les plus approfondies, une différence radicale de mœurs et de génie entre eux et les *autres Russes* (les Ruthéniens), et les qualifie de *Slaves nomades*, par opposition aux *Slaves agriculteurs*, dans lesquels il comprend les Ruthéniens avec les Polonais.

Enfin un savant français, M. Alfred Maury, donna la conclusion de toute cette série d'études si diverses en résumant, dans la *Revue germanique* (tome IV, 1858), l'ouvrage du voyageur finois Castren, sur les *peuples altaïques* (2).

---

(1) Édition française ; Berlin, 1853.

(2) « M. Castren, dont parle l'éminent membre de l'Institut de France, est mort depuis peu ; il était membre de l'Académie impériale de science de Saint-Pétersbourg ; son ouvrage sur la non-slavicité des Moscovites fut publié aux frais de l'Académie. Ce sont là des faits qui méritent d'autant plus l'attention de ceux qui étudient le progrès des études sur les Slaves et les Moscovites dans l'empire russe. »

« Les Russes, que nous avons l'habitude de ranger parmi les Slaves, sont en réalité une population extrêmement mêlée; tandis qu'au sud l'élément turc et mongol y entre pour une forte proportion, au nord l'élément finnois est de fait prédominant. »

C'était le mot, mais ce n'était qu'un mot, et sous forme purement scientifique; il ne tomba point du domaine de la science dans celui de la politique; il fallut que le patriotisme vînt passionner et féconder la science.

Un émigré polonais de Ruthénie y consacrait sa vie depuis des années déjà : M. Duchinski, de Kiev. (C'était bien à un Ruthénien, à un Russien, qu'il appartenait de dissiper la confusion des Russies slaves avec la Moscovie!) M. Duchinski entreprit de réunir, de systématiser les preuves éparses de la vérité, de remettre en lumière les titres authentiques de sa patrie, et d'abattre l'édifice de mensonge élevé par les oppresseurs. Il appela à son aide la tradition, la philologie, la physiologie, la géographie, toutes les sciences auxiliaires de l'histoire, et poursuivit sa propagande infatigable à Turin, à Constantinople, à Paris enfin, où il faut que vienne aboutir toute action efficace, et où il professe l'histoire à l'école polonaise.

Nous l'avons pris d'abord pour un faiseur de paradoxes, tant les vrais éléments de la question nous étaient inconnus à tous ; puis nous l'avons écouté, nous avons douté, nous avons étudié, et, pour quiconque a étudié sincèrement la lumière s'est faite.

M. Duchinski eût-il réussi, à lui seul, à la faire briller parmi nous, cette lumière de la vérité historique? Enseignant dans une langue qui n'est pas la sienne, et n'étant point précédé en France, comme Mickiewicz, par la renommée littéraire qui force l'attention publique, c'était chose bien difficile.

Il eut le bonheur de rencontrer dans un savant français un interprète et un vulgarisateur aussi énergique, aussi patient que lui-même. M. Auguste Visquenel, dans le cours de vastes études sur les conditions physiques, géologiques, ethnographiques de l'empire ottoman, avait eu occasion de comparer à fond les populations slaves et les races turques et tatares; et l'histoire de Russie, confrontée avec celle de Turquie, l'avait amené de son côté aux mêmes conclusions que M. Duchinski, c'est-à-dire à l'ori gine finnoise des Moscovites et à la parenté des Finnois avec les Turco-Tatars; origine et parenté qui expliquent l'opposition radicale de mœurs et de génie entre les Russes-Polonais et les Russes-Moscovites. M. Viquesnel renforça ses propres observations des surabondants éléments rassemblés par M. Duchinski, et traita la question *ex professo*, sous tous les aspects, dans un appendice à son *Voyage dans la Turquie d'Europe*, appendice qui est à lui seul tout un livre.

C'est là qu'ont puisé, à pleines mains, les publicistes qui ont abordé la question de Pologne depuis le commencement de la guerre; et l'auteur de l'excellente étude publiée dans la *Revue des Deux-Mondes* du 1ᵉʳ juin, et M. le marquis de Noailles, dans son livre clair, attachant et solide, *La Pologne et ses limites*, et M. Elias Regnault, dans son œuvre à la fois si vive, si brillante et si approfondie (*La question européenne, improprement appelée polonaise*), et nous-même, dans notre série du *Siècle*, et tous, enfin, nous avons eu ces deux hommes pour initiateurs (1). Ils nous ont appris la substance de ceux des documents originaux qui ne sont pas entre nos mains, et l'usage de ceux qui se trouvent à notre portée. C'est là véritablement l'arsenal de la guerre sainte.

C'est avec les armes qu'ils nous ont fournies que nos communs efforts à tous ont pu combattre la fausse histoire et déchirer les voiles qui cachaient la vraie à l'opinion publique.

On peut maintenant juger la valeur du titre que le tzarisme donne aux provinces lithuano-russiennes, aux Russies slaves. Catherine II, quoique le système de mensonge fût déjà debout de son temps, les appelait franchement provinces *prises;* sous Alexandre Iᵉʳ, on les nomme provinces *unies* à l'empire; sous Nicolas, provinces *recouvrées*. Le système avait marché; par malheur, la science et l'opinion marchent en sens inverse, et il

____

(1) Il faut ajouter à ces noms celui de M. Charlier de Steinbach, auteur de la brochure *La Moscovie et l'Europe*.

faudra bien que l'histoire à son tour puisse dire un jour : Provinces *prises*, — provinces *opprimées*, — provinces *restituées*.

Post-Scriptum. Nous avons essayé de montrer, dans cet article et le précédent, à quel point la grande intrigue moscovite avait réussi à égarer l'opinion sur l'histoire de l'Europe orientale. Nous venons d'avoir une nouvelle, une éclatante preuve de la difficulté qu'il y a de déraciner ces préjugés entrés dans les meilleurs esprits. Nous venons de lire dans un journal qui témoigne au principe des nationalités un dévouement aussi éclairé qu'énergique, l'*Opinion nationale,* c'est tout dire ! un article composé des meilleures intentions pour la Pologne, par un écrivain qu'on voit incessamment sur la brèche pour la défense de la bonne cause. Eh bien, M. Alex. Bonneau vient de nous dire que la *race slave* formait en Russie une masse de 61,600,000 âmes! et il menace la France et l'Europe de ces 61 millions de *Slaves,* qui deviendront un jour 140 ou 150 millions!

Il nous menace pour que nous allions au devant du péril, bien entendu, et ses conclusions, en fait, sont les nôtres; mais ce n'est pas des Slaves que nous avons quelque chose à craindre; ce ne sont pas des Slaves que nous avons à extirper des contrées volées à l'Europe! La plus grande joie qu'on puisse donner à l'ennemi de l'Occident, c'est de lui accorder qu'il est Slave et de prendre le panslavisme pour une réalité. Nous conjurons M. Alexandre Bonneau, au nom de la cause qui lui est chère comme à nous-même, d'examiner de près la question : il verra qu'il a confondu la langue slave et la race slave, deux choses totalement différentes; qu'il y a là 40 millions d'hommes d'origine finnoise et tatare qui parlent aujourd'hui le slave sans rien avoir ni de la race ni du génie tout européen des Slaves, et qu'il s'agit là de bien autre chose que d'une querelle d'érudits et d'antiquaires ; qu'il s'agit d'une grande question politique. »

Ici finissent les paroles de M. Henri Martin.

L'appel qu'a fait l'historien français s'adresse à tous les écrivains de bonne volonté ; tous doivent avouer qu'ils se sont trompés, comme l'a avoué M. Henri Martin. La science attend un tel aveu, surtout de la part de MM. Saint-Marc Girardin car, à

titres différents, les Slaves et les Moscovites sont vivement intéressés à connaître son opinion sur les questions en discussion.

V

Pour compléter les cadres que nous nous sommes prescrits
pour ce résumé de quelques faits de l'histoire des études sur les
peuples aryâs-européens et touraniens, particulièrement sur les
Slaves et les Moscovites, il nous reste à ajouter les données suivantes :

Napoléon Ier fut le dernier qui protesta contre le slavisme et
l'européisme des Moscovites. Son appréciation de ce peuple :
« Grattez un Russe et le Tatare apparaîtra, » n'a pas été bien
comprise. Cependant cette appréciation, expliquée par ses paroles, constatant l'unité de l'Europe occidentale jusque dans le
bassin du Dniéper, était la seule vraie au point de vue de la
science. C'est la chute de Napoléon Ier, accompagnée du pres-
tige du nom d'Alexandre Ier, qui bouleversa toutes les notions
sur les rapports des Moscovites avec les Slaves et les autres
peuples aryâs-européens, et c'est de cette date que le panslavisme fut regardé comme légitime, comme on peut le voir dans
les discussions qui eurent lieu au sujet de la création de la chaire
de langue et de littérature slaves au Collége de France dans la
Chambre des pairs et des députés en 1840. C'est au gouvernement de Napoléon III que revient l'honneur de la réhabilitation
de la science sur tous les peuples indo-européens et touraniens;
personne ne peut, en effet, contester que c'est l'éclaircissement
de la question des rapports entre les Slaves et les Moscovites qui
décide l'éclaircissement des rapports entre les deux familles
principales.

Nous ne doutons pas que l'intervention de M. le ministre de
l'instruction publique n'encourage les sociétés savantes à étudier
le sujet. Dans la question qui nous occupe, la politique, et même
si on le veut, les passions politiques ont jeté la lumière sur bien
des points douteux. Ainsi, M. Drouyn de L'huis a reconnu les

provinces lithuano-ruthènes pour polonaises ; le prince Gort-
schakoff a protesté contre ce qu'il appelait une prétention inad-
missible du cabinet des Tuileries. La science prit part à la discussion des deux cabinets, et M. Pogodine lui-même a reconnu
que le cabinet des Tuileries avait droit touchant le point en con-
testation, comme nous allons le voir (au chap. dernier). Nous
verrons, de plus, que nos plus ardents contradicteurs, tels que
MM. Schnitzler, Schewyrieff, Parochine, Schebalski et autres,
nous rendent le plus grand service.

En somme, notre cause est complétement gagnée en France.
Elle commence à gagner du terrain en Allemagne et en Angleterre.

Les difficultés à vaincre en Allemagne étaient nombreuses à
cause surtout des circonstances particulières de ce pays. Ce n'est
qu'en 1854 qu'une revue scientifique, publiée à Stuttgard, attira
l'attention du public allemand sur nos travaux. L'année dernière, la non-slavicité des Moscovites a été l'objet de discussions
devant les tribunaux allemands. Nous croyons devoir rapporter
ce fait dans l'histoire des études sur les peuples aryâs-européens
et touraniens. Un journal, publié à Weimar, avait appliqué au
grand-duc Constantin l'épithète d'*indigne*. Le ministère public
dirigea des poursuites contre le gérant et l'auteur de l'article, en
les accusant : 1º d'avoir insulté un membre de la dynastie
régnante dans le grand-duché ; 2º d'avoir offensé le chef d'un
état européen en appelant son frère indigne. Les inculpés sou-
tinrent, touchant le premier point, que le grand-duc n'était
qu'apparenté à la maison régnante, et, sur le second point, les
accusés établirent que les Moscovites considèrent les souverains
européens comme soumis à leurs tzars ; que d'après leurs idées
touraniennes, la parité entre eux serait dégradante pour leur
nation ; qu'enfin, en admettant les Moscovites pour Européens,
il faudrait pareillement considérer comme Européen le souverain de Dahomey, etc. Les défenseurs des inculpés ont tiré leurs
arguments à l'effet d'établir cette thèse dans les écrits des auteurs signalés par M. Henri Martin. Les juges ne furent point
convaincus, et un des accusés fut condamné à quinze jours de

prison, l'autre à huit. (*Blaetter von der Saale*, 19-23 décembre ; *Czas*, 27 décembre 1863.)

Les hommes sérieux nous sauront gré de leur avoir signalé ce procès, certainement unique dans son genre ; nous exprimons uniquement, on le comprend, les différents moyens de propagande des idées vraies sur l'origine des Moscovites, sans nous occuper de l'application qu'en ont faite les rédacteurs allemands.

Les progrès, en Allemagne, des principes que nous défendons, méritent l'attention particulière des savants et des hommes d'Etat, car si ce sont les Allemands qui, les premiers, ont souffert pour avoir déclaré que les Moscovites ne sont pas Slaves (Müller, Stritter, Schlötzer), ce furent aussi les Allemands qui propagèrent les erreurs. Nous avons à remercier le colonel Lapinski d'avoir fait connaître ce qu'il appelle notre doctrine chez les Allemands. Le colonel Lapinski a fait plus. Il a démontré la justesse de nos principes par l'application qu'il en a faite aux études sur les peuples du Caucase. L'auteur a passé dans ce pays trois années. La conclusion de ses études est celle-ci, savoir : Les Circassiens proprement dits qui ont conquis les Abases ne sont qu'une branche des Kirguises Kosaks, c'est-à-dire Touraniens. A présent la lutte est engagée entre les Tourans moscovites (fantassins, cavaliers ou kosaks) et les Abases qui sont des Aryâs. L'ouvrage du colonel Lapinski, publié à Hambourg 1863 sous ce titre : *Drei Jahre im Kaukasus* (*Trois années dans le Caucase*) va être publié prochainement en langue française.

En Angleterre, c'est à la ligue anglaise, pour l'affranchissement de la Pologne, qu'incomberait le droit de propager les principes justes ; mais ici, comme au sujet du congrès proposé par Napoléon III, les Anglais ne se sont pas encore décidés définitivement. Les écrits de MM. le marquis de Noailles, Elias Régnault ont été traduits en langue anglaise. Au nombre des revues, est la *Westminster rewiew*, qui est la plus sympathique à nos principes ; ils commencent aussi à trouver place dans les journaux (1).

(1) Pour ce qui concerne la question de fédération des peuples aryâs-européens, nous avons fait exprès un voyage à Londres au mois de juillet de l'année passée pour en parler avec M. Beals, créateur et chef de la ligue anglo-polonaise.

C'est avec douleur que nous constatons que les Polonais sont ceux qui se sont montrés les plus hostiles à la propagation de nos principes. Nous parlons des savants, des publicistes proprement dits, car la masse des lettrés les a salués avec enthousiasme. Nous ne reprochons pas aux savants ou publicistes polonais de n'avoir pas vu la vérité au siècle dernier, ni d'avoir commis des erreurs en 1830 ; nous les accusons d'avoir propagé ces erreurs parmi les étrangers, sans se donner la peine de vérifier les assertions qu'ils répétaient les uns après les autres. Ce sont les publicistes, les poëtes polonais, qui sont venus en aide au panslavisme par une fausse science. En effet, les Français étaient tous préparés à écouter et à suivre les Polonais ; ce n'est ni la sympathie, ni la patience à étudier l'histoire de la Pologne qui manquaient aux Français. Ce sont les guides qui les ont trompés. En un mot, ce sont les Polonais qui furent cause des erreurs grossières qui ont agi jusque sur la politique du Gouvernement français.

Mais grâce aux défenseurs polonais des oukases de Catherine II, nous venons de recevoir une lettre de M. Auguste Viquesnel, qui certainement satisfera tous les amis du progrès des sciences géographico-ethnographico-historiques que nous défendons. Sa lettre a été écrite à l'occasion de l'envoi à M. Viquesnel des brochures panslaves, écrites par des Polonais. Sa publication, nous en sommes certain, produira le meilleur résultat.

« Paris, 3 février 1864.

« MON CHER COLLABORATEUR ET AMI,

« Depuis dix mois déjà, les résultats les plus essentiels de nos communes recherches sur les peuples de l'Europe orientale sont publiés. Depuis lors, nous voyons s'augmenter tous les jours le nombre des savants de tout genre qui, par leurs écrits, adhèrent à nos conclusions. Les panslavistes polonais semblent con-

Cette ligne a ses comités, ses réunions périodiques dans toutes les grandes villes d'Angleterre. Notre projet de réaliser la pensée d'Henri IV et d'Élisabeth, en l'adaptant aux besoins de notre époque, frappa vivement l'attention de M. Beals, qui voit dans la question polonaise le grand moyen de rapprocher l'An-

sidérer comme au-dessous de leur dignité l'étude de la question. Oh ! si après avoir étudié les sources, ils venaient nous démontrer que nous sommes dans l'erreur, ils seraient dans leur droit, et nous n'aurions qu'à faire amende honorable. Mais fermer les yeux et les oreilles pour conserver une illusion dont on s'est bercé pendant une partie de sa vie, voilà ce qu'il est triste de constater.

« Dieu merci, les savants français et allemands montrent plus d'ardeur à s'instruire que certains de vos compatriotes. Vous apprendrez avec plaisir que nos conclusions commencent à pénétrer en province.

« En m'annonçant la prochaine publication de ses travaux sur les origines de la race aryenne, M. Brullé, doyen de la Faculté des sciences de Dijon, se déclare satisfait des explications contenues dans mon chapitre IV sur la langue moscovite ; il comprend maintenant pourquoi cette langue diffère, par son esprit, des autres langues slavones ; aussi n'hésite-t-il pas à classer, comme nous, les Moscovites parmi les peuples ouraliens.

« Je vous ai parlé tout à l'heure des savants allemands, et pour cause. Mon ancien compagnon de voyage, M. Boué, membre de l'Académie des sciences de Vienne (Autriche), m'écrit qu'il accepte nos idées sur l'origine non slave des Moscovites, et il ajoute que cette manière de voir est généralement adoptée par les savants viennois.

« L'exemple de tant de savants désintéressés dans la question ne saurait-il donc piquer d'émulation vos compatriotes retardataires, et les décider à se livrer enfin à une étude approfondie d'une matière qui doit être plus facile pour eux que pour des étrangers.

« Tout à vous, et de cœur,

« AUGUSTE VIQUESNEL. »

gleterre du continent européen, dont elle ne s'est séparée que trop depuis le règne d'Élisabeth. Nous parlons de notre voyage à Londres, car le but en était purement scientifique, et nous espérons pouvoir en présenter bientôt d'heureux résultats.

Nous profitons de l'occasion pour remercier ici même M. Beals et ses amis anglais, de même que MM. Zaba Szulczewski et Jundril, pour l'accueil amical qu'ils nous ont fait pendant notre séjour en Angleterre.

Le comte Walewski s'est trompé lui-même, et a induit en erreur le Sénat très-involontairement, dans l'appréciation qu'il a faite, l'année dernière, de l'état de la Pologne lors du premier partage. Cet éminent ministre français a admis pour la Pologne de 1772, vingt-deux millions d'habitants. La Pologne aujourd'hui n'a que ce chiffre de population dans ses frontières d'avant le premier partage, époque à laquelle il y avait à peine dix millions d'âmes. C'est dans ce petit nombre d'habitants, disséminés sur une immense étendue entre la Baltique et la mer Noire, jouissant d'une vie provinciale fortement développée, qu'il faut voir une des facilités qu'eurent les ennemis centralisés de pénétrer en Pologne, et d'occuper le pays. Mais comment ne pas excuser le comte Walewski, lorsque des Polonais, se présentant avec l'autorité d'historiens, de statisticiens, commettent des erreurs comme celles que nous avons signalées. C'est précisément en s'appuyant sur le chiffre relatif de la population de la Pologne en 1772, et celle de nos jours, que les défenseurs du cabinet de Saint-Pétersbourg cherchent à légitimer moralement ce partage. Mais pour bien apprécier ce fait, il faut prendre en considération : 1° que la population, en 1772, avait considérablement diminué par les ravages de la peste; 2° que l'augmentation de la population en Pologne est bien moindre qu'en Moscovie, ce qui s'explique par les caractères physiologiques des Slaves et des Moscovites; 3° si la population est allée en augmentant depuis 1772, le chiffre des hommes libres, dans le sens européen du mot, a diminué dans la proportion inverse; car, d'après le principe d'anoblissement, tous les paysans de la Pologne seraient libres depuis 1833, libres et instruits comme le sont les gentilshommes polonais campagnards. On peut juger de la tendance du génie polonais au développement des libertés parmi les classes inférieures (malgré les mauvais instincts d'un grand nombre de nobles), par ce seul fait, que, malgré les violences et les persécutions de toute espèce qu'a subies la Pologne depuis les partages, Lelewel compte jusqu'à trois millions de nobles à notre époque, sur une population de vingt-deux à vingt-trois millions d'habitants.

Ces trois millions de nobles, à la manière polonaise, sont les représentants aussi bien des Mazures (Mazoviens) que des Lithuano-Routhènes.

Nous signalerons, dans l'exposé qui suit, les erreurs qu'on commet généralement. Ce que nous avons dit jusqu'à présent, suffit pour convaincre les savants français de la nécessité de revoir l'histoire de la Pologne et de la Moscovie en la présentant d'après les nouveaux éléments de critique. C'est là le but ou tendent nos efforts. Mais les Français, tout en accusant les savants polonais, ne doivent pas oublier qu'ils ne sont pas encore parvenus eux-mêmes à formuler leur passé historique, même celui du moyen âge, comme il devrait l'être. Les plus célèbres historiens français font cet aveu. Les Français ne doivent pas oublier qu'avant Augustin Thierry, leurs historiens ne faisaient pas de distinction entre les Francs et les Gaulois !

Nous entrons à présent dans quelques détails.

AVIS AUX LECTEURS

Nous prévenons le lecteur, encore une fois, qu'une partie de l'exposé qu'il va lire a été publiée au commencement de l'année passée, et les autres parties, tantôt l'an 1861, tantôt l'année courante. Parmi les inconvénients qui résultent de la forme de la publication de cet exposé, il en est un sur lequel nous voulons, ici, attirer l'attention du lecteur. Nous indiquons sept chapitres dont nous présentons le résumé. Or, nous avons augmenté notre exposé de trois chapitres, et avons remplacé le chapitre vii par d'autres sujets, comme on le verra.

NÉCESSITÉ DES RÉFORMES

DANS L'EXPOSITION DE L'HISTOIRE DES PEUPLES INDO-EUROPÉENS ET
TOURANIENS, PARTICULIÈREMENT DES SLAVES ET DES MOSCOVITES.

CHAPITRE PREMIER

SOMMAIRE

Quelques mots d'introduction. — But de notre Cours public et de la publication présente.— Elle renferme le développement et la continuation des principes de l'auteur exposés dans le *Mémoire* de M. Viquesnel sur la nationalité des Slaves et la nationalité des Moscovites. — Importance de ce *Mémoire* et des trois cartes qui y sont jointes. — Différences entre les opinions de M. Viquesnel et les nôtres. — Ce que nous croyons apporter de nouveau dans le domaine de la science. — Division de notre travail — Pourquoi nous nous servons et conseillons à tous les historiens de se servir du nom de Moscovites et non pas de Russes pour désigner les habitants de la Grande-Russie. — Tables statistiques de l'Empire russe. — Quelques réformes que nous introduisons dans l'exposition des sujets de statistique de cet Empire.

Nous avons fait pendant les deux dernières années (1861 et 1862) un cours public au *Cercle des Sociétés savantes* de Paris, sur les peuples indo-européens et touraniens, particulièrement sur les Slaves et les Moscovites (1). Le but que nous nous étions proposé dans ce cours consistait à convaincre les savants, à qui cette tâche incombe, de la nécessité d'introduire des réformes dans l'exposition et dans l'appréciation des phases historiques se rapportant aux peuples mentionnés ci-dessus. C'est surtout

(1) Nous avons prévenu nos auditeurs habituels que nos conférences ne seraient plus périodiques et n'auraient peut-être pas lieu cette année, et cela pour des raisons que nous avons expliquées; nous n'avons, en effet, pendant l'année courante, fait qu'une seule conférence le 31 mars, pour soumettre quelques-uns des principes et quelques-unes des conclusions de nos études aux honorables membres du dernier congrès scientifique de Paris.

dans les livres destinés à la jeunesse que ces réformes doivent
avoir lieu. Tel est le but de la publication présente.

Dans le courant de nos conférences à Paris, nous avons exposé
en y ajoutant de nouveaux aperçus, les études que nous
avons faites pendant vingt-cinq ans, tantôt dans l'empire russe
tantôt dans l'empire ottoman, en Grèce et dans plusieurs autres
pays. C'est donc à proprement parler, le résumé de nos travaux
depuis un quart de siècle que la publication présente, formant
deux parties, a en vue de soumettre à l'attention de juges compétents. Nous nous empressons d'annoncer que ce précis ou résumé est très court. Nos collaborateurs, nos auditeurs habituels
de Paris et d'autres pays en pourront tirer un profit plus direct
que d'autres lecteurs. Toutefois les personnes mêmes qui n'ont
pas suivi notre cours et qui n'ont pas eu occasion de lire les
différents écrits que nous avons publiés en différentes langues
hors de France trouveront dans notre résumé actuel, toutes les
données nécessaires pour asseoir un jugement sur ce que nous
appelons notre système. Ce qui facilite beaucoup la tâche que
nous nous sommes imposée en France, c'est que nos écrits ont
intéressé quelques écrivains français et que nous pouvons recommander leurs publications pour ce qui concerne les détails.
Parmi ces ouvrages nous citerons d'abord :

1° *Mémoire sur la nationalité des Slaves et la nationalité des
Moscovites*, publié par M. Auguste Viquesnel, membre de l'Académie de Lyon, ancien président de la Société géologique de
France. Le mémoire en question, de vingt et quelques feuilles
d'impression, avec cartes ethnographico-statistiques, sert d'Appendice au premier volume d'une vaste publication de M. Viquesnel intitulé : *Voyage dans la Turquie d'Europe*, faite sous
le patronage du ministre de l'Instruction publique. Nous avons
collaboré à l'Appendice(1). Le savant auteur y a parfaitement
caractérisé, et souvent avec détail, nos principes.

2° *Les origines slaves. Pologne, Ruthénie.* Cet ouvrage reproduit
aussi notre système en y ajoutant quelques détails qui ne se

____

(1) Le premier titre du Mémoire est : *Coup d'œil sur quelques points de
l'histoire générale des peuples slaves et de leurs voisins les Turcs et les Finnois.*

trouvent pas dans le mémoire de M. Viquesnel; mais il renferme quelques points contre lesquels nous faisons nos réserves.

3° M. Bonneau a publié dans une livraison de 1862 de la *Revue Contemporaine*, le résumé assez détaillé de ces deux publications en y ajoutant quelques nouveaux éclaircissements d'après des notes fournies par nous.

N'ayant en vue pour le moment que les lecteurs français, nous n'indiquons que les publications françaises, les plus récentes et les plus étendues, celles auxquelles nous avons pris une part plus ou moins directe. Nous sommes heureux de constater que le nombre des défenseurs des idées que nous cherchons à propager va chaque jour en augmentant. Nos adversaires écrivant en français, tels que MM. Schnitzler, Porochine, Schebalski, Soulima, Golovine, Milutine et autres contribuent à répandre notre enseignement et à en montrer la solidité; car les idées que nous défendons n'ont qu'à être discutées pour être admises.

Nous avons nommé en premier lieu le *Mémoire* de M. Viquesnel sur *la nationalité des Slaves et des Moscovites*, comme pouvant servir d'appui au résumé des études que nous publions. Nous dirons plus : c'est ce *Mémoire qui en est la base*, de façon que la publication actuelle n'est que le développement et la continuation de *nos* principes qui sont posés dans le *Mémoire de* M. Viquesnel. Nous disons de *nos* principes, parce que nous ne sommes pas toujours d'accord avec ce savant. En effet, M. Viquesnel a dit, en caractérisant son travail sur les Slaves et les Moscovites : « Nous nous proposons d'attirer l'atten-
« tion des critiques français sur quelques points les plus im-
« portants de l'histoire générale des peuples slaves, comme l'a
« fait déjà pour les critiques étrangers, notre collaborateur,
« M. Duchinski (de Kiew); nous voulons prouver à son exem-
« ple, que les publications faites récemment par les Slaves et
« les Moscovites ont éclairci la plupart des passages inscrits
« dans les sources nationales qui avaient été mal interprétés
« jusqu'alors... » (Mémoire p. 479). Mais nous croyons de notre devoir de bien préciser ce point à savoir, que, d'accord avec M. Viquesnel pour ce qui concerne les principes généraux, nous

différons dans quelques détails plus ou moins importants, c'est-à-dire que le savant auteur du *Voyage dans la Turquie*, n'a nullement suivi *notre exemple*, dans bien des cas , comme nous aurons l'occasion de le voir successivement. Nous insistons sur ce désaccord entre M. Viquesnel et nous sur quelques points importants, quoique subordonnés, car ce savant apprécie notre collaboration d'une manière plus gracieuse que juste pour nous. Ainsi, M. Viquesnel dit , page 488 que « le chapitre IV et les « suivants (de son travail) renferment le développement des « principes sur lesquels doivent reposer , selon M. Duchinski, « une classification indiquant les degrés de parenté qui existent « soit entre les peuples rangés au nombre des Slaves, soit entre « ces derniers et les peuples indo-européens et ouraliens. » La vérité est que la partie du Mémoire traitant des questions religieuses, qui constitue une des plus grandes nouveautés pour les lecteurs français, apppartient à M. Viquesnel lui-même. Elle a été pour nous pleine d'enseignements. Les matériaux ont été fournis par le supérieur de l'église moscovite à Paris, l'archimandrite Wassilief et par les prêtres français qui les ont remis au savant aussi bien que nous. Il en est de même pour ce qui concerne le développement des principes sur les Kosaks. En somme, nous avons fourni à M. Viquesnel une partie des notes de même qu'une autre partie lui a été fournie par les savants moscovites, français, valaques. M. Viquesnel a dépensé des sommes considérables pour se procurer bien des ouvrages. Il a étudié ces différentes sources ; il a admis une partie de nos principes ; il a modifié les autres d'après ses idées. C'est dans ce sens qu'il faut comprendre les paroles de M. Viquesnel que nous venons de citer. M. Viquesnel l'indique de temps en temps au renvoi, mais nous croyons de notre devoir de préciser ce fait qui est entièrement à l'honneur du savant français. Il s'est complétement effacé lui-même pour ne parler que des services que lui ont rendus les autres.

Si nous n'étions guidé que par la simple justice et la reconnaissance envers M. Viquesnel, auquel nous devons la propagation de nos idées parmi les Français (nous devons une pareille recon-

naissance aux savants allemands et italiens qui en ont fait autant pour leurs nations) ; le progrès même de cette propagation des idées scientifiques oubliées nous forcerait à éclaircir les
paroles, nous le répétons, plus gracieuses que justes que M. Viquesnel a prononcées sur nous.

Si l'on nous demandait de porter un jugement sur le mérite
du *Mémoire* de M. Viquesnel sur les Slaves et sur les Moscovites,
nous dirions que c'est un résumé des travaux du comte Jean Po-
tocki, de MM. Zoryan Dolinga Chodakowski, Karamsin, Suro-
swiecki, Lelewel, Mickiewich, Schafarik, W. A. Macieiowski,
Bielowski, Polewoï, Pogodine, Sawelieff, Solowiew, Schnitzler,
comte de Ségur, Castren, Lesur, Haxthausen, Arsenieff, Tour-
guenieff, du père Gagarine, de l'Archimandrite Wassilieff et de
beaucoup d'autres savants ethnographes, statisticiens et historiens
qui ont écrit sur les peuples rangés au nombre des Slaves. Le
Mémoire présente ce qu'ils ont dit de plus concluant sur ces
peuples depuis les temps les plus reculés jusqu'à nos jours. Il
combine toutes ces données, les vérifie au point de vue géographique, les compare avec les chroniqueurs, et corrobore ainsi
les conclusions de l'auteur de même que les nôtres. Enfin il fait
époque en France où les études sur les Slaves et les Moscovites,
et en général sur les peuples indo-européens et touraniens sont
peu familières.

Nous savons qu'on pourra interpréter de bien des façons ce
que nous disons d'élogieux sur le *Mémoire* M. Viquesnel ; mais
forcé d'en parler, nous ne pouvons le faire sans en relever l'importance parmi les ouvrages français sur les Slaves et les Moscovites. Les trois cartes de M. Viquesnel servant d'explication à
son *Mémoire* et jointes à notre écrit, donnent une idée de l'ouvrage, et légitimeront aux yeux des vrais savants le jugement
que nous en portons. M. Viquesnel nous ayant donné l'au-
torisation de nous servir de ses cartes, nous n'y avons rien
changé, pour montrer l'accord qui règne entre nous sur les
questions principales. Nous relèverons plus tard les points où
cet accord cesse entre le savant français et nous.

Le lecteur fera bien de jeter un coup d'œil sur chacune des

cartes en question avant de continuer la lecture de cet ouvrage.
Il aura le temps, de cette manière, de s'habituer aux noms
propres des peuples et des lieux qui nous occuperont. Nous
désirons surtout attirer son attention sur les tribus habitant les
contrées qui servaient de frontières entre les Slaves et les Moscovites au ive siècle avant notre ère, aux iie et ixe siècles après
Jésus-Christ. Du reste, comme on le verra, ces frontières, entre
Slaves et Moscovites, ont très-peu varié depuis le temps d'Hérodote jusqu'à nos jours.

L'ouvrage anonyme : *les Origines slaves*, reproduit notre
système avec une grande lucidité. Nous le recommandons surtout aux personnes qui préfèrent une exposition claire et facile
aux investigations purement scientifiques et d'érudition.

Le résumé d'une partie de nos travaux, qu'a publié M. Bonneau dans la *Revue contemporaine*, est appelé « savant article »
par le membre de l'Académie de Saint-Pétersbourg, M. Schnitzler,
dans le deuxième volume de la *Statistique de l'Empire russe*.

Nous devons ajouter que bientôt paraîtra, croyons-nous,
le compte-rendu de notre cours au *Cercle des sociétés savantes*,
par M. Elias Régnault. Cet éminent publiciste français a déjà
publié une partie de ce compte-rendu, en quelques articles, dans
le *Journal français de Francfort*, en y faisant ressortir l'utilité
de nos principes pour les intérêts politiques des peuples slavo-
germano-latins. Des quatre auteurs cités, chacun recommande
dans nos études ce qu'il regarde comme plus nécessaire à son
point de vue. Mais c'est à M. Régnault que nous sommes rede-
vable d'avoir, pour le public français, résumé notre système
de *classification du genre humain*, point capital dans la question,
et que nous ne faisons qu'effleurer dans la partie actuelle. Nous
espérons que dans une nouvelle édition l'auteur élargira le
cadre de son compte-rendu.

Enfin M. Paul de Saint-Vincent a publié dans la *Revue Contemporaine* de l'an 1861-1862, plusieurs articles dans lesquels
il a relevé l'utilité de l'application de nos principes dans l'appréciation de la littérature polonaise. Ces études frappent par
l'originalité et la justesse des aperçus esthétiques.

Ce sont là les sources principales où les lecteurs français peuvent puiser des renseignements sur nos études.

Mais qu'est-ce que nos études apportent de nouveau dans le domaine de la science? Quelle place ces études occupent-elles parmi celles de nos devanciers et des contemporains travaillant sur le même sujet? Cette question sera résolue par cette première partie du résumé de nos études, et que continueront à exposer les publications qui suivront celle-ci. Pourtant, pour que le lecteur en ait une idée générale, nous dirons que nous n'avons fait que développer sur les Slaves et les Moscovites les principes de maîtres qui nous ont précédé, et que nous en avons fait un système. Parmi les publications périodiques françaises, ce fut le journal religieux *l'Univers* le premier, à notre connaissance, qui apprécia à ce point de vue nos travaux d'il y a dix ans, pendant notre séjour en Turquie, et les recommanda aux savants français (1). Nous avons souvent depuis rencontré des jugements dans le même sens sur nos travaux dans divers journaux ou revues français professant des idées politiques ou religieuses différentes. C'est ainsi que M. Viquesnel apprécie nos travaux pour justifier par là le concours qu'il a prêté à la propagation de nos idées. (*Mém., Introduction.*)

Nous soumettons à nos lecteurs le jugement suivant sur nos travaux, porté par la revue ethnographique de Stuttgard, bien connue en France, *Das Aussland,* qui caractérise ces travaux dans les paroles suivantes : « L'Allemand-Slave Schafarik a « trouvé un successeur dans M. Duchinski de Kiew. En pla- « çant ces deux noms à côté l'un de l'autre, celui d'un émigré, « Petit Russe, et l'autre d'un savant, plusieurs fois couronné et « décoré, nous ne croyons nullement offenser ce dernier (2). » Nos autres appréciateurs allemands nous qualifient aussi du titre de successeur de feu Schafarik. Nous laissons le lecteur juger jusqu'à quel point la comparaison peut être juste. Mais s'il connaît le système de Schafarik, ses dernières conclusions, il sait déjà ce que nous pouvons y ajouter de nouveau.

(1) *L'Univers,* 4 novembre 1854.
(2) *Das Aussland.* n° 52. 1854.

Nous divisons notre travail en huit chapitres dont voici les sujets principaux :

Chapitre premier. — Quelques mots d'introduction. But de notre Cours public et de la publication présente. Elle renferme le développement et la continuation des principes de l'auteur exposés dans le Mémoire de M. Viquesnel sur la nationalité des Slaves et la nationalité des Moscovites. Importance de *ce Mémoire* et des trois cartes qui y sont jointes. Différences entre les opinions de M. Viquesnel et les nôtres. Ce que nous croyons apporter de nouveau dans le domaine de la science. Division de notre travail. Pourquoi nous nous servons et conseillons à tous les historiens de se servir du nom de Moscovites et non pas de Russes pour désigner les habitants de la Grande-Russie. Tables statistiques de l'empire russe. Quelques réformes que nous introduisons dans l'exposition des sujets de statistique de cet Empire.

Chapitre II. — Les vingt-huit éléments de critique dont nous nous servons. Ce sont les degrés de parenté entre les peuples au point de vue des origines, qui expliquent les phases les plus importantes de leur histoire ; mais ce ne sont point les langues qui offrent les manifestations les plus évidentes des origines. Raisons pour lesquelles nous nous servons des origines après tous les autres éléments de critique. Application de ces divers éléments de critique dans la classification des peuples. Place des Slaves et des Moscovites.

Chapitre III. — Ce que nous avons apporté de nouveau d'après nos critiques moscovites dans notre méthode d'appréciation et dans les conclusions de nos études sur les Slaves et les Moscovites. Ce sont les points relevés par ces critiques que nous voudrions, avant tous les autres, faire entrer dans les livres historiques destinés à la jeunesse. La non-slavicité des Moscovites se légitimant par la sérieuse critique, s'imposant par les événements de nos jours, se recommande par l'ancienneté des traditions : « c'est une vieille chanson » d'après l'expression de ces mêmes critiques moscovites.

Chapitre IV. — Principales erreurs que commettent les historiens, et surtout les publicistes français et anglais, dans l'exposition et dans l'appréciation de l'histoire des Slaves et des Moscovites; elles se retrouvent dans le jugement porté par le journal anglais *the Times* sur le monument inauguré l'année passée par l'empereur Alexandre II à Novgorod.

CHAPITRE V. — Continuation du chapitre précédent.

CHAPITRE VI. — Continuation et fin des deux chapitres précédents.

CHAPITRE VII. — L'importance des cartes de M. Viquesnel, ci-jointes, sous les points de vue ethnographiques, statistiques et historiques. Comment nous les complétons.

CHAPITRE VIII. — Nos études sur les races humaines dans l'Empire russe et dans l'Empire turc. Formules pour servir à remplacer dans les livres historiques, destinés à la jeunesse, l'enseignement erroné actuel sur les Polonais et les Moscovites, par les principes correspondant aux traditions et aux nouvelles études sur ces peuples. Division de l'histoire des peuples indo-européens et des peuples tourano-sémites, tourano-turcs (ou tatars) et des touran-moscovites en époques, depuis le *VIII* *siècle d'avant notre ère* jusqu'à nos jours. Légitimation de cette division.

Voici, enfin, le dernier point que nous devons éclaircir dans ce premier chapitre.

Pourquoi nous servons-nous et conseillons-nous à tous les historiens de se servir du nom de Moscovites, et non pas de celui de Russes, pour désigner les habitants de la Grande-Russie?

Parce que le nom de Russes, de Russie, donne lieu aux plus grandes confusions, aux erreurs les plus regrettables. Nous n'insisterons pas sur ce point, car les personnes qui lisent notre travail savent de quoi nous parlons, quels sont les cas de confusions, d'erreurs auxquelles les noms de Russie, de Russes, donnent occasion. Dans le courant de notre travail, le lecteur verra que les noms de Moscovie, de Moscovites, avec différentes nuances dans la prononciation chez différents peuples, ne viennent pas du tout du nom de la ville de Moscou, ni du nom de la rivière Moskwa; que ces noms étaient nationaux pour désigner différents peuples d'origine non slave, mais touranienne, moscovite, et désignaient primitivement la demeure principale du chef de la horde, dans le sens de la *Horde d'or*. Comme les Touraniens changeaient souvent de demeures, il y a dans la Grande-Russie, beaucoup d'endroits portant le nom de Moscovie, différemment prononcés (Moski, Mokscha, Motcha, etc.). Sur la rivière de la Moskwa habitait le dernier Khan des Mera. Il fut tué (l'an 1147) par le prince Youry Dolgorouki ; ce prince y fonda la ville qui devint plus tard capitale. Les princes russes Rurikovitches établis en Moscovie se servaient quelquefois du nom de Russie pour désigner ce pays ; les lettrés s'en servaient aussi, mais le peuple ne se servait que des noms de tribus jusqu'au milieu du xviiie siècle, où les noms de Russie, de Russes, furent imposés par des oukases. Nous parlerons de tout ceci plus tard. Pour légitimer la dénomination de Moscovites dont nous nous servons en désignant les habitants de la Grande-Russie, il nous suffit de relever dès à présent les deux faits suivants : 1° Dans les manifestes que les chefs des patriotes moscovites adressèrent à leur nation dans le but de l'enflammer contre les Polonais au commencement du xviie siècle, le nom de Russie, de Russes, n'est pas prononcé une seule fois, ce que constate M. Schnitzler dans ses différents ouvrages. 2° Les souverains moscovites, lorsqu'ils s'adressent familièrement aux habitants de la Moscovie, ne les appellent pas Russes, mais Moscovites. Ainsi, dans la dernière réponse aux différentes adresses qui lui furent envoyées par les habitants de localités de la Grande-Russie autre que Moscou, l'Empereur Alexandre II se sert toujours de cette formule : « Mes chers Moscovites. » C'est ainsi que le journal *le Nord* » traduit le texte original.

On voit par ce qui précède jusqu'à quel point les idées qu'on a en Europe sur l'origine et l'importance du nom de Moscovie, de Moscovites sont erronées. Mais on voit en même temps que les habitants de la Moscovie n'auraient pas encore un nom propre, si l'on s'obstine à ne pas les nommer Moscovites ; car le nom de Russes, tout le monde le sait, ne désigne pas bien le peuple dont il s'agit et donne occasion à confondre les Moscovites avec les Petits-Russes, les Russes Blancs, Rouges, qui sont complétement étrangers aux Moscovites tant sous le point de vue physique que moral, et encore plus au point de vue des traditions historiques.

Les tables statistiques de l'empire russe qui suivent complètent en partie la réponse à la question : Qu'apportons-nous de nouveau dans le domaine des sciences ?

QUELQUES REMARQUES

SUR LES TABLES STATISTIQUES DE L'EMPIRE RUSSE

Les tables statistiques que le lecteur a sous les yeux forment une partie de nos travaux statistisques. Nous les présentons comme un des éléments de critique pour légitimer la justesse de quelques réformes introduites par nous dans l'exposition de l'histoire des Slaves et des Moscovites. Le général Waligorski, membre de l'Académie des sciences de Christiania, approuvant nos principes ethnographico-historiques, a bien voulu nous accorder son concours dans cette partie de nos travaux. Les sujets qui y sont traités, quoique renfermés dans des cadres très-resserrés, faciliteront au lecteur l'appréciation de notre système et de ses résultats appliqués dans plusieurs cas importants. Nous avons ajouté les numéros d'ordre aux sujets principaux dont s'occupe la partie de notre statistique que nous publions ; nous leur avons donné le titre de chapitres, car nous consacrons, dans nos travaux, à chacun de ces sujets, des explications et des éclaircissements particuliers d'après les numéros d'ordre et de chapitre que nous indiquons.

Voici les principales réformes que nous introduisons dans l'exposition de la statistique de l'Empire russe :

1° Dans la division des habitants de l'Empire russe, nous avons compté les Moscovites au nombre des Touraniens, en exceptant les Novgorodiens, les Pskowiens et les quelques colons slaves établis parmi les Moscovites ;

2° Nous avons divisé les habitants de cet Empire d'après les penchants des uns à la vie sédentaire, agricole, des autres, à la vie nomade et mercantile. Le lecteur reconnaîtra dans le cours des développements de nos idées la nécessité de cette division ;

3° Nous avons divisé les Moscovites parlant slave et chrétiens en deux branches , d'après *les progrès chez eux du christianisme et de la langue slave*. Cette division n'est pas admise par les statisticiens de l'Empire russe , mais elle est aussi nécessaire que celle dont nous venons de parler ;

4° Les statisticiens de la partie européenne de l'Empire russe la divisent ordinairement (laissant de côté la Finlande et le royaume de Pologne) en sept groupes , au point de vue des degrés de parenté des habitants dans leurs rapports *historico-politiques*, savoir : 1° La Grande-Russie proprement dite ; 2° Les provinces de la mer Baltique ; 3° Les provinces occidentales ; 4° La Petite-Russie ; 5° La Nouvelle-Russie ; 6° Le tsarat de Kasan ; 7° le tsarat d'Astrakan. C'est la division acceptée par M. de Koeppen, membre de l'Académie de Saint-Pétersbourg, et M. Viquesnel, comme on peut le voir sur la carte ci-jointe (planche 29). Cette division est très-juste au fond. Si on la suit , les habitants des provinces occidentales ou polonaises de l'Empire russe (gouvernements de Mohilew, Witebsk, Vilna, Kowno, Grodno , Minsk , Volhynie et Podolie) , — peu importe leurs différences d'origine et de religion, paysans , nobles , bourgeois *constituent une unité parfaite lorsqu'on les considère* sous le point de vue de leurs besoins ressortant *des traditions historico-politiques*. Les savants moscovites , sous le règne d'Alexandre 1er , regardaient tous ces habitants comme polonais, ne les connaissaient que comme polonais , ce qu'on peut voir facilement dans la statistique de l'Empire russe publiée en langue moscovite-slave, à Saint-Pétersbourg , en 1818 , par M. Arsenieff. Ce savant géographe et statisticien moscovite comptait à cette époque sept millions de polonais dans les provinces occidentales de l'Empire russe. Schafarick dans son *histoire des langues et des littératures slaves* le cite en n'admettant que deux millions de Polonais pour ces mêmes provinces. Nous admettons pour nos tables statistiques l'unité du groupe dit des gouvernements occidentaux de l'empire russe, en considérant toutefois le gouvernement de Kiew comme faisant partie du même groupe ; car , excepté la ville de Kiew, tout le gouvernement de ce nom n'a cessé de faire partie de la

Pologne jusqu'à l'époque des partages; M. de Koeppen y compte encore 100,000 Polonais tandis que d'après le dernier recensement des populations, d'après les origines, il ne s'y trouve que 2,000 Moscovites grands-russes comme on peut le voir dans le dernier ouvrage publié sous les auspices de l'Académie des sciences de Saint-Pétersbourg, sous le titre de : *Description ethnographique des peuples de l'Empire russe.* Si dans la statistique présente nous excluons le gouvernement de Kiew de l'unité du groupe des habitants *des gouvernements occidentaux,* c'est uniquement pour montrer que, d'après les savants moscovites eux-mêmes, les paysans orthodoxes des gouvernements de Podolie, de Volhynie, Minsk, Grodno, Mohilew et Witebsk forment une unité complète avec leurs nobles et même avec les Lettes ou Lotysches et avec les Samogitiens de la partie septentrionale du gouvernement de Witebsk, des gouvernements de Vilna et de Kowno qui sont catholiques ardents; ces derniers, c'est-à-dire les Lettes ou Lotysches et les Samogitiens ne parlent pas le slave ;

5° L'unité, au point de vue des traditions historico-politiques des paysans, des bourgeois, des Slaves proprement dits, orthodoxes et catholiques, des Lettes ou Lotysches et des Samogitiens dans les provinces polonaises de l'empire russe, s'explique et se légitime facilement. Tout le monde sait que depuis le xive siècle ces provinces firent partie de l'état fédératif polonais. Mais les Moscovites des tsarats de Kasan et d'Astrakan, qui constituent la grande majorité des Moscovites de nos jours, sont réunis aux Moscovites de l'ancien Grand-Duché de Souzdalie dès le xvie siècle. Ainsi nous les croyons unis sous le point de vue des traditions historiques comme le sont les paysans de la Podolie et de la Volhynie avec les Lithuaniens. Voilà pourquoi nous ne formons qu'un seul groupe des Moscovites de l'ancien Grand-Duché de Souzdalie et de ceux des tsarats de Kasan et d'Astrakan, tout en admettant qu'il y a parmi ces derniers des Moscovites musulmans et ne parlant pas slave ;

6° On trouvera dans le *Mémoire* de M. Viquesnel (chapitre VI), les motifs qui empêchent de former un groupe particulier des

habitants de la Nouvelle-Russie au point de vue historico-politique. Nous prouvons dans ce chapitre, que le gouvernement
de Kherson, dans lequel se trouve Odessa, fait partie intégrante
des gouvernements occidentaux ou polonais de l'empire russe,
tandis que le bassin du Dniéper dans le gouvernement d'Ekaterynoslaw et le gouvernement de Tauride servent d'intermédiaires entre ce groupe et celui de la Petite-Russie.

Ce dernier pays, la Petite-Russie, n'a, au reste, que deux
siècles et demi de vie individuelle, c'est-à-dire depuis la séparation de la Pologne et son union avec la Moscovie. En effet,
aux xive, xve, xvie et jusqu'à la moitié du xviie siècle, la Petite-
Russie faisait partie intégrante de la Pologne de la Vistule
(masovienne et non de la Pologne lithuanienne). L'an 1654, les
souverains moscovites se sont engagés à respecter les lois, les
usages et coutumes des Petits-Russes; ils n'ont pas rempli leurs
engagements, mais jusqu'aujourd'hui les Petits-Russes tendent
à conserver et à développer leur individualité. En 1840 l'empereur
Nicolas supprima de son autorité le code de lois promulgué en
Lithuanie lors de son union avec la Pologne au xvie siècle.
Ce code est connu sous le titre de *Statut lithuanien*. L'empereur
dans l'oukase abolissant ce code dit, qu'il *est étranger aux
habitants des provinces occidentales de l'empire russe*. Mais les
Petits-Russes dont il n'était pas même fait mention dans l'oukase,
osèrent élever la voix en faveur du code en question et affirmer
qu'il était approprié à leurs besoins. L'affaire fut vidée par
l'oukase du même empereur, à la date du 12 avril 1842, dans
lequel il confirme aux Petits-Russes des gouvernements de
Tchernigow et de Pultawa l'usage du *statut lithuanien*, tout en
le supprimant en Lithuanie, en Volhynie, en Podolie dans
l'Ukraine. Cette contradiction entre les deux oukases impériaux
et les faits qui l'amenèrent sont développés avec tous les détails
nécessaires, au chapitre VI du *Mémoire* de M. Viquesnel. Nous
ne rappelons ce fait que pour prouver que les Petits-Russes eux-
mêmes, séparés de la Pologne depuis deux siècles, séparés à
la suite des guerres des Kosaks, conservent jusqu'à ce jour leur
individualité non-seulement dans les penchants, les sentiments

et dans les traditions populaires , mais encore dans les manifestations politiques de la classe noble.

Nous ajoutons ce qui suit à ce qui a été dit dans le *Mémoire* de M. Viquesnel : Depuis la manifestation des tendances, nous ne disons pas entièrement séparatistes, mais autonomes en politique intérieure que nous venons de mentionner, le progrès des Petits-Russes dans ce sens va en augmentant. Dans les dernières manifestations *patriotiques* des habitants de l'empire russe à la suite des protestations des cabinets européens en faveur de la Pologne , les Petits-Russes de Saint-Pétersbourg ont fait de leur côté *une manifestation petite-russienne.* Leurs chefs dans le domaine littéraire , ont protesté en faveur de l'union des Petits-Russes avec les Grands-Russes , en lisant en même temps des dissertations sur la nécessité d'introduire *la langue petite-russe dans les écoles de leur pays.*

7° Une innovation importante que nous introduisons dans les tables statistiques de l'empire russe et que nous devons légitimer existe dans l'application des chiffres d'après les divisions historico-politiques de l'empire russe. Voici en quoi consiste la différence entre les tables statistiques qu'on a faites jusqu'à présent et celles que nous admettons et que nous nous permettons de conseiller d'admettre à nos confrères les statisticiens. Jusqu'à présent les statisticiens, tout en admettant la division de l'empire russe par groupes sous le point de vue historico-politique , géographique , n'ont pas indiqué les chiffres des différents objets dont ils se servent pour présenter l'état de richesse de l'empire russe en le divisant d'après les groupes dont nous venons de parler. Au contraire, ils semblent oublier ces groupes, on dirait qu'ils les considèrent comme de simples phénomènes de curiosité. C'est d'après les divisions administratives les plus récentes des localités qu'ils établissent leurs chiffres. C'est l'application pour l'empire russe de la méthode qu'ont suivie généralement les statisticiens français pour la France. Mais pour la France comme pour l'empire russe cette méthode n'est bonne que pour présenter les faits dans le but administratif, pour les besoins d'État ; car l'État français n'a pas effacé complétement les traditions provinciales, les régions géographiques, hydrographiques, géologiques, ethnographiques et leurs nombreuses conséquences. A plus forte raison de telles traditions, de telles régions sont puissantes dans l'empire russe. Tous les statisticiens de cet empire ont été frappés de ce fait. Aussi presque tous ont mis en première ligne la division de cet Empire d'après les degrés de parenté de ses habitants sous le point de vue de leurs traditions historico-politiques. Depuis quelques années M. de Koeppen abandonne cette division dans les tableaux statistiques de l'empire russe qu'il publie dans l'almanach de Gotha, mais cela n'en diminue pas l'importance. Un autre membre de l'Académie des sciences de Saint-Pétersbourg, M. Schnitzler, retient les groupes que nous admettons sans en expliquer les raisons. Nous disons que c'est cette division de l'Empire russe par groupes sous le point de vue des degrés de parenté de leurs habitants d'après les traditions historiques qui *régnent sur toutes les autres divisions de cet empire;* que les divisions administratives, par gouvernements, doivent être *subordonnées* à la première de ces divisions. C'est-à-dire qu'à côté des chiffres des différents objets dont s'occupe la statistique dans chacun des gouvernements, il faut montrer aussi les chiffres correspondants à chacun des groupes d'habitants d'après *leurs divisions historico-politiques.* C'est dans ce dernier point que nous avons complété nos confrères les statisticiens de l'empire russe. Un seul coup d'œil suffit pour voir les grandes conséquences de l'introduction de notre système. Ainsi, pour ce qui est de la population, les provinces occidentales de l'empire russe se caractérisent par le polonisme, le catholicisme, le judaïsme. Pour ce qui est de la civilisation, elles se distinguent encore par le grand nombre de nobles (70 sur mille individus), tandis qu'en Moscovie, Grande-Russie (3 sur mille); par un certain abaissement du niveau de l'instruction, par la prépondérance de l'élément slave, par la prépondérance des villes et bourgs (dans toute la Moscovie, Grande-Russie, il n'y a que 356 villes, bourgs, bourgades, tandis que dans les gouvernements occidentaux il y en a 1,059). — Il y a

un grand nombre d'autres points où la division de l'empire
russe par groupes historico-politiques est de première importance, comme on va le voir plus loin.

Nous devons enfin remarquer qu'excepté les chiffres se rapportant à la division du sol sous le point de vue d'agriculture ,
à la division des habitants sous le point de vue des origines, de
religion et de noblesse, nous avons pris tous les autres chiffres
dans les tables statistiques de l'empire russe publiées par le
ministère de l'intérieur de cet empire pour l'année 1856. Nous
avons aussi puisé les chiffres des trois catégories que nous venons
de nommer dans les sources moscovites officielles, mais nous les
avons combinés avec les conclusions de nos propres études ,
comme on le verra plus loin , et d'abord , dans les renvois qui
se trouvent dans les tables statistiques elles-mêmes.

Ce n'est qu'une partie des tables statistiques de l'empire
russe que nous publions ici. Les autres parties seront publiées
dans la seconde partie du résumé de nos études; c'est là que
nous tâcherons de compléter les chiffres se trouvant dans les
tables que nous publions actuellement. Car , la méthode que
nous suivons est nouvelle dans l'application, et du reste, les
chiffres se rapportant aux origines, aux langues et aux religions,
sont ce qu'il y a de plus difficile à obtenir des auteurs moscovites. Pourtant, nous prévenons les lecteurs, que les différences
ne peuvent exister dans les points que nous présentons comme
à peu près certains que sur quelques chiffres qui ne changent
pas le fond de nos conclusions (1).

1) Voir pages 81 et suivantes.

CHAPITRE II

SOMMAIRE

Les vingt-huit éléments de critique dont nous nous servons. — Ce sont les degrés de parenté entre les peuples au point de vue des origines, qui expliquent les phases les plus importantes de leur histoire; mais ce ne sont point les langues qui offrent les manifestations les plus évidentes des origines. — Raisons pour lesquelles nous nous servons des origines après tous les autres éléments de critique. — Application de ces divers éléments de critique dans la classification des peuples. — Place des Slaves et des Moscovites.

Ce sont précisément le nombre et la diversité des éléments de critique que nous employons, qui nous ont amené à voir les degrés de parenté entre les peuples autrement que nos prédécesseurs. Ils ont, croyons-nous, commis la faute de se borner à quelques manifestations particulières, surtout aux langues, à la physionomie, et encore ne les ont-ils souvent étudiées que dans quelques traits isolés. Ainsi, pour ce qui concerne les langues, on ne les étudiait que sous le point de vue de la matière des mots, sous le point de vue lexicographique, et pour ce qui regarde la physionomie, ils n'étudiaient le plus souvent que les classes supérieures de la population. En nous bornant aux Moscovites, les anthropologues, les physionomistes, les historiens rangent ce peuple nombreux parmi les Slaves, parmi les Indo-Européens, en l'excluant de la famille touranienne. Or les Moscovites font partie intégrante des Touraniens et par l'uniformité et les autres caractères de leur physionomie (surtout dans les classes inférieures), et par le costume, et par leur langage slave, dès que l'on considère les langues au point de vue de l'esprit, des caractères de civilisation et des traditions histo-

riques qu'elles présentent. Voici quelques mots sur les éléments
de critique dont nous nous servons pour apprécier les degrés de
parenté entre les peuples. Pendant que nous développions notre
système dans un cours public, nous avons invité les personnes
qui avaient des objections à nous faire, à nous les présenter.
Nous nous sommes servi de ce moyen avec beaucoup de profit,
dans les différents pays où nous avons développé notre sujet.
Parmi les personnes qui répondirent à notre appel pendant notre
cours à Paris, se trouvait le publiciste bien connu, M. Iwan Golowine. Malheureusement M. Golowine n'a répondu à aucune
de nos objections contre le slavisme des Moscovites ; il a parlé
de Russes (Warègues), de philanthropie, de charité fraternelle,
questions qui n'étaient nullement en jeu. Les compatriotes de
M. Golowine, présents à la séance, en ont été mécontents, et ils
publièrent dans le journal *le Nord,* le compte-rendu de cette
séance renfermant quelques réponses à nos objections. L'*Abeille
du Nord* de Saint-Pétersbourg (21 juillet 1862), en reproduisant
les données de son confrère de Bruxelles, formula d'autres
réponses à notre adresse. Nous apprécierons ces réponses plus
bas , mais nous citerons ici même les éléments de critique
dont nous nous sommes servi dans la conférence dont les
journaux en question ont rendu compte. Ils en ont compté 18,
que voici : 1. Hydrographie ; — 2. Plasticité du sol ; — 3. Physionomie des habitants ; — 4. Hygiène ; maladies propres à
chaque race ; — 5. Climatologie ; — 6. Mythes ; — 7. Traditions
poético-historiques ; — 8. Facultés musicales et poétiques ; —
9. Penchant des peuples à la vie sédentaire, agricole, ou à la vie
nomade mercantile, avec les nombreuses conséquences de la
prédominance de tels penchants ; — 10. Place de la femme dans
la société ; — 11. Facultés religieuses ; plus ou moins de penchant au développement des sectes ; — 12. Habillement ; —
13. Différences dans la nourriture et la boisson ; — 14. Plus ou
moins de développement de la vie provinciale, et par conséquent
de développement des idées fédératives dans la formation des
États ; — 15. Plus ou moins de prédisposition pour l'adoration
du principe du mal.

Il nous reste encore à nommer douze autres éléments de critique dont nous nous servons. Nous les nommerons tout à l'heure, mais ici même, en présence du dénombrement qu'on vient de voir, nous devons dire que nous ne nous rappelons pas l'ordre que nous avons suivi dans la conférence dont les écrivains moscovites ont rendu compte, en y joignant leurs réponses. Nous changeons de différentes manières l'ordre de la légitimation de nos principes. Ici nous avons présenté les éléments dont il s'agit comme nous les rencontrons dans les deux journaux moscovites, car dans le courant du résumé actuel de nos études, nous aurons à répondre à leurs objections d'après l'ordre qu'ils ont adopté.

Voici les douze autres éléments de critique dont nous nous servons : 16. La Géologie et surtout la Géologie agricole ; — 17. La Botanique ; — 18. La Zoologie ; — 19. Les Langues sous le point de vue lexicographique ; — 20. Les Langues au point de vue euphonique ; — 21. Les Langues au point de vue des caractères de civilisation, et 22. des Traditions historiques qu'elles présentent ; — 23. Pureté ou Impureté relative ; — 24. Degré de la puissance créatrice de l'esprit ; — 25. Degrés de parenté entre les peuples sous le point de vue des rapports historico-politiques ; — 26. Statistique ; — 27. Enchaînement des faits ; — 28. Degré de parenté entre les peuples sous le point de vue des origines.

On conçoit naturellement que chacun de ces éléments de critique se subdivise et se combine avec les autres à l'infini.

Le lecteur aura remarqué que nous plaçons les origines de peuples comme le dernier élément de critique. En effet, nos appréciateurs moscovites, comme on l'a vu, n'avaient pas à compter *les origines* parmi les quinze éléments de critique qui nous servirent à légitimer notre système et la non-slavicité des Moscovites. Nous allons de suite éclaircir ce point important.

Nous disons que l'homme est maître de la géologie, de l'hydrographie, de la configuration du sol, de la botanique, de la zoologie, en un mot, il est maître de la terre par suite *de la puissance de son génie inventeur, créateur.* Par la force créatrice de son génie, l'homme peut, sinon refaire complétement les

couches du terrain, changer les cours d'eau, transporter et
aplanir les grandes montagnes, mais au moins diminuer l'influence de ces forces physiques, les transformer, au point de
faire produire, par exemple, au sol des pôles les vins les plus
exquis, tels que ceux de Champagne, il peut, pour ainsi dire,
anéantir les distances. Nous disons que c'est *le degré de cette
force créatrice* des hommes qui les distingue des animaux et
les classifie entre eux. Nous disons, enfin, que ces degrés de
différence entre les hommes sont innés; ils dépendent des *origines.* Pourquoi avons-nous donc donné aux origines la dernière place dans les éléments nombreux de critique dont nous
nous servons ?

Voici pourquoi : les conclusions des études, que nous défendons depuis un quart de siècle, sont justes; elles ont pour elles
les traditions, mais ces traditions sont tellement oubliées. que,
pour en montrer la justesse, nous avons cru devoir procéder
d'après les préjugés de nos adversaires. Ainsi, dans la question
de l'origine des Moscovites, on nous fait ordinairement l'objection suivante : « Mais les Moscovites parlent slave, ils se sont faits
« Slaves, quand même ils ne le seraient pas d'origine ; ils ne
« sont plus nomades, ils sont agriculteurs ! » On ajoute encore :
« Les Moscovites sont chrétiens ; la noblesse moscovite res-
« semble, dans ses idées, à la noblesse slave et à celle des autres
« peuples indo-européens ; leurs sectes religieuses ressemblent
« aux sectes protestantes. » Or, toutes ces assertions sont autant
d'erreurs. Les Moscovites ne sont ni Slaves ni chrétiens dans
l'esprit des Slaves et des autres chrétiens indo-européens.
Jusqu'aujourd'hui ils sont nomades et resteront nomades à jamais. Leur noblesse, leurs sectes religieuses sont en opposition
avec les manifestations de ce genre chez les Slaves et les autres
peuples indo-européens, et cette opposition existera à jamais.
Oui, à jamais ils seront Touraniens, et jamais ils ne seront Indo-
Européens. Les Moscovites, paysans et nobles, sont moralement
plus rapprochés du paysan et du noble chinois que du paysan
et du noble russe blanc et petit russe. En revanche, les
paysans et les nobles de ces deux derniers peuples forment une

pareille unité vis-à-vis des Moscovites et des Chinois avec les Irlandais, les Portugais, les Italiens, avec les colons indo-européens de New-York, du Chili, du Mexique, du Pérou.

Mais si ce que nous venons de dire est vrai, la vérité doit éclater dans toutes les phases de la vie des peuples, de manière que l'origine doit percer partout et se manifester à une attention sérieuse. Les langues, les noms politiques, les dogmes religieux, les dynasties, ne tromperont pas. Voilà pourquoi nous avons placé l'origine comme dernier élément de critique. Nous avons pris les Moscovites pour Slaves, pour Indo-Européens comme le veut l'opinion formée par les oukases de Catherine II; et c'est en démontrant ou en voulant démontrer qu'ils sont Slaves, que nous avons été amené à reconnaître qu'ils ne le sont pas.

Nous allons voir la conclusion de l'application des éléments de critique que nous venons d'énumérer à la classification des différents peuples du genre humain, c'est-à-dire à la base principale des toutes les phases de leurs histoires. C'est ici que nous verrons la place des Slaves et des Moscovites.

Pour atteindre notre but, nous nous permettons d'emprunter aux études de M. Élias Régnault, sur notre cours public, une partie du résumé qu'il fait de notre classification des peuples. Ce sera pour nous une occasion de relever un point très-important dans lequel nous sommes complétement en désaccord avec l'éminent publiciste.

Voici d'abord les extraits du *Journal français de Francfort*. Nous copions textuellement en n'ajoutant que quelques mots qui complètent notre pensée.

« ÉTUDES. — *Conférences historiques de M. Duchinski (de Kiew) au Cercle des sociétés savantes de Paris.*

IIIe ÉTUDE.

« Dans ses études des sources ethnographiques, M. Duchinski remonte peut-être un peu loin dans le passé, mais si nous lui reprochions d'être consciencieux à l'excès, il pourrait à bon droit prendre ce blâme pour un éloge. Considérant, avec tous les historiens, les grands plateaux de l'Asie centrale comme le berceau du genre humain, il remarque d'abord que, même avant les migrations qui vinrent coloniser les pays divers de l'occident, la grande famille asiatique se divisait déjà en deux branches, qui, bien que portant les preuves de leur unité antérieure, étaient caractérisées par de profondes différences tant au physique qu'au moral. M. Duchinski ajoute que ces différences existent encore aujourd'hui et ne s'effaceront jamais. Jamais est un mot un peu trop absolu; mais nous avouons que les nuances sont encore assez tranchées pour se continuer durant des siècles; cela nous suffit, sans avoir besoin de pousser nos prévisions historiques dans un avenir trop lointain.

« Les deux branches de la famille asiatique signalées par M. Duchinski sont, d'une part, l'Aryâ, appelée aussi Hindous ou Wénèdes, d'autre part, les Tourans.

« La mythologie caractérise leur constante opposition, en les représentant toujours en guerre, sous les symboles d'Ormüz et Arymane.

« Or, les Slaves, comme les Latins et les Germains, appartiennent à la branche des Aryâs ou Hindous; les Moscovites, comme les Chinois, les Turcs et les peuples sémitiques, font partie intégrante des Indiens ou Tourans. Les *Peaux-Rouges* de l'Amérique, les Australiens, les différentes sortes de Nègres et les classes inférieures des pays de Brahmines aux Indes font aussi partie des Tourans.

« Voici maintenant les caractères distinctifs des deux races et la légitimation de leur division :

« Chez les Hindous ou Wénèdes prédominent la spontanéité, l'esprit créateur, le sentiment; chez les Tourans, la patience, l'esprit imitatif, l'esprit raisonneur; chez les uns la diversité, chez les autres l'uniformité. Quant au travail social, déterminé par les penchants de chacun, chez les Hindous il se manifeste par l'attachement à la vie sédentaire, à l'agriculture, avec toutes les conséquences de ce principe : l'attachement au sol, le sentiment de la propriété individuelle, le respect du droit; et puis, comme forme politique, le développement de la vie provinciale et fédérative.

« Chez les Touraniens se réncontrent les penchants à la vie nomade, l'attachement aux personnes plutôt qu'au sol, le communisme ou la propriété indivise de la tribu, le développement de l'esprit commercial, mobile et fuyant les chaînes de l'agriculture ; par conséquent, nulle vie provinciale, absence du système fédératif, mépris du droit individuel, et soumission aveugle à l'autorité d'un seul.

« Les deux races qui représentent le plus complétement ces deux types opposés, et qui servent, pour ainsi dire, de souches aux autres, sont : 1° les Brahmines Hindous ; 2° les Chinois. Le penchant à la vie sédentaire et agricole chez les Hindous n'a pas besoin d'être démontré : il ressort de toutes leurs institutions et se constate par le développement de la vie provinciale et fédérative. Les Brahmines n'abandonnent leur pays qu'avec la plus grande difficulté.

« C'est aussi aux institutions qu'il faut demander la preuve du penchant contraire chez les Touraniens et chez leurs plus notables représentants, les Chinois.

« On a voulu cependant démontrer le génie agricole des Chinois par les hommages publics rendus à l'agriculture, par la fête annuelle à laquelle préside l'empereur, dirigeant de sa main la charrue. Or, c'est précisément cette solennité, donnée à un fait social des plus simples, qui prouve que ce fait est imposé et qu'il appartient plus à la loi politique qu'aux penchants naturels. Ni les Hindous, ni leurs descendants européens, Latins, Germains et Slaves, n'ont besoin des encouragements d'un exemple impérial ; le goût de l'agriculture est chez eux inné, tandis que chez les Chinois l'agriculture est le fruit d'une éducation politique habilement combinée par quelques hommes supérieurs.

« Le nom lui-même d'Aryâ, que se donnent les Hindous, a différentes significations : excellent, élu, beau, etc., mais sa signification d'agriculteurs est la plus significative. Au contraire, dans les livres des Véda, le mot Touran signifie nomade, sauvage, cruel.

A part l'agriculture qui est imposée aux Chinois par le gouvernement, les autres différences sont fortement accentuées chez ces Touraniens : peu de développement de la vie provinciale, absence de l'esprit créateur, mais l'esprit d'imitation passé au dernier degré d'habileté ; égalité sous un gouvernement autocratique, et remarquable uniformité dans les intelligences qui semblent toutes placées sur le même niveau ; sous ce dernier rapport, le contraste est frappant chez les purs Hindous (Aryâ), où, les supériorités intellectuelles, ou si l'on veut, les inégalités et les différences de niveau sont saillantes.

« En prenant pour base de la grande division des peuples de l'Europe les deux types qui viennent d'être signalés, M. Duchinski en conclut que les frontières qui séparent les deux régions de l'Europe, occidentale et orientale, sous le point de vue de géologie, d'hydrographie de la configuration du sol, sont aussi les frontières qui séparent les Hindous et les Chinois dans notre partie du monde. En d'autres termes, les Moscovites forment unité avec les Chinois, dans le même sens que les paysans des environs de Novgorod, de Pskow, Smolensk, de la Russie-Blanche, de la Petite-Russie, forment l'unité avec les Hindous, Latins et Germaniques, et avec les Hindous Américains, c'est-à-dire les colons que l'Europe envoya en Amérique, dès le xv⁰ siècle.

« Mais, dit-on, les Moscovites, de même que les Juifs et autres peuples sémites, sont, sous le rapport de la couleur et de la physionomie, plus rapprochés des peuples Hindous que les Touraniens chinois. Voici comment M. Duchinski explique ce phénomène :

« Les Moscovites, de même que les Touraniens turcs et les Touraniens sémites, sont issus d'un mélange de Touraniens, primitifs ou Chinois, avec les Aryâs. Mais le mélange eut lieu à des degrés divers. L'élément aryâ entre pour une moindre partie dans la formation des Touraniens moscovites et des Touraniens turcs ; il est plus visible dans les Tourano-Sémites. Mais, au fond, chez les trois familles, c'est l'élément touranien qui prédomine ; de sorte que les Moscovites, les Turcs et les Sémites forment entre eux une seule famille avec des nuances diverses ; moins fran-

chement Touraniene, il est vrai, que les Chinois, mais n'ayant
guère gagné par le croisement avec les Aryâs qu'une faible
modification psychologique, et une modification de physionomie
plus sensible.

« Pour ce qui concerne les physionomies, voici les caractères
principaux : Les peuples Hindous ont des physionomies plus
ou moins diversifiées que les peuples Touraniens. La diversité
chez les premiers, et l'uniformité chez les derniers sont des
traits distinctifs qui caractérisent les deux familles en physionomie (et en costume) comme dans d'autres manifestations de
leur individualité. Sous ce point de vue, les Slaves font partie
intégrante des peuples Germains et Latins, tandis que les Moscovites font partie intégrante des Chinois. Les quarante millions
de Slaves se divisent en neuf types physionomiques, tandis
qu'un nombre pareil de Moscovites ne se divise qu'en deux ou
trois types. Il ne s'agit pas ici des nuances qui distinguent
entre eux les Slaves et les Moscovites.

« Indépendamment de la diversité de physionomies chez les
Indo-Européens, et de son uniformité chez les Tourano-Moscovites, il y a un grand nombre de caractères anatomiques,
crânologiques et surtout physiologiques, où les deux types
diffèrent complétement. La confusion qu'on fait entre les Slaves
et les Moscovites sous le point de vue des physicnomies, vient
de la confusion que font les voyageurs, entre les Novgorodiens,
les Pskowiens, les Petits-Russes, qui sont Slaves, avec les Moscovites. Il ne faut pas oublier, que les Moscovites comme les
Touraniens-Ottomans (les Tatares) sont extrêmement mêlés
avec les peuples sémitiques, qui, comme on vient de le voir,
sont des Touraniens, mais chez lesquels l'élément aryâ est entré
à une forte proportion. L'élément sémitique a influé sur les
Touraniens moscovites, d'abord par la dispersion en Mœdie et
de là dans l'Asie centrale et dans l'Orient, des dix tribus juives,
exilées par Salmanazar, roi d'Assyrie ; les signes du judaïsme
sont frappants dans l'histoire des Moscovites à partir du VIIe siècle
(les Chazars indigènes dans le bassin du Volga) jusqu'à nos jours;
car aujourd'hui encore, il y a des Moscovites judaïsants. L'élé-

ment sémitique a d'ailleurs influé sur les Moscovites par les Arabes.

« Il est incontestable de l'autre côté, qu'avant l'arrivée des Hindous ou Aryâs de l'Asie, en Europe par le Caucase et par la Thrace, notre partie du continent était habitée par les Touraniens chinois ou par les Touraniens mêlés avec les Aryâs et avec les Sémites, savoir par les Touraniens tatares (ou turcs) et moscovites. Il est plus que probable que les Tourans étaient les plus nombreux dans l'Allemagne proprement dite. Ce qui est certain, c'est que les Touraniens arrivaient en grand nombre en Allemagne de la Scandinavie, où ils étaient très-nombreux, car c'est par le nord de l'Europe que les Tourans passaient en Europe. Les peuples Latins, Gaulois et Slaves, étaient le moins mêlés avec les Touraniens à l'époque de la formation de ces quatre principales familles indo-européennes. Les conséquences de ces degrés de croisement des races, se font sentir jusqu'aujourd'hui.

« D'après ces principes, les Tourano-Sémites doivent être considérés comme un type intermédiare entre les Indo-Européens et les Tourano-Moscovites et Turcs, tandis que les deux dernières branches seraient un intermédiaire entre les Sémites et les Chinois. Enfin lorsque l'on considère la masse des familles, les Turcs sont plus rapprochés des Chinois que les Moscovites des classes supérieures, car la masse du peuple moscovite, se ressent fortement du mongolisme ou chinisme. Par une suite des mêmes principes, chez les peuples Tourano-Sémites, les penchants à la vie nomade doivent être moins développés que chez les Tourano-Moscovites et Turcs.

« Par conséquent aussi, chez les Tourano-Sémites, il doit y avoir plus d'esprit fédératif que dans les deux autres branches.

« Ces explications de M. Duchinski nous semblent jeter un jour tout nouveau sur l'histoire du peuple hébreu. On comprend comment Moïse, initié par les prêtres égyptiens à la civilisation hindoue, entreprend de transformer ses concitoyens Touraniens. Les quarante années passées dans le désert peuvent même n'être qu'une légende pour rappeler les anciennes habitudes nomades qui faisaient des Hébreux un peuple inférieur. Puis après les avoir conduits à la terre qui doit les fixer, il charge son disciple Josué de faire l'application politique de ses leçons ; et les anciens vagabonds, désormais attachés au sol, deviennent un peuple fédératif et agriculteur, signe éclatant de la doctrine indienne, prêchée par Moïse !

« Et cependant telle est la puissance des origines, qu'après deux mille ans d'existence sédentaire, les Juifs, violemment dispersés, se font immédiatement à la vie nomade, promènent leurs pas sur toute la terre, habitants passagers de toutes les latitudes, mais domiciliés nulle part, et retrouvant leur existence normale dans un perpétuel déplacement.

« Puis, malgré tous les obstacles qu'ils rencontrent, ils puisent une force irrésistible dans un des caractères dominants de l'élément touranien, l'esprit commercial. Avec cette ressource, ils se font dominateurs même sous l'oppression, et tiennent à leur merci les populations agricoles de leurs rivaux indo-européens. M. Duchinski nous pardonnera sans doute cette courte digression ; elle fortifie et complète sa doctrine. »

M. Élias Régnault a cru devoir offrir au public européen, le résumé de notre cours au *Cercle des sociétés savantes* de Paris, comme nous l'avons dit, dans les colonnes du journal français de Francfort (*l'Europe*), dans les n°ˢ 113 et suivants. Il résume nos preuves géologiques, hydrographiques, de la configuration du sol, de la zoologie, d'ethnographie, de physionomie, de costumes et de quelques points de civilisation. Il constate que chacun des éléments de critique qu'il énumère, apporte des preuves de l'unité des habitants de Novgorod et du bassin du Dniéper avec les peuples germains et latins, et l'unité des Moscovites avec les Chinois, malgré leurs différences en physionomie et en langue. Nous remercions sincèrement, pour notre part, l'éminent publiciste en nous félicitant de le voir dans le nombre encore restreint des défenseurs des principes que nous défendons nous-mêmes. Nous devons dire que M. Régnault de même que M. Viquesnel ont défendu l'esprit de ces principes avant d'en connaître les détails. Mais nous différons avec M. Régnault sur un point capital. Il s'étonne de ce que nous assignons les influences des origines des peuples d'après leurs phases historiques à jamais !

Mais c'est précisément ruiner la base de ce qu'on appelle notre enseignement. Jamais chez les peuples touraniens, ne prévaudront les penchants à la vie sédentaire et agricole, et les nombreuses et graves conséquences de ces principes ; jamais chez les peuples hindous ou aryâs ne prévaudront les principes qui constituent la moralité des peuples touraniens. Nous en avons les preuves dans l'histoire des Juifs à l'époque même où ils étaient agriculteurs. Alors même, comme chez les Chinois agriculteurs, les penchants nomades avec leurs conséquences immédiates et les plus palpables (par exemple l'attachement aux personnes plutôt qu'aux droits), prédominent chez eux. Au contraire chez les Persans, quoiqu'ils soient extrêmement mêlés avec les Touraniens, prédominent les penchants à la vie sédentaire (ce qu'on remarque dans le développement de la vie provinciale, fédérative). C'est en vain que les Bohémiens parlent un des dialectes hindous ; ils sont nomades et resteront nomades, de même que les Juifs et les autres Touraniens.

Cette division du genre humain, par nous admise, diffère complétement de celle de nos prédécesseurs, mais la cause de cette différence réside dans les nombreux éléments de critique dont nous nous servons. Nos prédécesseurs n'ont en vue que les langues, et encore ne les considéraient-ils qu'au point de vue purement lexicographique, les physionomies, la crânologie.

Nous développerons ce sujet dans la seconde partie de notre publication, qui sera consacrée aux peuples indo-européens et touraniens. Ce que nous avons dit ici suffit, croyons-nous, pour formuler notre pensée sur la place qu'occupent dans le genre humain, les Slaves et les Moscovites, qui font l'objet particulier de cette première partie.

CHAPITRE III

SOMMAIRE

Ce que nous avons apporté de nouveau d'après nos critiques moscovites dans notre méthode d'appréciation et dans les conclusions de nos études sur les Slaves et les Moscovites. — Ce sont les points relevés par ces critiques que nous voudrions, avant tous les autres, faire entrer dans les livres historiques destinés à la jeunesse. — La non-slavicité des Moscovites se légitimant par une sérieuse critique, s'imposant par les événements de nos jours, se recommande par l'ancienneté des traditions : « c'est une vieille chanson » d'après l'expression de ces mêmes critiques moscovites.

Voici comment l'*Abeille* de Saint-Pétersbourg caractérise ce que nous apportons de nouveau dans la *méthode* de l'appréciation des histoires des Slaves et des Moscovites. La constatation de ce journal n'est pas à dédaigner dans les sujets que nous discutons. Nous traduisons textuellement en soulignant les mots sur lesquels nous voudrions attirer l'attention de nos lecteurs.

« *Un tournoi scientifique à Paris* (1).

« Il y a de cela deux ans, dans une des salles de l'université de Saint-Pétersbourg, en présence d'un public très-nombreux, eut lieu une discussion scientifique entre messieurs les professeurs Pogodine et Kostomarow. Le sujet de la discussion se rapportait à l'événement qui eut lieu il y a mille ans ; à l'événement qui commence notre histoire. La discussion était purement scientifique quoiqu'elle ait dégénéré et ait été profanée par l'immixtion de personnalités. A présent, à Paris, le 6 juillet de

(1) C'est le compte-rendu de notre discussion avec M. Iwan Golowine dont nous avons fait mention dans le chapitre précédent.

cette année, a eu lieu un nouveau tournoi scientifique entre MM. Golowine et Duchinski. Le sujet de la discussion se rapportait aussi à l'époque de Rurik. Mais MM. Pogodine et Kostomarow discutaient pour savoir *d'où sont venus les Warègues Russes*, tandis que les champions parisiens discutaient pour savoir : *où* ou plutôt *chez qui ils sont venus.* »

Voilà précisément ce que nous apportons de nouveau dans l'histoire des peuples qui, dans une partie du moyen âge, furent soumis aux Russes normands ou Warègues. Nous laissons les Russes au second plan, et demandons *quels étaient les peuples dans lesquels disparaissent ces conquérants* tout en leur laissant leur nom ? Jusqu'à présent c'étaient au contraire les Russes Warègues qui représentaient dans les livres historiques et les Slaves et les Moscovites. Nous aimons à constater que les appréciateurs moscovites de nos études dans le *Nord* et dans l'*Abeille* de Saint-Pétersbourg relèvent ce point, et ils reprochent à notre antagoniste d'avoir soulevé la question des Russes Warègues que nous avons laissée de côté dans nos appréciations des rapports entre *les Slaves et les Moscovites.*

Nous arrivons à présent à une question plus importante, savoir : que l'origine non slave des Moscovites était la conviction des Polonais et des autres peuples indo-européens, depuis que les Moscovites commencèrent à être connus. Voici comment s'exprime sur cette tradition l'*Abeille* :

« M. Duchinski chante une vieille chanson qui fut composée par des Polonais excentriques *encore à l'époque des Sigismond et des Batory.* Cette chanson était chantée *alors* et on la chante à présent sur cet air que les Moscovites n'appartiennent nullement à la famille des peuples slaves, qu'ils sont tatares, qu'ils sont l'effroi de l'Europe civilisée, car on peut à chaque minute s'attendre à une nouvelle invasion sous Batou-Khan. *C'est une vieille chanson !* »

En effet, nous n'avons fait que la rapporter cette vieille chanson du xvie siècle. Les Polonais et les autres Indo-Européens ne l'ont oubliée qu'à partir du xviiie siècle. L'invasion des Mongols et des Tatares au xiiie siècle trouva la majorité des Moscovites hors des possessions des princes russes Warègues, car c'est la rivière Oka qui formait la vraie frontière des possessions des princes russes et par conséquent du christianisme et de la langue slave. Tel est l'enseignement de Karamsin et de tous les historiens sérieux. Plus au nord, habitaient les peuples touraniens, tantôt indépendants des princes russes, comme les Bulgares de la Kama, tantôt tributaires de Novgorod-la-Grande, comme les Syrian, les Petschora et autres ; mais ceux-ci n'étaient pas non plus Slaves comme ceux qui étaient à droite de l'Oka. En peu de mots, dans les possessions des princes russes dans la Moscovie du XIIIe siècle, dans le grand duché de Souzdalie, il n'y a actuellement qu'environ dix millions d'âmes dont les aïeux pouvaient être chrétiens et parler slave à l'époque de l'invasion des Mongols. Les ancêtres des autres Moscovites, s'élevant aujourd'hu à environ 30 millions, sont les restes des Avares, des Sabires, des Chasares, des Petschénègues, de même que des Polowtzis, des Mordwa, des Bulgares de la Kama et autres peuples touraniens qui n'étaient pas du tout sauvages comme on le croit ; ils avaient des demeures fixes et des villes ; ils s'occupaient même d'agriculture, en tant que les peuples comme les Tatars, les Sémites, avec la prédominance des penchants nomades , peuvent être agriculteurs. Les Touraniens moscovites, les Sabires, les Polowtzis, les Chasares, les Mordwa, les Bourtas et autres se mêlèrent avec les Mongols et les Tatars dans le XIIIe siècle, et ce sont eux qui plus tard formèrent les Kanats de Sibérie, de Kasan, d'Astrakan, de Nogaï, de Crimée. Les Kanats de Kokhanda, de Boukhara, de Khiva sont formés par le même mélange de peuples touraniens ; mais ici les races hindou ou aryâ et les sémites étaient nombreuses. Parmi les Tourans moscovites à droite de l'Oka et sur la Kama, ces deux éléments étaient moins nombreux. C'est donc un fait dominant dans l histoire des Moscovites que *la grande majorité de ce peuple était indépendante des princes rurikovitsches à l'époque de l'invasion des Mongols et des Tatars et que c'est cette majorité des Moscovites qui faisait l'histoire des Khanats de Kasan, d'Astrakan et de Nogaï.* Nous verrons successivement que même cette minorité des

Moscovites qui formaient, à gauche de l'Oka, le grand-duché de Souzdalie, n'étaient pas non plus Slaves, mais Touraniens à l'époque de l'invasion des Mongols, qu'ils s'opposaient encore au christianisme et à la langue slave ; mais nous nous arrêterons d'abord à leur majorité, car c'est un fait capital dans l'histoire des Moscovites, et il est presque inconnu de nos jours. Or ce fait a été bien connu des Polonais, qui ne commencèrent à l'oublier qu'à partir du xviiie siècle, sous la pression des événements politiques et du désespoir qui en était la conséquence. On verra comment dans la question des origines des Moscovites, de même que sur d'autres points de réformes que nous nous proposons d'examiner, nous avons les traditions en notre faveur. Nous ne voulons pas dire par là que toutes les traditions soient vraies, mais elles sont corroborées par une critique sérieuse. C'est sous ce point de vue que la constatation de l'*A'beille du Nord* sur l'ancienneté des traditions sur la non slavicité des Moscovites, mérite d'être prise en sérieuse considération. On voit que cette non slavicité des Moscovites, se légitimant par la critique sérieuse, s'imposant par les faits qui se passent de nos jours, se recommande par l'ancienneté des traditions. Les trois ouvrages que nous avons nommés au chapitre Ier (pages 2-3) et celui de M. Elias Régnault ont appris à l'Europe que ceux qui nomment le peuple moscovite slave et européen n'ont à montrer pour la légitimité de leur dire que l'oukase de Catherine II, comme l'a dit Mirabeau dans sa brochure : *Sur la liberté de l'Escaut*, en 1786.

Nous allons entrer à présent dans quelques détails. Nous nous servirons encore des extraits des journaux moscovites pour caractériser ce que nous apporterons de nouveau, ou plutôt ce que nous rappelons à la mémoire des faits oubliés.

Voici les quatre points de nos études concernant la Pologne et la Moscovie, sur lesquels le *Journal de Saint-Pétersbourg*, publié en langue moscovite, tâche d'attirer l'attention de ses lecteurs. Nous traduisons textuellement, sans omettre les compliments à notre adresse, et cela pour des raisons qu'on verra bientôt. Ce sont les quatre points remarqués par le *Journal de Saint-Pétersbourg* sur lesquels nous voudrions aussi attirer l'attention particulière des lecteurs français, surtout des personnes qui écrivent l'histoire de la Pologne et de la Moscovie.

Nous traduisons, en ajoutant aux points principaux quelques remarques (1) :

« Sur les théories défendues par M. Duchinski, originaire de la Petite Russie, dans lequel les Allemands voient le remplaçant de Schafarik.

1 « Les recherches de M. Duchinski l'ont amené à conclure que tous les Slaves sont originaires des contrées s'étendant de la Vistule au Dniéper. »

Remarque. Voir la carte des planches 28 et 29. Les Slaves du nord de la Hongrie (les Slowaques), les Moraves, les Tschèques sont venus occuper leurs pays, devenus leur patrie, des bords de la Vistule, vers le VIᵉ siècle de notre ère. Les différentes populations serbes, les Horwaths ou Kroates (montagnards), les Slovènes ou Korutanes sont aussi originaires des bords de la Vistule ; mais ils *séjournaient sur le Dniester et le Dniéper quelques siècles avant leur migration sur le Danube et en Illyrie.* Les Slaves qui s'établirent en Mœsie au VIᵉ siècle et furent subjugués par les Bulgares touraniens au VIIᵉ-IXᵉ siècle, sont euxmêmes originaires des bords de la Vistule ; ils émigrèrent sous Wiiat jusqu'au delà du Dniéper, en Moscovie, mais en furent repoussés par les Touraniens-Bulgares. Les Serbes sont originaires, en dernier lieu, de la Lithuanie slave (gouvernements de Vilno, de Grodno, de Minsk) ; les Horwaths et les Slovènes ou Koruthanes, de la Gallicie orientale. Ces trois tribus ne quittèrent la Pologne qu'au VIIᵉ siècle. Ces différentes migrations des Lehs de la Vistule constituent une des plus belles parties de l'histoire des Polonais aux Vᵉ-IXᵉ siècles. Ce sont les *Antiquités slaves* de Schafarik qui renferment le plus de données sur les migrations dont il s'agit. L'élément slave n'a pu se conserver dans sa pureté ni à Novgorod, ni sur le Dniéper, ni sur le Dniester, ni sur le Danube, mais sur la Vistule, particulièrement en

____

(1) *Sankt-Pietierbourgskiia Wiedomosti*, 2 juin 1860.

Masovie. La raison en est que cette contrée était au cœur même
des pays occupés par les Slaves. C'est une autre conclusion de
Schafarik dans les *Antiquités slaves*, comme nous allons le voir
en développant les détails. Le *Journal de Saint-Pétersbourg* n'a-
vance que ce sont là nos conclusions, que parce que nous avons
revu et corroboré par de nouvelles preuves chacun des points
en question, surtout par la philologie, en expliquant les causes
des nuances dans les langues slaves qui servirent à Doubrowski
pour base de classification de ces langues, comme les lecteurs
français peuvent le voir dans le *Mémoire* de M. Viquesnel,
page 551 et suivantes, où se trouvent les réformes que nous introduisons sur ce point.

2. « M. Duchinski dit que les Slaves du Dniéper et de la
Vistule vécurent en parfaite harmonie jusqu'à l'époque où ils se
divisèrent, étant séparés par les intérêts dynastiques, des Piast à
l'ouest, et des Rurikowitsches à l'est, ixe-xe siècles. »

Remarque. Il en résulte que l'histoire des Slaves soumis aux
princes russes Rurikovitsches avec leur droujina fait partie
intégrante de l'histoire générale de la Pologne. C'était l'histoire
de la Pologne divisée jusqu'au xive siècle. C'était une séparation involontaire. Dès que les intérêts dynastiques des Piasts sur
la Vistule, et des Rurikovitsches dans la Pologne orientale s'af-
faiblirent, ce qui eut lieu au xive siècle, l'union ou plutôt la
réunion s'effectua; ce furent les descendants des princes Rurikowitsches et de leurs nombreux compagnons d'armes appelés
Droujina qui la consolidèrent. Les Rurikovitsches qui régnaient
sur les Moscovites ne purent unir moralement ces derniers avec
les Slaves de Novgorod et du Dniéper, car les Moscovites
n'étaient pas Slaves, mais Touraniens.

3. « Pour ce qui concerne les princes lithuaniens de la
maison de Mendog et de Gedymine, M. Duchinski les reconnaît
pour Slaves de même que les descendants des princes de Polotzk
de la maison de Robwolod. Jagellon, d'après M. Duchinski,
était Slave, et, au xive siècle, la Lithuanie était un pays proprement slave. Il en résulte que l'union de la Lithuanie avec la
Pologne ne fut que le rétablissement de l'union qui existait

avant leur séparation, par les dynasties des Piast et des Ruriks
L'union ne fut donc nullement un événement extraordinaire,
elle ne s'accomplit pas non plus entre deux peuples étrangers. »

Remarque. Dans les capitales du duché de Lithuanie à Wilna,
à Nowogrodek, aucun indigène ne sait la langue lithuanienne
proprement dite, et il faut s'éloigner à quelque distance vers le
nord et l'ouest pour entendre cette langue. Tel était l'état des
choses à l'époque du mariage de Jagellon avec Hedwige. La
Samogitie ne dépendait pas alors de Jagellon. Ainsi les historiens polonais qui ont parlé de l'union des Lithuaniens avec les
Polonais, comme si cette union n'avait pas eu lieu entre les
familles léchites ou slaves, se sont trompés. Nous aurons à
revoir les preuves de l'origine slave, léchite, des princes lithuaniens, de Mendog et de Gedymine.

4. « L'ancien duché de Souzdal, dans les limites duquel se
centralisent les phases de l'histoire russe (lisez moscovite) de la
moitié du xie et jusqu'au xive siècle, n'était pas habité par les
tribus slaves, mais par une branche des Ouraliens. Ceux-ci
furent soumis par la dynastie warègue-russe. La dynastie y
introduisit la langue slave avec la religion chrétienne, non la
langue des Slaves des habitants du bassin du Dniéper, du Dniester, mais la langue liturgique ou cyrillique. »

Remarque. Voilà pourquoi les trente à quarante millions de
Moscovites parlent une seule langue, un seul dialecte avec de
faibles nuances, tandis que les quarante millions de Slaves ont
une multitude d'idiomes et de dialectes. Les Moscovites sont
aujourd'hui ce qu'ils étaient avant et au xive siècle, tout autre
chose que des Slaves, des Indo-Européens ; ils sont Touraniens.

La première et la plus grande raison que les Moscovites ont
abandonné leur langue pour la langue slave se trouve dans la
prédominance chez eux, comme chez tous les peuples touraniens, des penchants à la vie nomade et, comme conséquence
naturelle, à l'autocratie, à la passivité. Les trois autres raisons
seront expliquées plus bas. La langue actuelle moscovito-slave
des paysans ressemble plus à la langue liturgique ou cyrillique
que la langue des Routhènes et des Serbes orthodoxes. Nous

verrons plus loin que les Moscovites proprement dits conservent
jusqu'à ce jour leur langue nationale, naturellement non slave ;
que leur langue slave se distingue par l'absence de dialectes
(il n'y a que des sous-dialectes) ; qu'elle est la plus impure de
toutes les langues slaves ; enfin, qu'elle porte les cachets des
peuples nomades, étrangers aux langues slaves et, en général,
aux langues indo-européennes. C'est-à-dire que les Moscovites,
en admettant la langue slave, en ont rejeté les mots qui caractérisent l'élément sédentaire, agriculteur de ces peuples (par
exemple le mot *hérédité* et pareils, qui ne se trouvent pas dans
la langue moscovito-slave).

Voici les paroles par lesquelles le *Journal de Saint-Pétersbourg*
termine son court résumé : « Les ouvrages de M. Duchinski sur
ces sujets, sont écrits en polonais. L'auteur a fait ses études d'a-
bord à Kiew, ensuite à Moscou. Il a aussi publié quelques ouvrages en français, en italien et en allemand. Ils passeront
inaperçus dans le monde slave, mais plusieurs savants allemands leur ont accordé leur attention. »

Nous citons ces paroles, car c'est certainement pour la première fois que les quatre points de réformes à introduire dans
'histoire de la Pologne et de la Moscovie ont trouvé une place
dans un journal moscovite sans protestation ; bien plus, en les
accompagnant de la meilleure recommandation ; car les Moscovites ne trouvent pas de recommandation meilleure pour un
ouvrage scientifique que de dire qu'il a été approuvé par les
Allemands.

Ce n'est pas ainsi que les autres écrivains de Moscovie jugent
les principes que nous défendons. Quelques-uns d'entre eux
parlent de nous comme s'ils étaient atteints de la rage. Pour
en donner un spécimen, voici comme apprécient nos études les
rédacteurs d'une revue publiée à Berlin et rédigée par les émigrés moscovites sous le titre de : *Wolnyi golos* (Voix libre). Ils y
disent, entre autres aménités : « Duchinski soulève, au cercle
des sociétés savantes, des questions auxquelles un honnête
homme ne doit pas toucher. » Nous ne voulions pas priver nos
lecteurs d'un échantillon des appréciations de nos études par

une partie des libéraux moscovites, mais nous n'en voulons pas donner d'autres exemples.

Les preuves plus importantes légitimant les points de nos études relevés par le *Journal de Saint-Pétersbourg*, se trouvent aux chapitres VII et VIII de la présente publication.

CHAPITRE IV

SOMMAIRE

Principales erreurs que commettent les historiens, et surtout les publicistes français et anglais, dans l'exposition et dans l'appréciation de l'histoire des Slaves et des Moscovites; elles se retrouvent dans le jugement porté par le journal anglais *the Times* sur le monument inauguré l'année passée, par l'empereur Alexandre II, à Novgorod.

Dans les deux premiers chapitres précédents, nous avons résumé quelques-unes des principales conclusions de nos études spéciales sur les Slaves et les Moscovites. Nous entrerons maintenant dans quelques détails sur les erreurs généralement accréditées en France et en Angleterre, sur l'histoire de la Pologne et de la Moscovie.

De tous les pays slaves, c'est la Pologne qui nous occupera le plus, et la raison en est bien simple : la *Pologne historique* comprend la grande majorité de la famille slave. En disant la *Pologne historique*, nous n'avons aucunement en vue ni les extensions passagères de territoires dues à des guerres heureuses et éphémères comme leurs causes, ni même les provinces qui, comme les gouvernements actuels de Kalouga, Orel, Koursk, firent partie de l'Etat polonais pendant près de cinquante ans, mais où, la population indigène étant touranienne et non slave, l'élément polonais n'a pas laissé de trace durable. Sous le nom de la Pologne historique, nous comprenons : 1° les pays qui constituaient l'Etat polonais en 1771, c'est-à-dire avant le premier partage ; 2° la Petite-Russie, une partie du gouvernement de Smolensk et Novgorod-la-Grande ; car dans ces trois contrées l'influence polonaise, c'est-à-dire l'influence de l'élément *polono-routheno-lithuanien* se fit fortement sentir dans les XIVe et XVe siècle, avec des conséquences visibles jusqu'aujourd'hui. Novgorod s'en est ressenti le moins; mais en Petite-Russie et à Smolensk, de même qu'en Courlande, en Livonie et Esthonie, cette influence s'exerça même à une époque bien plus rapprochée.

D'ailleurs, l'Etat polonais lui-même, tel qu'il était avant le premier partage (l'an 1771) renfermant, *de nos jours*, environ 23,000,000 d'habitants, surpasse de beaucoup en population les Slaves de l'Autriche et de la Turquie; d'un autre côté, ces derniers sont extrêmement divisés entre eux sous le point de vue historique, politique, géographique, par leurs langues, leurs religions, leur civilisation, tandis qu'au contraire, à tous ces égards, une parfaite unité règne entre tous les Slaves polonais.

Nous avons encore une raison décisive pour attirer plus particulièrement l'attention du lecteur sur la Pologne; dans l'étude que nous faisons sur les peuples indo-européens et touraniens, la Pologne occupe tout naturellement une place bien plus importante encore que celle qu'elle occupe dans la question des rapports intérieurs des Slaves.

A ce propos, nous croyons devoir répéter ce que nous disions il y a une dizaine d'années, dans un de nos écrits publié en langue française pendant notre séjour en Turquie, sur les rôles considérables joués par la Pologne comme pays indo-européen et la Moscovie comme pays touranien, dans l'histoire générale de ces deux races.

« Les efforts des savants, y disions-nous, pour poser les
« bases de l'histoire générale des peuples indo-européens et
« touraniens, ne pourront pas être couronnés de succès tant
« qu'ils étudieront ces peuples en Asie, et exclusivement au
« point de vue linguistique, comme on l'a fait jusqu'aujour-
« d'hui. Pour bien saisir toutes les phases de l'individualité
« de ces deux familles, il faut les étudier ensemble en Asie et
« en Europe, en prenant pour point de comparaison, les

« Hindous et les Chinois en Asie, les Slaves et les Moscovites
« en Europe. Il en résulte que tant que l'histoire de la Pologne
« et de la Moscovie ne sera pas sérieusement étudiée en dehors
« des noms politiques, des langues, des dogmes religieux, il
« sera à jamais impossible de poser les véritables bases de
« l'histoire des peuples indo-européens et touraniens. Ce n'est
« pas que nous jugions ces détails sans importance, mais l'ex-
« périence de l'histoire nous enseigne que les peuples changent
« de noms, de langues, de religions. Les dogmes religieux, sont
« des éléments trop élevés, et les langues, au contraire, trop
« inférieurs pour être pris comme expressions définitives des
« nationalités. Ces grandes manifestations de la vie humaine ne
« sauraient servir de principes à l'étude des races. Ce qu'il im-
« porte, au contraire, de remarquer, c'est que ces noms politi-
« ques, ces langues, ces religions subissent, chez les différents
« peuples, des modifications diverses suivant les tendances
« natives qui constituent l'individualité des familles ethnogra-
« phiques. Ce sont ces *prédispositions* physico-psychologico-
« morales qui différencient les peuples suivant la mission
« distincte que chacun d'eux doit accomplir.

« C'est sur les frontières de la Pologne et de la Moscovie
« qu'il est le plus naturel d'appliquer ces principes à l'étude des
« peuples indo-européens et touraniens, car c'est là qu'ils
« trouvent leur légitimation évidente. Le premier examen quel-
« que peu sérieux démontre, en effet, la différence tranchée des
« deux nations et l'impossibilité de les ranger toutes deux au
« nombre des Slaves ; les Polonais seuls en possèdent les carac-
« tères distinctifs, les seconds sont manifestement touraniens ,
« et cela jusque dans l'esprit de leur langue slave, jusque dans
« les pratiques de leur religion, comme il est facile de le re-
« connaître en se guidant dans ces recherches par la connaissance
« des caractères physiques, intellectuels et moraux des Hindous
« et des Chinois de l'Asie. On acquiert ainsi la conviction que,
« quelques modifications qui puissent survenir dans les noms,
« les langues, les dogmes religieux, jamais pour cela les carac-
« tères essentiels de l'individualité de ces deux races ne pourront

« varier; qu'au contraire, ces noms, ces langues, ces religions
« seront toujours marqués du cachet particulier de cette indivi-
« dualité.

« En Turquie et en Autriche la distinction est bien plus diffi-
« cile qu'en Pologne et en Moscovie, à cause de la fusion des
« Slaves de ce pays, les uns avec des tribus touraniennes, les
« autres avec les Allemands, fusions dont le résultat inévitable
« a été de confondre et d'altérer les caractères dont nous venons
« de parler. (1). »

Voilà ce que nous disions il y a une dizaine d'années; nous ne
pouvons que le répéter aujourd'hui. Mais nous devons ajouter,
que l'issue de la guerre d'Orient a été très-favorable au progrès
de ce genre d'études dans l'empire russe; le cabinet de Saint-
Pétersbourg se trouva alors dans la nécessité de publier une
foule de documents historico-politiques jusque là soigneusement
dérobés aux recherches des savants; beaucoup même furent mis
au jour à l'insu du cabinet. Or, ces nouvelles sources auxquelles
nous avons beaucoup puisé, n'ont fait que jeter du jour sur les
principaux faits connus, et nous affermir dans nos convictions
au sujet des réformes que nous avons proposées il y a une dizaine d'années, d'après les sources alors connues, et qui sont
toutes légitimées par les nouvelles révélations.

Avant d'entrer dans les détails de l'énumération des erreurs
que commettent les Français et les Anglais dans l'appréciation
de l'histoire de la Pologne et de la Moscovie, nous devons dire
quelques mots sur la forme particulière dont nous nous servons
pour relever ces erreurs. Nous avons pris pour point de départ
l'appréciation qui a été faite dans le journal anglais de Londres,
bien connu, *the Times*, du monument que l'empereur Alexandre II inaugura, l'année passée, avec la plus grande pompe, à
Novgorod. L'érection de ce monument a pour but de démontrer
comme vraie une erreur capitale, mais qui malheureusement
est admise en Europe comme une vérité, à savoir : que l'histoire

___

(1) Voir : *Questions d'Orient*, Constantinople, 1853. — Appendice. Voir
aussi : *La Pologne et la Moscovie*, Constantinople, 1856, page 5.

d'environ quarante millions de Moscovites, Grands-Russes, ne
commence pas en Moscovie, avec l'histoire des habitants touraniens de ce pays : les Wes, les Méra, les Mouroma et autres,
comme le simple bon sens l'exige, mais qu'elle commence dans
le pays des Slaves de Novgorod , de Pskow, de Smolensk, sur
les bords du Dniéper, et sur ceux du Dniester, dans la Gallicie,
aujourd'hui autrichienne, de même que dans la Hongrie, partout, enfin, où il y a des Routhènes ou Roussines. Le cabinet
de Saint-Pétersbourg a cru pouvoir légitimer les droits des
Moscovites de régner sur les Slaves de Novgorod, du Dniéper et
du Dniester, par l'érection d'un monument en l'honneur de
Rurik, car, d'après les idées inculquées aux Moscovites par Catherine II, ceux-ci seraient les vrais descendants de Rurik, et
comme tels ayant droit à tous les pays conquis par lui et par ses
descendants !

Nous avons le regret de nommer un membre de l'Académie
de Saint-Pétersbourg, très connu des savants français, M. Schnitzler, qui est au fait de notre sujet et partage les idées du gouvernement moscovite par rapport à l'erreur que nous venons de signaler. En effet, ce savant, tout en démontrant qu'au douzième,
et même à l'époque de l'invasion des Mongols, au treizième siècle, les habitants de Novgorod, de Pskow, de Smolensk, du
bassin du Dniéper, étaient Slaves, tandis que les habitants de
la Moscovie ou du Grand-Duché de Souzdalie n'étaient que Finnois et païens, dit en même temps: Mais *que nous importent les
origines des peuples? l'essentiel est de connaître l'extension de la
domination des Russes et des princes de la dynastie de Rurik* (1).
Ce savant imite, comme on le voit, l'école fondée au siècle passé
par le cabinet de Saint-Pétersbourg, et dont les premiers actes
furent l'emprisonnement du célèbre académicien Müller et la
bastonnade subie par le secrétaire perpétuel de l'Académie, Trediakowski. En revanche, lui-même a beaucoup d'imitateurs. Ce
sont ces savants qui autorisèrent le cabinet de Saint-Pétersbourg

(1) *L'Histoire intime de la Russie*, 1847. — Voir à la fin de notre écrit actuel : *L'Appendice.*

à consacrer l'erreur que nous avons signalée plus haut, par un Monument qui, disons-le en passant, coûta des sommes immenses; car le cabinet décréta lui-même des dépenses pour 2,000,000 fr. (500,000 roubles), et ordonna, en outre, qu'il serait fait une quête dans l'armée et dans les villages; cette quête rapporta encore 2,000,000 de francs. Le but de cette quête dans tout l'empire était manifeste : les promoteurs de la décision prise pour le Monument voulaient intéresser toutes les classes d'habitants à défendre le principe, d'après lequel l'histoire des Moscovites ne commence pas en Moscovie, mais dans les pays slaves.

Le profond et spirituel appréciateur anglais du Monument de Novgorod proteste contre ce Monument, parce qu'il impose à la croyance populaire des Moscovites les plus grossières et les plus immorales erreurs pour des vérités historiques dignes d'une apothéose, et parce qu'il tend, d'après lui, à développer leurs penchants conquérants. Il relève beaucoup de ces erreurs, mais il ne les relève pas toutes. Ce qui est pis, c'est qu'il admet comme exactes certaines données qui dominent dans l'opinion des historiens et des publicistes anglais, et qui ne sont rien moins qu'erronées. Ces erreurs nous ont frappé d'autant plus vivement, qu'elles sont admises comme des vérités par les éminents écrivains anglais qui n'étudient les questions sur les rapports entre la Pologne et la Moscovie, que sous le point de vue purement scientifique. C'est pour cela que nous avons cru utile de relever les erreurs qui se sont glissées dans l'appréciation qu'a faite le journal anglais du Monument de Novgorod pour les signaler aux savants et aux publicistes anglais. Les mêmes erreurs sont aussi commises par les Français. Aussi, ayant à rendre compte au public français de nos études, nous reproduisons les observations que nous avons faites sur l'appréciation du Monument de Novgorod par le journal anglais, et nous les présentons sous leur forme primitive, en remplaçant seulement les autorités anglaises par les autorités françaises, dans les cas où nous avions cru nécessaire de les invoquer pour appuyer notre manière de voir.

Il y a encore une autre raison qui nous engagea à reproduire, pour le public français, notre travail destiné primitivement aux lecteurs anglais. L'empereur Alexandre II est entouré de mauvais conseillers qui lui font continuer la guerre aux études historiques, guerre commencée, comme il est connu, sous le règne d'Élizabeth Petrowna. Ils lui suggèrent la pensée d'élever un autre monument en demandant au peuple de faire les frais de l'érection. Ce second monument, qui doit être encore plus coûteux que le premier, est destiné au souvenir des vertus de Catherine II. Les emblèmes et les inscriptions ont le même but, qui serait de prouver : que les Moscovites sont des Slaves, des Indo-Européens, car les Novgorodiens, les Pskowiens, les Slaves du Dniéper, de la Gallicie et les Routhènes de Hongrie, sont les premiers et les plus purs Moscovites ! Pour légitimer ce principe, M. Nikon Mordwinow proposa de représenter Catherine II, remettant à la commission qu'elle institua pour réviser les lois du pays, le célèbre oukase dont nous parlerons plus bas et qui déclare que les *Moscovites sont des Européens.* Un autre Moscovite propose de représenter Voltaire disant à Catherine II : « Je suis Catherin, et je mourrai Catherin. » paroles facétieuses que le vieillard a écrites en effet. Le premier de ces projets a été inspiré par un pur descendant des Touraniens, comme son nom le prouve ; (par un hasard singulier, le célèbre métropolitain moscovite du xviie siècle, portant aussi le nom de Nicon, était aussi descendant des Touraniens Mordwa). Le deuxième de ces projets vient certainement d'un libéral moscovite, qui pensait, qu'en représentant Voltaire louant Catherine II, les libéraux français seraient très flattés. Quiconque est au courant des idées qui règnent parmi les libéraux moscovites, doit savoir que ces messieurs sont convaincus que les libéraux français ne pensent qu'à Voltaire. Quoi qu'il en soit, et en admettant même que les projets dont nous parlons ne soient pas acceptés par la commission qui doit décider du modèle de monument à Catherine II ; il est à craindre néanmoins que les idées erronées qui ont prévalu dans les emblemes représentés sur le monument de Novgorod, ne soient également adoptées pour le monument de

Catherine II. Nous voudrions, autant qu'il est en notre pouvoir, attirer l'attention de juges compétents et ayant voix parmi les Moscovites, sur la pente fatale où se laisse entraîner une partie d'entre eux, par un choix d'emblèmes pour des monuments qui ne peuvent que fausser l'histoire, ainsi que les idées du peuple moscovite sur son passé. Nous croyons atteindre notre but en rappelant le jugement de vrais Européens, sur ces sortes de faussetés, au sujet du monument de Novgorod.

Si nous laissons de côté la forme de notre exposition, voici les points principaux de l'histoire de la Pologne et de la Moscovie, que nous croyons nécessaire de rappeler tant aux Français qu'aux Anglais, comme étant l'objet d'une erreur commune à ces deux peuples.

Les numéros d'ordre qui suivent correspondent aux numéros des renvois que nous avons placés dans la dissertation anglaise sur le monument de Novgorod. Ces numéros représentent autant de faits sur lesquels nous voudrions attirer l'attention des lecteurs; ce sont à peu près autant d'erreurs que nous éclaircirons en les remplaçant par les principes justes, légitimés par les nouvelles recherches.

1. — Il n'y a que les peuples sédentaires, agricoles, chez lesquels se développe l'élément fédératif. L'Europe, dans laquelle prédomine l'élément fédératif, finit aux provinces de la mer Baltique et au bassin du Dniéper. Les Moscovites sont complétement étrangers à l'élément fédératif.

2. — C'est précisément dans le caractère des événements qui se passèrent sous la domination des princes russes Rurikovitches, d'un côté, à Novgorod, sur le Dniéper, sur le Dniester, et de l'autre côté, en Moscovie, avant l'invasion des Tatares et des Mongols, qu'il est facile de voir que l'union volontaire, morale entre les habitants des deux pays était impossible; que ce n'était que les chaînes de l'esclavage imposées par les conquérants varègues ou normands, et dès le xiiiᵉ siècle par les Mongols, qui les unissaient.

3. — Les Polonais avaient conclu avec les Moscovites deux raités, ayant rapport aux noms qu'ils devaient donner à ces

derniers, car la diplomatie moscovite se faisait depuis longtemps des moyens de conquêtes avec des noms faux et avec des titres.

4. — C'est la majorité et non pas la minorité des Routhènes qui s'unit avec les Polonais, au xive siècle, *sans l'intermédiaire des princes lithuaniens*. Une idée contraire serait erronée. Et le mariage du grand-duc de Lithuanie, Jagellon, avec la reine de Pologne, Hedvige, n'a pas l'importance que les historiens polonais lui assignent dans l'acte d'union des Slaves Routhènes avec les Slaves de la Vistule.

5. — C'est une grande erreur que de commencer l'histoire des Moscovites, non pas en Moscovie, mais à Novgorod, sur le Dniéper et sur le Dniester, sous prétexte que les Moscovites sont issus de colons slaves venus de ces dernières contrées. Karamzin lui-même a réfuté l'idée de la colonisation de la Moscovie par les Slaves. (Voir Chap. VII. Explication de la troisième carte). Nous ajoutons plus bas quelques faits légitimant cette protestation de l'historiographe officiel de l'empire russe.

6. — Ceux qui se servent du dictionnaire pour apprécier les rapports des langues slaves, au point de vue lexicographique, ne peuvent que se tromper, au sujet de la langue moscovito-slave, parce que les Moscovites écrivent les mots comme les Routhènes et les prononcent différemment.

7. — Ce n'est pas la *minorité*, mais bien la *majorité* des Touraniens-Moscovites que l'invasion des Tatares, au xiiie siècle, trouva hors des possessions des princes Rurikovitches. Les conséquences de ce fait sont très-graves, si l'on considère les réformes sociales et politiques des Moscovites dans leur manière de comprendre la liberté, la propriété, l'individualité, le droit, la forme du gouvernement, etc.

8. — La Petite-Russie n'est pas unie à la Moscovie en conséquence des traités de Pereïaslaw, conclu entre Chmielnicki et les envoyés du tsar. l'an 1654 Les Moscovites règnent sur les Petits-Russes par suite de leur victoire sur ces derniers à la bataille de Pultawa, l'an 1708.

9. — Ce sont les Tatares qui retardèrent l'union des Slaves Routhènes et de leurs frères de la Vistule au xiiie siècle.

10. — Les guerres des Polonais contre les Moscovites dès le
XV° siècle, ne sont que la continuation des guerres des Routhènes
contre ces derniers, qui avaient eu lieu aux X°, XI°, XII° et
XIII° siècles.

11. — L'unité des habitants des provinces polonaises de
l'empire russe, et même de la Petite-Russie, avec les Polonais de
la Vistule, sous différents points de vue.

12. — Grandes erreurs des historiens polonais modernes sur
les rapports des Polonais avec les Allemands. Depuis la célèbre
victoire des Polonais sur ces derniers, à Hundsfeld, près Breslau,
au commencement du XII° siècle, jusqu'à l'année 1848, *il n'y eut
aucune guerre entre les Polonais et les Allemands;* car ni les
chevaliers Teutoniques, ni les Prussiens, ni les Autrichiens ne
représentaient l'élément allemand.

13. — La haine des Moscovites contre les langues latine et
germaine, mise en apothéose sur le monument de Novgorod.

14. — L'histoire de la république de Novgorod est encore plus
étrangère à celle des Moscovites, que l'histoire de Venise ne l'est
à celle des peuples de l'Autriche.

15. — Quatre principes fondamentaux de l'histoire des peuples
qui furent soumis aux princes Russes. L'acte appelé *invitation
de Rurik,* l'an 862, ressortait de l'intérêt momentané, et plutôt
de l'intérêt des Touraniens que des Slaves novgorodiens.

16. — Les princes Rurikovitches régnaient sur les Slaves du
Dniéper et du Dniester par droit de conquête, dans l'acception
la plus dure du mot *conquête.*

17. — Les Scandinaves, Russes Varègues, unissaient les Slaves
de Novgorod, du Dniéper et du Dniester avec l'Europe ger-
mano-latine avant l'union de ces Slaves avec la Pologne.

18. — Guerres de Vladimir le Grand contre les Moscovites.

19, 20. — Les Moscovites ne règnent sur les Novgorodiens
que depuis la fin du XV° siècle.

21. — Les tsars Romanow ne descendent pas de Rurik, ni par
les hommes ni par les femmes. Erreur de Lelevel sur ce point.

22. — Les Moscovites considèrent les saints Cyrille et Méthode comme fondateurs de l'empire russe.

23, 24, 25, 26. — Les Kosaks ne sont pas Slaves. Le sauveur de la Moscovie en 1812, Barclay de Tolly, n'est pas d'origine moscovite. Paskewitch, Gogol, Schewtchenko ne sont pas non plus Moscovites de naissance.

27. — Les Moscovites n'ont produit aucun homme de science, aucun philosophe, bien que ce soient les facultés intellectuelles qui prédominent chez eux.

Voici l'appréciation du Monument de Novgorod par le journal anglais the Times, *du 23 décembre 1861 ; et nos réponses avec quelques éclaircissements :*

On a beaucoup parlé et écrit, en Russie et en Pologne, pendant ces quatre ou cinq dernières années, sur LE MONUMENT qui s'achève à NOVGOROD en l'honneur du millième anniversaire de la fondation de l'Empire russe. Mais ce n'est pas une simple colonne que ce monument; c'est un souvenir historique, renseignant, illustrant, donnant à penser, dans le but d'apprendre au monde à la fois la *façon dont la Russie s'est formée, ce qu'elle est, et ce qu'elle pense devenir.* On ne devrait jamais oublier un instant que la Russie a un programme qu'elle a essayé d'exécuter pendant les quatre derniers siècles au moins; qu'elle le fait miroiter aux yeux de son peuple à chaque occasion favorable, et qu'elle l'avoue en face de l'Europe aussi ouvertement que possible, sans déclarer la guerre à l'Autriche, maintenant son ennemie de prédilection.

Ce programme, c'est la reconstruction de l'État fédéral des princes normands-varègues, tel qu'il existait du temps de Rurik et de ses descendants, et qui, depuis le partage de la Pologne, est reconstitué, à l'exception de la Galicie, ancien duché de Halitch (1).

(1) L'empire Russe n'est pas un État fédératif, et c'est précisément par ce point qu'il diffère radicalement de l'État fondé par les princes russes Rurikowitches qui peut être nommé fédératif, au moins pour ce qui concerne les rapports des princes entre eux-mêmes ; car les Slaves de Novgorod, du Dniéper et du Dniester de même que les Touraniens de la Moscovie soumis par la force des armes n'avaient pas eu voix consultative dans les conseils des vainqueurs, jusque vers le xiiie siècle ; ils se trouvaient dans la même situation que les Gallo-Romains vis-à-vis des Francs pendant les premiers siècles de la conquête, quoique déjà dès le xie siècle, les princes russes commençassent à subir l'influence de leurs sujets respectifs. Cette influence se dessine surtout vers la seconde moitié du xiie siècle. Alors les princes russes de la Souzdalie (Moscovie) commencent leurs guerres contre les princes russes de Kiew et de Novgorod, et les idées autocratiques deviennent évidentes en Souzdalie chez les peuples touraniens qui habitaient ce dernier pays. En somme, l'expression d'État fédératif peut s'appliquer aux contrées slaves qui furent soumises aux princes russes Rurikowitches, mais elle ne peut pas s'appliquer à la Souzdalie (Moscovie), si ce n'est pour des époques passagères. Le fédéralisme n'est propre qu'aux peuples Indo-Européens, et nullement aux Touraniens. Les souverains moscovites revendiquent la Gallicie autrichienne d'après les mêmes droits de conquête qui les poussaient à attaquer Kiew et Novgorod avant l'invasion des Mongols (guerre contre Kiew l'an 1169 ; guerre contre Novgorod l'an 1170). La Pologne est le dernier État de l'Europe dont l'existence soit basée sur l'esprit fédératif des habitants. La Moscovie n'a pas connu et ne connaît pas la vie provinciale, les institutions provinciales, comme en avaient les Novgorodiens, les Pskoviens, les Smolenskiens, les Lithuaniens, etc.

Il est reconnu que les Polonais nient la continuité de l'histoire de la Russie depuis Rurik jusqu'à nos jours. Ils soutiennent que la Russie moderne ou Moscovie, est un État *absolument différent de l'ancienne Russie ou Ruthénie*, et ils sont indignés de la supercherie du gouvernement russe qui maintient que c'est la même chose (2).

Les Polonais attachent une grande importance aux questions de savoir comment s'appelle le gouvernement russe, quelle est son origine précise, questions qui semblent tirer peu à conséquence pour le reste de l'Europe; et si, en France, en Allemagne et en Angleterre, d'ingénieux écrivains emploient le mot de « *Moscovie* » seulement pour éviter la répétition du mot de « *Russie* » dans la même phrase, les Polonais au contraire appellent *Moscovie* tout ce qui constitue la *Grande-Russie*,

(2) D'après les besoins qui ressortent des origines et des caractères primitifs de civilisation, les Moscovites font partie des peuples ouraliens ou touraniens ; ils sont complétement étrangers sous ce rapport aux Slaves et aux autres peuples indo-européens. Leur nom de Moscovites prouve encore l'exactitude de cette appréciation historique, car ce nom signifie, dans les idiomes des touranien s de la Moscovie : *Séjour de la cour du grand Khan de la Horde d'or.* Comme les grands khans changeaient de demeure en changeant de pâturages, il y a en Moscovie beaucoup d'endroits nommés Moskva, Moscou, etc., qui rappellent leur vie nomade.

En laissant à part les origines, l'enchaînement des faits qui s'accomplirent en Moscovie, tant dans son histoire sociale que religieuse et dans sa littérature, n'a rien de commun au fond avec les faits qui se sont passés à Novgorod, à Pskow et dans les provinces polonaises appelées Russies. Les guerres des Moscovites contre les Slaves de Novgorod et contre ceux du Dniéper, de même que l'établissement de l'autocratie touranienne en Moscovie se manifestèrent avant la domination des Mongols (sous André de Bogolub, † 1174).

dans le but de montrer que « TOUTE LA RUSSIE » est une acquisition illégale des tsars moscovites (3).

Les Polonais répètent que, lors de l'invasion des Mongols, la Russie ne formait pas un État politique, mais était divisée en plusieurs principautés ; que, au milieu des circonstances graves qui se produisirent, de vains efforts furent tentés pour les décider à admettre l'autorité spirituelle du pape et les faire échapper au danger de l'absorption politique par les Tatares.

En fin de compte, la *Russie occidentale* s'unit à la Lithuanie ; puis, toutes les deux, se liant avec la Pologne, se soumirent avec celle-ci à l'Église catholique romaine, tandis que la *Russie orientale* resta unie à

---

(3) C'est pour des raisons très-graves que les Polonais contestent aux Moscovites le nom de Russes, car les Polonais ont des traités particuliers avec ces derniers pour ce qui concerne les titres. Il y en a deux : les Polonais permirent aux tzars moscovites de porter le titre de princes de Russie, à la condition expresse qu'il ne leur donnerait aucun droit aux provinces de la Pologne appelées Russies. Le dernier de ces traités eut lieu en 1764. Les souverains moscovites ajoutaient à leur titre de grand duc de Moscou, celui de grand duc de Russie, comme titre purement honorifique ou simple sous-titre. Ce n'est que depuis le XVIIIe siècle qu'ils commencèrent à s'en servir comme titre principal, fait contre lequel, les Polonais ont toujours protesté. Il faut prendre en considération, en outre, que la nation moscovite a toujours considéré le titre de Russie, de Grande-Russie, de Grands-Russes, de même que le titre d'*Imperator* (empereur) comme une innovation étrangère. Les *Raskolniki* ou sectaires protestent jusqu'aujourd'hui contre ces titres. Comme ces faits sont peu connus et demandent des preuves, nous en parlons à la fin de cet écrit. C'est là où nous verrons, que le nom de Moscovites est le seul nom national chez les habitants de la Moscovie, dans le sens de nomades (voyez plus haut), de même que le mot *leh* (lekh ou polonais) signifie agriculteur.

l'Église catholique grecque, tomba sous la domination des Mongols, s'affermit sous le sceptre des grands-ducs de *Moscou* qui parvinrent enfin à se soustraire au joug des Tatares (4).

(4) Les historiens polonais ont commis une multitude d'erreurs tant dans l'exposition que dans l'appréciation de l'histoire de la Pologne et de la Moscovie. C'est le peu de progrès de la sérieuse critique qui en est cause. Parmi ces erreurs, il en est une se rapportant à la question de la Lithuanie. La majorité des Routhènes s'unit avec les Polonais de la Vistule, *sans l'intermédiaire de la Lithuanie*, en conséquence de la transmission de la souveraineté du grand duché de Halitche (ou Galitche) aux princes polonais de la dynastie Piast, au commencement du xive siècle. Encore au commencement du xiiie siècle, les Routhènes de la Galicie offrirent la couronne au duc de Krakovie, comme on peut le lire dans l'*histoire* de Karamsin ; mais Leschek, pour éviter la guerre avec les Hongrois, se contenta de placer sur le trône de Halitche ou Galitche un proche parent, mais un des princes Rurikovitches ; c'était le terrible Roman. L'invasion des Tatares empêcha l'union des Routhènes avec les Polonais, car les Tatares appuyèrent la domination des Rurikovitches sur leurs sujets en révolte. Dès que la puissance des Tatares commença à faiblir et dès que les Polonais se trouvèrent centralisés sous Ladislas Loketek, dans la première moitié du xive siècle, immédiatement les Routhènes de la Gallicie accomplirent les désirs de leurs aïeux du xiiie siècle, en appelant sur leur trône un prince Piast, duc de Mazovie, Boleslas, quoiqu'il y eût encore beaucoup de princes Rurikowitches en Routhénie. Ainsi, Boleslas régna du Dniester jusqu'en Petite-Russie, car Kiew se trouvait sous la domination des princes de Galitche lors de la ruine de cette ville par les Tatares. Les Tatares confinèrent les princes de Galitche dans leurs possessions Voilà comment Kiew dépendait des princes de Galitche au commencement du xive siècle, et par ce même droit, de Boleslas de Mazovie. Mais Boleslas ne voulut pas se reconnaître vassal des Tatares, et il était trop faible pour les chasser de Kiew. Gedymin, grand-duc de Lithuanie, vainquit ces derniers sur l'Irpien (près Kiew), l'an 1320, et voilà pourquoi les Lithuaniens étaient en discussion avec les Polonais

pour les possessions de ces contrées, au xv°, et au commencement du xvi° siècle. Les Polonais les revendiquaient au nom du droit de l'invitation de Boleslas par les Galiciens, et les Lithuaniens, au nom du droit de leur victoire sur les Tatares. En fin de compte, les Lithuaniens s'exécutèrent et rendirent à la Pologne Kiew; ils légitimèrent ainsi les droits qu'avait la Pologne de la Vistule sur Kiew en conséquence des droits que lui donnaient les Galiciens avec la Petite-Russie. *Il en résulte que la majeure partie de la Routhénie s'est unie avec la Pologne de la Vistule, sans intermédiaire de la Lithuanie,* en conséquence de la bonne volonté des Routhènes eux-mêmes et alors qu'ils avaient des princes Rurikovitches pour souverains, nommément d'abord au commencement du xiii° et ensuite au commencement du xiv° siècle. C'est l'invasion des Tatares et l'appui qu'ils donnèrent aux princes Rurikovitches, *haïs* par leurs sujets, qui retarda l'union des Routhènes avec les Polonais. (Voir plus bas.)

CHAPITRE V

C'est donc injustement que l'héritage des fils de Rurik a été réclamé perfidement par les tsars de *Moscovie*, cet État qui, élevé par les Tatares, n'a été jamais ni ruthénien, ni slavonien, mais seulement un développement, sous les auspices des Mongols, d'une colonie de Ruthènes amenés au XII° siècle au milieu des tribus d'origine ouralienne (5).

(5) C'est là encore une des grandes erreurs répétées par les historiens étrangers et d'après eux, par les historiens polonais. C'est pour expliquer le progrès de la langue slave parmi les peuples touraniens de la Moscovie qu'on admet la colonisation de ce pays par les Slaves de Novgorod et du Dniéper. Mais les colons slaves jouaient le rôle subalterne dans le progrès de la langue slave parmi les Moscovites, car c'est dans les penchants nomades, commerciaux des Moscovites, que se trouvait la première et la plus grande raison de ce qu'ils abandonnèrent leurs langues nationales pour la langue de leurs maîtres, les Russes-Varagues, c'est-à-dire, langue dans laquelle fut propagée parmi eux la religion chrétienne, vers le XIII° siècle. Les chroniqueurs parlent des colons slaves en Moscovie, mais ils parlent de ceux qui s'établirent dans le gouverne-

Cet État a dû son abaissement à l'influence mongole; et, — en même temps qu'il perdait toutes les notions de *liberté* et de *légalité* qui continuaient à faire la gloire des principautés indépendantes et quasi-républicaines de Novgorod ainsi que des principautés russes ou ruthéniennes annexées à la Lithuanie, puis unies à la Po-

ment de Viatka, vers l'an 1174. C'est une fraction de Novgorodiens mécontents qui se réfugia jusque vers les monts Ourals, comme on peut le lire dans l'histoire de Karamsin de cette année. S'il y avait eu quelque chose de pareil dans le grand duché de Souzdalie, les chroniqueurs en auraient parlé de même. Les princes russes Rurikovitches, pouvaient transporter quelques colons slaves en Moscovie, comme ils transportaient des colons touraniens sur le Dniéper; mais le nombre de ces colons n'était pas important, et voilà pourquoi les chroniqueurs n'en parlent pas, quoiqu'ils fassent mention des colons Novgorodiens. Nestor compte trois villes finnoises dans l'étendue du grand duché de Souzdalie, déjà au ixᵉ siècle: Biêloozero (en finnois, Ves-Yervi), Rostow et Mouroma; preuve évidente que les Moscovites n'étaient pas au ixᵉ siècle, des tribus sauvages, car les peuples chez lesquels prédominent les penchants à la vie nomade se divisent aussi d'après les degrés de tels penchants. C'est au siècle passé qu'est née l'opinion erronée que les Moscovites peuvent commencer leur histoire à Novgorod sur le Dniéper et en Galicie, comme descendants des colons slaves de ces contrées. Mais, après les autres savants, l'historiographe Karamsin combat cette origine des Moscovites. Il les reconnaît pour Slaves, car, dit-il, les Ves, les Mera, les Mouroma se changèrent en Slaves *en acceptant la langue et quelques usages slaves, mais en conservant leurs propres mœurs.* Toute histoire des Moscovites démontre la justesse de ce principe de l'appréciation des rapports des Moscovites avec les Slaves, car les guerres des Moscovites contre ces derniers, guerres de race et de religion, commencèrent déjà dès la seconde moitié du xiiᵉ siècle. Les Souzdaliens ruinèrent Kiew, l'an 1169; ils firent l'expédition contre les Novgorodiens, l'an 1170, et cela au nom de principes autocratiques. Les guerres des Routhènes contre les Moscovites du xvᵉ et du xviᵉ siècle, la guerre des Petits-

logne, — on y constate une telle corruption de la langue ruthénienne et slavonne, par l'admission des mots tatares, que cette langue devient dès lors incompréhensible pour les Ruthéniens et autres Slaves (6).

Laissant la question d'ethnologie de côté, les historiens polonais appellent l'attention sur ce fait indiscutable, que la Moscovie ne doit son accroissement ou agrandissement ni au principe féodal des Normands, ni au principe patriarcal, plus ou moins démocratique, des Slaves, mais tout simplement à l'esprit autocratique des Mongols. Les Moscovites s'étaient si bien accoutumés à ce principe par deux siècles de servitude, qu'ils

Russes contre les Moscovites au commencement du xviiie siècle, les guerres actuelles des Polonais contre les Moscovites ne sont que la continuation de leurs guerres de races, guerres commencées avant l'invasion des Mongols, depuis la fondation du grand-duché de Souzdalie. Si les Moscovites étaient des colons slaves de Novgorod et du Dniéper, ils ne différeraient pas autant de ces derniers. Les Moscovites diffèrent fortement des Petits Russes et des Russes Blancs sous le point de vue physique et sous le point de vue psychologique et moral, ce qui prouve que les colons slaves qui pouvaient être transportés en Moscovie périrent dans la masse des Moscovites Touraniens, de même que les colons Touraniens périrent dans la masse des Slaves sur le Dniéper.

(6) Les Moscovites se servent dans l'écriture de la prononciation slave des mots; mais ils n'écrivent pas comme ils prononcent. S'ils écrivaient les mots comme ils les prononcent, leur langue slave serait encore plus difficile à comprendre aux Slaves qu'elle ne l'est à présent. Il ne faut jamais oublier, que les Moscovites conservent jusqu'aujourd'hui la langue non slave dont ils se servent entre eux, surtout les commerçants du gouvernement de Vladimir et environnant. (Voir à la fin, *Appendice*). Les Moscovites rejetèrent de la langue slave les mots dont ils n'avaient pas besoin comme nomades et donnèrent à beaucoup de mots slaves la signification contraire à leur esprit primitif.

permettaient à leurs tsars de les massacrer chez eux ou au dehors, sans jamais proférer la moindre plainte (7).

La Russie, disent les historiens polonais, se dit un État slave ; mais elle n'a jamais apporté que l'esclavage et la mort aux Slaves qu'elle a subjugués, à commencer par la destruction de la république de Novgorod et de Pskov, jusqu'aux trois démembrements de la Pologne et l'absorption du grand-duché de Varsovie (8).

De leur côté, les écrivains russes de toutes les opinions — (je parle ici des opinions et non des faits), — assurent que l'ancienne Russie, quoique déjà divisée en principautés séparées, mais fédérées, ayant perdu défi-

(7) On dit généralement, que les Moscovites restèrent sous la domination des Mongols et des Tatares pendant *deux siècles*. C'est une grande erreur. La majorité des Moscovites, touranienne et mongole *n'était pas soumise aux princes russes avant l'invasion des Mongols et des Tatares* ; elle se mêla avec ces peuples depuis l'invasion et forma avec eux les Khanats de Sibérie de Kasan, d'Astrakhan. Ces Moscovites ne commencèrent à devenir chrétiens et à parler slave que dès la seconde moitié du xvie siècle, car ce n'est qu'alors *qu'ils devinrent soumis aux princes russes de Moscou*. La minorité des Moscovites ne cessa de payer des tributs aux Tatares jusqu'à Ivan le Terrible, conquérant des Khanats sus mentionnés. Les soi-disant libéraux moscovites et les vrais libéraux européens ont tort d'apprécier les améliorations propres aux Moscovites d'après les idées des Slaves, et en général *d'après les idées des peuples Indo-européens*. Les Moscovites sont Touraniens et leurs améliorations, surtout les améliorations morales, suivent d'autres voies que celles des peuples indo-européens.

(8) On peut y ajouter la Petite-Russie. Les Moscovites ne règnent pas en Petite-Russie, par suite du traité de Pereiaslaw conclu entre Chmielnicki et le tsar Alexy Mikhaïlovitch, l'an 1654 ; il ne reste de ce traité que des débris. Les Moscovites règnent en Petite-Russie par le droit *du plus fort*, comme suite de la victoire qu'ils remportèrent sur Mazeppa, au commencement du xviiie siècle.

nitivement toute cohésion politique par l'invasion des Tatares, — aurait été indubitablement dispersée, puis absorbée par les nations et tribus environnantes, sans l'influence de la religion chrétienne; — que, pendant deux siècles que les Russes ont servi de rempart aux chrétiens d'Europe contre les hordes tatares, s'ils avaient accepté l'alliance que leur proposèrent ces derniers à plusieurs reprises, ils auraient pu se venger des catholiques occidentaux qui les avaient si lâchement abandonnés et qui demandaient pour prix de leur assistance contre les barbares la reconnaissance de la suprématie du pape (9).

Les écrivains russes soutiennent en outre que, pendant que les Russes chrétiens combattaient héroïquement contre les hordes mongoles, les Polonais, ne se bornant pas au rôle de spectateurs, venaient profiter

(9) Le *si* était une terrible réalité. Les princes russes, même ceux de la Galicie, après les premiers moments d'épouvante causés par l'invasion, se rallièrent aux Tatares, car ils trouvèrent dans les Tatares des alliés et protecteurs contre leurs sujets révoltés; et c'est avec les Tatares que les princes Rurikovitches firent des invasions dans les pays des catholiques, comme on le voit dans l'histoire de Léon, prince de Galicie et autres princes de la Routhénie. C'est cette alliance des princes Rurikovitches avec les peuples Touraniens, avant le xiiie siècle, avec les Polowtzes et depuis avec les Tatares, qui fut une des grandes causes des efforts des Routhènes à se rallier avec leurs frères de la Vistule, ce que firent définitivement les Galiciens, en se rendant à Boleslav, duc de Mazovie, quoiqu'il y eût encore une multitude de princes Rurikovitches. L'alliance des Rurikovitches de la Moscovie avec les Tatares était encore plus forte. Leurs princes, les plus en renommée, comme Alexandre Newski et autres, investirent Novgorod à la tête des troupes tatares.

de leur faiblesse pour les déposséder d'immenses portions de leur territoire et assujétir leur population à la domination de l'aristocratie polonaise, qui exigeait la reconnaissance de l'union décrétée par les Églises, catholique et grecque, à Florence, en 1440 (10).

Ils soutiennent que, résistant au pape et aux Mongols, la Russie, réduite un moment au grand-duché de Moscou, se releva de sa longue et dure captivité, chassa successivement les Tatares, les Lithuaniens, et les Polonais aidés des Suédois, s'éleva d'abord au tsarat de Moscovie, puis à l'empire russe, qui attendra son complément tant que la Galicie orientale ou Russie-Rouge restera sous la domination autrichienne.

Quelle que soit l'origine de la Moscovie, les ethnologistes européens n'ont pas besoin de savoir si les

(10) Les Polonais n'avaient pas les forces matérielles suffisantes pour conquérir les Routhènes; ce sont les habitants de ces contrées qui cherchaient la Pologne, comme l'on voit dans les événements d'avant le xiiie sièclee t depuis. Ce qu'on appelle guerre des Lithuaniens et des Polonais contre les Moscovites aux xive, xve et xvie siècles n'étaient que des guerres des Routhènes proprement dits contre les Moscovites, guerres commencées avant l'invasion des Mongols, car encore au xvie siècle, la Lithuanie et la Volhynie avaient la noblesse unie avec les paysans par le rit. Dans la guerre qui eut lieu entre la Pologne et la Moscovie au commencement du xvie siècle et qui se termina par la victoire des Polonais dans la bataille d'Orscha, les Polonais de la Vistule n'y étaient *qu'individuellement.* C'étaient les Routhènes seuls qui la faisaient et leur Chef était un des descendants de Rurik, le prince d'Ostrog. *Les Rurikovitches qui régnaient sur les Slaves devinrent Slaves tandis que les Rurikovitches qui régnaient sur les Moscovites devinrent Moscovites; et c'étaient les Rurikovitches et leurs sujets respectifs des deux contrées qui luttaient entre eux avant l'union des Rurikovitches slaves avec les Polonais.*

Russes sont Slaves ou non, par leur origine, leurs traditions, leur langue, leurs besoins moraux et matériels, leurs usages, leurs superstitions, leurs boissons favorites, leurs chants populaires, jusqu'à leur cuisine nationale. — Il est cependant bien vrai que les classes supérieures de la Pologne ont sur la *liberté* et la *légalité*, des notions extrêmement différentes des idées qui ont prévalu jusqu'à ce jour dans les classes correspondantes de la Russie, auxquelles on a inculqué pendant des siècles, que dans les affaires importantes il n'y avait pas d'autres lois que la volonté absolue du tsar (11).

Le panslavisme a-t-il d'autres bases ou raisons que la Russie met en avant, qu'une certaine affinité des deux langues mères, mais différentes, une croyance commune à des légendes fantastiques et à l'efficacité des pèlerinages, une analogie des mélodies où domine le mode mineur, enfin les rapports dans le système d'alimentation des deux peuples qui sont grands consommateurs de pain noir, de concombres salés, de choux, de soupe aux betteraves, d'eau-de-vie, d'hydromel et enfin une aversion innée chez tous les deux contre les Allemands, buveurs de bière (12) ?

(11) La Pologne orientale ou Lithuano-Routhénie, ne diffère en rien de la Pologne occidentale sous les points de vue indiqués plus haut, de même que sous le point de vue de la manière de comprendre la liberté. Les Petits-Russes eux-mêmes, séparés de la Pologne et unis à la Moscovie depuis deux siècles, ressemblent plus dans leurs penchants, dans les caractères et la valeur morale de leurs traditions populaires, aux Espagnols et aux Irlandais, *qu'aux Moscovites.*

(12) Les Slaves diffèrent complétement des Moscovites dans les croyances à des légendes fantastiques, à l'efficacité de pèlerinages;

De toutes ces particularités communes aux deux nations, il ne s'ensuit pas certainement que la plus forte
puisse avoir le droit d'opprimer la plus faible et de
dire à celle-ci : « *sois mon frère ou je te tue;* reconnais

même dans ces caractères de la vie des peuples, chez les premiers
prédominent les penchants sédentaires, agriculteurs (plus moraux) ;
chez les derniers, les penchants à la vie nomade. commerciale. Les
Moscovites font des pèlerinages pour satisfaire leurs penchants nomades. Les Slaves et les Moscovites diffèrent dans les caractères de
leurs inimitiés contre les Allemands, en tant que les Slaves et les
Allemands sont unis par les besoins de leurs origines et des caractères primitifs de leur civilisation de race (Hindou ou Aryâ), tandis
que les Moscovites regardent les Allemands comme complétement
étrangers à leur race. Depuis le xii° siècle (dernières guerres de
Boleslas III contre les Allemands), jusqu'à ces dernières années, les
Polonais vivaient avec les Allemands dans la meilleure harmonie; il
n'y avait pas de guerres entre eux. Les historiens polonais ont grand
tort de présenter les guerres des Polonais contre les Chevaliers
teutoniques, comme guerres des Slaves contre les Allemands; car
1° les chevaliers teutoniques étaient un ordre religieux, donc, on
peut dire, cosmopolite, humanitaire, et c'est comme tel que les
Polonais l'invitèrent. Leur majorité était des Allemands, mais les
Polonais ne les auraient pas invités s'ils eussent été des Allemands
proprement dits, c'est-à-dire armée régulière nationale des Allemands;
2° après les chevaliers il est venu un grand nombre d'Allemands
proprement dits, commerçants et agriculteurs, qui s'établirent
dans les contrées abandonnées par les Lithuaniens (Prussiens)
et par les Polonais ou parmi eux. Ce sont les descendants de ces
vrais Allemands, de même que les Lithuaniens, les Polonais, dont
une partie accepta la langue allemande, qui commencèrent la
guerre contre les chevaliers teutoniques, et ce sont ces vrais Allemands qui aidèrent les Polonais dans les guerres contre les chevaliers et qui décidèrent, en dernier ressort, l'union de la Prusse
occidentale avec la Pologne. Donc, dire que les Polonais luttaient
contre les représentants de l'élément allemand aux xiv° et xv° siècles,
est une grande erreur. Frederik, appelé le Grand, agissait lui-même

ma suprématie comme Slave ou je t'annexe, et te pacifie comme je l'ai déjà fait avec la Russie-Blanche, la Russie-Noire et le reste. »

Tel est le langage que tient le panslavisme russe au monde Slave, et en particulier à la Russie-Rouge que l'on veut bien supposer en souffrance par la tyrannie des nobles de la Galicie.

On ne peut douter du sort qu'il réserve à cette province, puisque, comme il paraît, elle sera représentée sur le monument de Novgorod, ce qui a de l'importance, puisqu'il nous montre ce que la Russie sera quand elle aura fini de se constituer.

C'est au nom de Daniel que la Russie moderne réclame cette province, de Daniel, duc de Galicie, couronné roi de Russie ou de Ruthénie, par le pape, au

dans le partage de la Pologne, *comme roi de Prusse, mais nullement comme Allemand.* Il se moquait des Allemands, ne parlait et n'écrivait *qu'en français.* Ce furent les savants allemands qui, les premiers, *protestèrent contre le partage de la Pologne.* Les vrais Allemands démontraient encore, dans les années 1832-1847, qu'ils sont amis sincères des Polonais. Il y avait toujours une inimitié entre les Slaves et les Allemands, mais les caractères de l'inimitié, caractères tels qu'ils se firent voir, depuis 1848, sont les *produits des idées panslaves* développées surtout dans la Pologne prussienne, que les malheureuses circonstances expliquent, mais qui cesseront à mesure que les Polonais et les Allemands comprendront les dangers qui les menacent du côté de l'Orient.

A propos de bière, il est à remarquer que les frontières géographiques où l'on use de la bière en Europe finissent avec les frontières orientales de la Pologne et de la Petite-Russie. Les Moscovites ne connaissent plus de bière; avec la Moscovie commence le koumys qui accompagne le voyageur jusqu'à l'Océan Pacifique. Les Moscovites ne font plus leur *kwas* avec le lait de jument, mais avec le son.

xiii° siècle, alors que la Russie Orientale ou Moscovie était déjà conquise par les Tatares ! Elle nie le droit qu'avait cette province de s'unir plus tard volontairement à la Pologne au xiv° siècle ! — L'Angleterre a plus de droit à la Normandie, et la France aux Iles du Canal (la Manche), que la Russie moderne à la Galicie.

Quel étonnement de voir Daniel, duc d'une province qui n'a jamais été moscovite et a produit, en hommes célèbres, Sobieski et Kosciusko, figurer sur ce monument, — en compagnie de guerriers Lithuaniens (qui paraîtraient, en conquérant une partie de la Russie, avoir donné des droits à cette dernière sur la Lithuanie ; — et en compagnie de Koniski, évêque Lithuanien, « *champion de l'orthodoxie dans la lutte, contre l'union* « *avec Rome et défenseur de la foi orthodoxe à la diète* « *polonaise.* » Ce sont là les termes gravés sur ce monument et relatifs à ce personnage (13).

(13) L'archevêque de Mohilew, Koniski, et Jonas, le métropolitain de Moscou, représentés sur le monument de Novgorod comme fondateurs de l'Empire russe, démontrent la justesse de l'observation des journaux scandinaves, que les historiens officieux moscovites ne veulent pas se souvenir des premiers éléments de l'histoire de leur nation, ni de la plus vulgaire équité à l'égard des étrangers ; ces deux personnages démontrent enfin l'hypocrisie du cabinet de Saint-Pétersbourg. Ainsi, 1° Koniski était Polonais routhène et sujet de la Pologne. Les Moscovites eux-mêmes reconnaissaient les habitants du gouvernement de Mohilew et de Witebsk pour des Polonais de la religion catholique romaine et de la religion grecque, et ils les reconnaissaient pour Polonais professant les deux religions, même bien après le partage de la Pologne, comme on le voit dans la *Statistique de la Russie*, par Hermann, publiée à Saint-Pétersbourg, l'an 1798, et dédiée aux grands-ducs Alexandre et Constantin, p. 68 ;

Si Gedymin, le Lithuanien, pouvait ressusciter, il serait sans doute étonné d'apprendre que lui aussi a été Russe-Moscovite et comme tel a une place sur le monument de Novgorod.

Pourquoi donc alors, pourrait-on demander, la Russie oublierait-elle Batukhan et Tamerlan, puisque leurs possessions appartiennent aujourd'hui à la Russie? Il est vrai qu'ils n'étaient pas membres de l'Eglise ortodoxe; mais Gedymin ne l'était pas non plus. C'était un païen tolérant et sans préjugés, momentanément converti au christianisme par la promesse faite par le Pape de l'assister contre les chevaliers teutoniques, mais redevenu païen aussitôt que cette promesse n'aboutit pas.

Pourquoi Prométhée n'est-il pas réclamé comme Russe à cause de sa longue et pénible connexion avec le Caucase, que la Russie possède aujourd'hui au même titre que la Lithuanie?

L'idée éminemment fausse que l'on semble vouloir consacrer par l'élévation de ce monument et qui domine généralement en Russie, est « que l'histoire de l'Empire russe se compose de celle des provinces qui le con-

---

2° le cabinet de Saint-Pétersbourg désire, dit-on, rapprocher ses sujets des Européens, et en même temps il met en apothéose les personnages qui doivent inspirer de la haine pour tout ce qui est européen ; car ce ne sont pas certainement les fidèles de l'Église soi-disant orthodoxe moscovite qui sont amis de l'Europe latino-germaine. Or tel est pour les Moscovites le personnage de Yona.

Ce qui est plus intéressant, c'est que Koniski est l'auteur d'une *Histoire des Petits-Russes*, qui forme un acte d'accusation contre la Moscovie, au point que la Société d'histoire et des antiquités russes de Moscou a été fermée pendant deux ans à cause de la publication de cet ouvrage.

stituent non-seulement à partir du moment de leur annexion, mais encore de temps immémorial. » Cette doctrine, appliquée à l'Autriche, ferait dépendre l'histoire de Venise républicaine de celle de l'Empire autrichien ; ce qui est évidemment faux et absurde. Nous appelons sur ces idées l'attention de tous les hommes qui veulent comprendre le monument de Novgorod (14).

Ce monument, de 50 pieds de hauteur, construit en granit et en bronze, aura la forme d'une cloche, sans doute en mémoire de la grande cloche de Novgorod qui fut longtemps l'objet de la vénération des fidèles de cette cité au temps de son indépendance et fut prise par Ivan III, qui, après avoir saccagé la ville, la fit transporter à Moscou où on peut la voir encore suspendue au Kremlin (15).

(14) L'histoire de la république novgorodienne est encore plus étrangère à l'histoire des Moscovites.

(15) Depuis que l'histoire des peuples qui furent soumis aux Russes Varègues (ou Varagues), commença à être étudiée sérieusement, ce qui eut lieu au siècle passé, les historiens, pour la plupart Allemands, posèrent trois bases qu'ils regardèrent comme essentielles dans l'appréciation des rapports entre ces peuples. Ces trois bases sont les suivantes, savoir : 1° dans l'histoire des peuples qui furent soumis aux Russes-Varagues, il faut, avant tout, séparer l'histoire de ces Russes de l'histoire des peuples soumis. C'est la confusion de l'histoire des Varègues avec leurs sujets, dans les premiers siècles de conquêtes, qui est cause des erreurs ; 2° les Russes, n'importe leur origine, régnaient à Novgorod, à Smolensk, et en général dans les bassins du Dniéper et du Dniester, sur les Slaves, tandis qu'en Moscovie, les Russes régnaient sur les Touraniens Finnois ou Tchoudes : les Ves, les Mera, les Mouroma, qui, tout en payant tribut aux Russes, ne parlaient pas encore la langue slave, et ils s'opposaient à la religion chrétienne à l'époque du chroniqueur Nestor (xii° siècle) ; 3° l'invasion des Mongols et des Tatares au

Une série de bas-reliefs entoure la partie inférieure de la cloche. Autour de la partie moyenne sont six groupes de figures colossales. Et le monument est couronné par la croix grecque tenue par une personne représentant la religion orthodoxe, aux pieds de laquelle se trouve agenouillée une figure personnifiant le Peuple russe. Ce peuple est protégé par un bouclier sur lequel on voit un aigle à deux têtes.

La première figure colossale représente *Rurik* de Rosslagen (en Suède) arrivant le sabre à la main parmi

xiiie siècle, trouva dix, et d'après quelques écrivains, jusqu'à *treize évéchés* à Novgorod, à Smolensk, et en général dans les contrées lithuano-routhènes, tandis que le même siècle ne trouva *qu'un seul évêché* dans l'étendue de la Moscovie. Les Moscovites de la partie orientale du gouvernement de Vladimir (adjacent à celui de Moscou), ne furent soumis au christianisme, et par conséquent à la langue slave, que l'an 1222, c'est-à-dire une seule année avant l'invasion des Mongols et la bataille de Kalka (1224). 4° C'est la prédominance, chez les Moscovites, des penchants à la vie nomade, commerciale, qui fut la première et la principale raison du grand progrès de la langue slave chez eux. (Voir dans le courant de l'écrit.) Le cabinet de Saint-Pétersbourg, en attachant au nom de Rurik et à l'année 862, la fondation de l'empire russe, et en commençant l'histoire de cet empire dans la cité slave de Novgorod, tâche de ruiner ces anciens principes. L'année de 862 est la plus fatalement choisie, car, 1° l'an 862, ce n'étaient pas les Novgorodiens, mais les Finnois, qui jouaient le premier rôle dans ce qu'on nomme *l'invitation*, comme le prouvent l'étendue des contrées des tribus qui y prirent part, et leur puisssance relative, en commençant par les Esthoniens; 2° l'an 862, ce n'est pas Rurik seul, mais les Russes avec les trois frères qui furent invités : Rurik, Sinéous et Trouvor, et les trois frères jouissaient de droits égaux; 3° ce n'est que deux années plus tard, c'est-à-dire l'an 864, que Rurik commença à régner seul, après avoir vaincu les troupes novgorodiennes conduites par Vadyme, et après avoir tué de sa propre main ce défenseur de Novgorod.

les Slaves de Novgorod et fondant l'Empire russe (862).
Certainement, le millième anniversaire de cet événement, mérite bien d'être célébré. Quelle que soit au
moyen âge, l'histoire des principautés gouvernées par
les successeurs de Rurik, il n'en est pas moins certain
que les principales familles russes d'aujourd'hui, et
presque tous les chefs qui parurent dans cette partie de
la Slavonie qui a été envahie par les Russo-Normands
au ix⁰ siècle, sont les descendants de cette race conqué-
rante. On ne connaît rien de l'histoire de ces pays que
l'on nomme aujourd'hui *Russie*, avant l'arrivée de Rurik
en compagnie de chefs capables et des irrésistibles
guerriers qui, en peu d'années, étendirent leur domination depuis la Baltique jusqu'à la mer Noire (16).

(16) Ce n'est pas du tout en peu d'années que les princes Rurikovitches parvinrent à soumettre les *Slaves de la Pologne* orientale.
Pour ce qui concerne les Touraniens Moscovites, la majorité de ces
derniers ne se soumit aux princes russes que dans la seconde
moitié du xvi⁰ siècle.

CHAPITRE VI

SOMMAIRE

Continuation et fin des deux chapitres précédents.

Qui pourrait dire que, sans le mélange de cet élément puissant, militaire et politique, les Slaves à l'Est du Dniéper auraient été capables de repousser les Tatares, d'abord au xiv⁴ siècle et enfin au xv⁴ siècle, ou qu'au commencement du xvii⁴ siècle, ils auraient été en état de résister aux attaques des Suédois et des Polonais, qui se sont en réalité établis : les premiers, à Novgorod; et les derniers, à Moscou (17)?

(17) L'élément scandinave influa beaucoup sur la vie historique des Slaves de la Pologne orientale, car c'est ici que s'établirent les Varagues, venus à l'époque de Rurik, Sinéous, Trouvor, Oskold, Dir, Igor, Oleg, Svatoslaw, Vladimir, Yaroslav. Pour ce qui concerne la Moscovie, l'influence des Scandinaves y était presque nulle. En voici les preuves et les raisons : *a.* Jusqu'à la seconde moitié du xvi⁴ siècle, la majorité des Moscovites était indépendante des princes russes (ceux au delà de l'Oka et de la Kama; *b.* L'influence des Varagues sur la minorité des Moscovites qui étaient tributaires des princes russes avant l'invasion des Mongols était très-faible. La preuve en est *dans la grande difficulté* qu'avait la religion chrétienne à s'y établir définitivement. (Voir plus haut, et plus bas, VIII⁴ chapitre.)

La principale figure, dans le *second* groupe, est *Wladimir*, Russo-Normand, sous le gouvernement duquel le christianisme a été introduit (988) (18).

La principale figure du *troisième* est *Démétrius du Don*, un prince descendant des Russo-Normands, et qui délivra temporairement Moscou des Tatares (1380) (19).

Dans le *quatrième*, *Ivan III*, aussi de la famille de Rurik, qui fonda le Tsarat de Moscou (1462) (20).

Enfin, ce n'est pas du tout l'élément scandinave, mais l'élément touranien qui se fit jour en Moscovie dès l'époque de la fondation de l'Etat moscovite. C'est précisément la grande influence de l'élément normand chez les Slaves, des bassins du Dniéper et du Dniester, avant l'invasion mongole, et le manque de cette influence en Moscovie, qui, outre les origines des habitants indigènes des deux contrées, rapprocha les premiers de l'Europe latino-germaine et en éloigna les derniers.

(18) Vladimir le Grand appartient à la nationalité des Moscovites autant que les Scandinaves, qui furent chassés de Novgorod l'an 859, c'est-à-dire avant l'arrivée des Russes avec Rurik, Sinéous et Trouvor. La raison en est que les Moscovites ne reconnaissaient pas Vladimir pour leur prince, *comme le reconnaissaient les Slaves de Novgorod et du Dnieper*. Vladimir donna ordre à ses sujets de se faire baptiser. Les Slaves lui obéirent, tandis que les Moscovites chassèrent les deux évêques que Vladimir leur envoya. L'histoire connaît les noms de ces évêques, c'étaient Feodor et Hilarion; ils étaient obligés de s'enfuir, et voilà comment se légitime la guerre de Vladimir contre les Moscovites, dont les souvenirs se sont conservés dans les annales recueillies par Tatischtchew. Vladimir, sa grand'mère, sainte Hélène-Olga, et les autres saints de l'Eglise routhène étaient regardés comme tyrans et barbares par les Moscovites des xe, xie et xiie siècles, car pendant cette époque les Moscovites luttaient contre la religion chrétienne.

(19) Voir plus bas.

(20) C'est Ivan III qui a conquis Novgorod et ruiné les libertés politiques des Novgorodiens. Le bon goût exige de ne pas représenter sur le monument de Novgorod celui qui ruina la prospérité

Dans le *cinquième*, *Michel Fédérowitch*, le premier
tsar de la maison de Romanoff, *descendant de Rurik du
côté de sa mère* (1613) (21).

Dans le *sixième*, *Pierre-le-Grand*, fondateur de l'Empire russe.

Les bas-reliefs contiennent les figures de 107 personnes, qui contribuèrent à l'agrandissement de la Russie
ou « au développement de sa civilisation. » Parmi ces derniers se trouvent : saint Cyrille et saint Méthode (22);

et la civilisation de cette cité célèbre. Les souvenirs des Novgorodiens ne peuvent que les forcer à protester contre le monument en
général, et surtout contre Ivan III, comme leurs pères ont protesté
contre lui les armes à la main, à la fin du xvᵉ siècle. La comparaison que les Novgorodiens peuvent faire de l'état de leurs pères
avant qu'ils fussent conquis par les Moscovites, avec leur état
présent, ne peut que les mettre au désespoir.

(21) L'erreur que les Romanow sont descendants de Rurik par
les femmes, est tellement dominante, que Lelevel lui-même n'a pas
protesté ; au contraire, il la confirme dans son *Histoire de Pologne*.
Et pourtant ce n'est qu'une erreur qu'il est facile de vérifier. La
première épouse d'Ivan le Terrible était une Romanow, mais ses
enfants sont morts sans descendants. Michel Romanow fut élu souverain comme fils du patriarche Philaret, prisonnier de guerre polonais ; et pour ce qui concerne sa parenté avec les Rurikowitches,
il leur était tellement étranger qu'il pouvait épouser une des prin-
cesses de leur maison sans en demander la permission à l'Eglise.
Lelevel, célèbre comme antiquaire, célèbre par l'austérité de sa vie
privée, a fait les plus grandes bévues dans l'appréciation de l'histoire plus récente de la Pologne et de la Moscovie.

(22) De quel droit les saints Cyrille et Méthode sont-ils regardés
comme fondateurs de l'empire russe? Il faut admettre que le cabinet de Saint-Pétersbourg a voulu manifester sur le monument de
Novgorod ses tendances panslaves. Mais, d'autre part, comment
placer les apôtres des Slaves (et nullement des Touraniens Moscovites), à côté des défenseurs de l'orthodoxie moscovite, lorsque les
premiers vécurent et moururent dans l'unité avec l'Eglise de Rome?

le chroniqueur Nestor (23) ; plusieurs «thaumaturges»
et martyrs sous les Tatares ; Jonas, le métropolitain
grec de Kiew, qui défendit l'orthodoxie contre Isidor,
le métropolitain latin ou grec-uni nommé par le pape
après le concile de Florence (24); et, enfin, Innocent,
le dernier archevêque d'Odessa, dont, soit dit en passant, quelques discours ont été traduits en anglais,
en français et en allemand, et dont les sermons pour
l'armée de Sébastopol ont eu une grande célébrité en
Russie pendant la guerre de Crimée.

Parmi les héros politiques, je remarque « Sylvestre,
prêtre de Moscou, le vertueux conseiller de Ivan le Terrible » (qui, naturellement, fit mettre son conseiller à
mort après une forte réprimande de celui-ci).

La liste des « guerriers et des héros » contient un
certain nombre de chefs normands et lithuaniens des
temps modernes : Yermak, le conquérant de la Sibérie ;
Minin et Pojarski, les libérateurs de Moscou contre les
Polonais ; Palitzin, moine, qui défendit le monastère de
Troïtsa contre les Polonais ; Ivan Sousanine, qui se sa-
crifia pour soustraire à la fureur des Polonais, Michel,
le premier des Romanoffs, (connu aux musiciens comme
héros de la pièce de Glinka, *la Vie pour le tsar*) ; Bohdan Chmielnitski, qui transféra la souveraineté de

(23) Nestor appartient autant aux Moscovites que Vladimir le
Grand, c'est-à-dire que Vladimir et Nestor étaient regardés comme
les plus terribles ennemis des Moscovites de leur époque. Nestor
dit clairement que les Moscovites (Souzdaliens), les Ves, les Mera,
les Mouroma, payaient tribut aux Russes (Varagues), mais ne parlaient pas slave. « Ijé swoï ïazyk imouschtché. »

(24) Voir plus haut, note 13.

l'Ukraine des mains de la Pologne aux mains de la Russie (25); Souvaroff et beaucoup d'autres généraux et amiraux, la série finissant par Paskiewitch, le conquérant d'Erivan, qui fit régner «l'ordre» à Varsovie; par les noms de Lazareff, Korniloff et Nazimoff. Naturellement, les chefs de 1812 ne sont pas oubliés. Les deux principaux, Barclay de Tolly et Koutouzoff (26) ont déjà leurs statues érigées à Saint-Pétersbourg.

Les «écrivains et artistes» les plus anciens datent seulement du règne de Catherine. Presque tous les poëtes dramatiques et romanciers cités sur le monument sont connus de réputation en Europe. Les ouvrages de quelques-uns d'entre eux ont été traduits en allemand, français et anglais; par exemple, ceux de Lomonosoff; Kriloff; Karamsine, l'historien; Griboïedoff, l'écrivain dramatique; Pouchkine et Lermontoff, poëtes et romanciers; Gogol, romancier et écrivain dramatique, etc. (27).

(25) Voir plus bas, page 76, note 25. On y verra que les Kosaks proprement dits n'étaient pas du tout Slaves, mais Touraniens.

(26) Il est curieux de voir que des deux premiers héros des Moscovites, dans leur guerre contre l'Europe, Barclay de Tolly et Koutousoff, un seul est Moscovite proprement dit. Koutousoff lui-même était un Kosak. Les Kosaks sont Touraniens, mais comme l'on sait, ils diffèrent des Moscovites, tant au physique qu'au moral et sous le point de vue historique. Paskewitch lui-même est un Lithuanien du gouvernement de Mohilev; une partie des membres de sa famille professe jusqu'aujourd'hui le catholicisme romain, malgré les invitations et les promesses du vice-roi de Pologne.

(27) Gogol et Schewtchenko ne sont pas du tout Moscovites. Ils sont Petits-Russes, et c'étaient eux qui, les premiers, et avec les plus ardents, protestaient contre la domination des Moscovites en Petite-Russie. Ils rêvaient l'indépendance complète de ce pays.

Un trait caractéristique de la civilisation russe, c'est que l'on n'a pas pu trouver un seul philosophe ou homme de sciences dont le nom ait paru digne d'être placé sur le monument, quoique la seconde moitié du dernier siècle ait produit un grand nombre d'écrivains remarquables dans d'autres branches de la littérature (28).

Les peintres représentés sur ce monument sont Bruloff et Schevtchenko, peintre et romancier de la « Russie méridionale ; » les compositeurs, Glinka et Bortnianski.

Le monument ne sera pas fini avant le 26 août prochain. Ce jour est l'anniversaire du couronnement de l'empereur actuel. Il sera inauguré en présence de Sa Majesté et au milieu de toutes sortes de fêtes. Il perpétuera la mémoire de la fondation d'un État, qui n'a pas certainement mille ans d'existence, mais dont les progrès depuis quatre cents ans, à partir de l'établissement du tsarat de Moscou en 1462, ont été, à tort ou à raison, sans précédents dans l'histoire moderne ou ancienne. Si la Russie-Moscovie n'a dû ce triomphe qu'au vice

(28) Chez les Moscovites, comme chez tous les peuples touraniens, prédominent les facultés intellectuelles sur les facultés sentimentales. Mais ces facultés ne sont pas développées et ne sont pas propres à de grands développements, ce qui est un vrai bonheur. Les Moscovites étant au nombre d'environ 40,000,000, étant tous commerçants et industrieux, ayant produit environ 200 sectes religieuses et n'ayant à montrer aucun ouvrage ni scientifique ni philosophique, démontrent bien la justesse de cette observation. Le manque de l'esprit créateur chez les Moscovites, dans les sciences et dans la philosophie, démontre l'erreur de ceux qui se représentent les sectaires moscovites comme hommes vraiment supérieurs.

seul, c'est que ce règne de Beelzébuth, qui y a triomphé si longtemps, doit toucher bientôt à sa fin.

Quoi qu'il en soit, à l'appui de l'injuste détention de la Pologne et de la Lithuanie, la Russie ne peut invoquer que la perfidie avec laquelle l'intégrité de la Pologne et de la Lithuanie a été violée, et cela en temps de paix. (La Lithuanie a été alors pour la Pologne ce qu'est l'Écosse pour l'Angleterre.)

Il paraît, d'après le monument de Novgorod, que la Pologne, réduite au royaume actuel de ce nom, n'est pas regardée comme faisant partie de l'empire russe ; et il est plus que probable que, à un moment favorable, la Russie voudra bien lui accorder une certaine indépendance. Mais elle retiendra la Volhynie, la Podolie, et Kiew, et toute la Lithuanie, aussi fortement que la Moscovie. Il est clair cependant qu'elle n'a pas plus de droit sur Vilna que sur Varsovie, à moins qu'elle ne fonde ses réclamations sur le traité de Vienne. Dans ce cas-là, ce serait une véritable plaisanterie de sa part, que de mettre Gedymin sur le monument de Novgorod, comme si elle voulait faire croire au monde entier, que ce grand-duc de la Lithuanie, allié intime de la Pologne et ennemi de la Russie d'alors ou Moscovie, a été, d'une façon ou d'une autre, Moscovite.

------

(25) Bohdan Chmielnitzki était un gentilhomme polonais de la religion grecque. C'est à son nom qu'est attachée la guerre des Kosaks Petits-Russes contre la Pologne et leur soumission aux tsars des

Moscovites. Ces faits ont été cause de beaucoup d'erreurs. Ainsi : 1° on a confondu les Kosaks Petits-Russes avec les paysans de l'Oukraine, de Podolie, de Volhynie, de la Galicie, des gouvernements de Minsk, de Grodno, de Vilna, de Vitèbsk et de Mohilew, appelés Routhènes ; 2° on dit que les guerres des Kosaks contre la Pologne n'étaient que la continuation des guerres des princes russes Rurikovitches contre ce pays; 3° que les Kosaks représentaient les besoins des Routhènes de la Lithuanie et de ceux du sud de la Pologne; 4° que la soumission des Kosaks de Chmielnitzki aux tsars des Moscovites démontre l'unité des Routhènes avec ces derniers sous le point de vue de religion et en général sous le point de vue de civilisation. Ce sont autant d'erreurs grossières, car : 1° les Kosaks primitifs et les paysans routhènes se distinguaient et par les origines et par les caractères de civilisation. Les Kosaks primitifs n'étaient qu'une fraction des Kosaks Kirgises (appelés Kaïssak par les géographes français). Les Kosaks Kirgises existant jusqu'aujourd'hui dans les gouvernements d'Astrakan et dans l'Asie centrale, s'étendaient au moyen âge sur tout le littoral de la mer d'Azof et de la mer Noire jusqu'à l'embouchure du Dniester, c'est-à-dire dans les contrées propres à la vie des peuples nomades. C'était une sorte de Tcherkesses. Ce nom de Tcherkesses lui-même n'est qu'une manière de prononciation du nom de Kirguises. Ils étaient Touraniens, mais plus nomades que les Touraniens de la Moscovie des environs de Moscou. Les Kirguises ou Tcherkesses du Don et de l'Oural furent soumis par les Moscovites du Nord aux xv° et xvi° siècles et furent forcés d'abjurer la religion musulmane pour l'orthodoxie moscovite et acceptèrent la langue moscovito-slave, ce qui est plus facile pour les peuples nomades que pour les peuples agriculteurs. Leurs frères, les Kosaks Kirguises du bas Dniéper, se soumirent *volontairement* à la Pologne et acceptèrent la langue routhène. Il n'y avait pas de guerre entre ces Kosaks et les princes de la Routhénie au xv° et au xvi° siècle, comme il y en avait alors de terribles entre les Kosaks du Don et les Moscovites ; 2°-3° les Kosaks, tout en se soumettant à la Pologne ne changèrent pas leur vie nomade et ils étaient peu nombreux. Ils se divisaient, non pas d'après les villages, comme les paysans routhènes, mais d'après les kourens, mot qui signifie proprement les cabanes mobiles en broussailles de ceux qui sont nomades (comme jusqu'à présent les pâtres en Oukraine). L'influence de l'élément touranien en Oukraine fut cause

que la civilisation latino-germaine trouva ici plus de difficultés que
dans la Routhénie lithuanienne et dans les contrées de l'ancien
grand-duché de Galitch. Dans la lutte de la civilisation latino-ger-
mano-slave contre l'élément touranien, les Kosaks prirent le parti
des paysans de l'Oukraine, qui souffraient l'oppression des seigneurs ; ces seigneurs n'étaient pas originaires de la Vistule, mais
descendants des anciens boïars de l'époque des Rurikotviches, et
dont la grande partie professait la religion des paysans. La lutte se
serait terminée tranquillement sans l'intervention du cabinet de
Moscou. C'est par suite de l'intervention du cabinet moscovite, se
servant de prétextes religieux, que la lutte morale se changea en
guerre, laquelle amena Chmielnitzki à se soumettre aux tzars de
Moscou. Mais, dans cette guerre même, les Kosaks proprement dits,
organisés par les rois de Pologne, tout en se servant de l'aide des
paysans de l'Oukraine et en partie de ceux de la Podolie et de la
Volhynie, se regardaient toujours comme supérieurs à ces derniers
et ne leur donnaient les priviléges de Kosaks que très-diffi-
cilement. S'il y a des chansons populaires rappelant l'oppression
des seigneurs, il y en a peut-être encore plus qui rappellent
l'oppression que souffrirent ces mêmes paysans de la part des
Kosaks. Il est donc ridicule de dire que les Kosaks représentaient
les besoins des paysans routhènes de la Lithuanie et de la Galicie,
car ils se présentaient en aristocrates, même à l'égard des paysans
de l'Oukraine, qui les secouraient efficacement. Les persécutions
de la religion grecque par les catholiques romains (plutôt par les
grecs-unis que par les latins proprement dits), n'étaient que par-
tielles, locales ; elles n'étaient pas du tout la conséquence d'un
système préconçu. Ceux qui disent le contraire se trompent. La
preuve en est que les éparchies grecques de la Galicie et de la
Lithuanie ne répondaient nullement à l'appel des Kosaks ; au contraire, les Routhènes grecs de ces contrées regardaient les Kosaks
comme des brigands. Les nombreuses chansons populaires l'attes-
tent ; 4° le défenseur des Routhènes grecs, l'archevêque de Mohilew, Koniski (Voir plus haut, note 20), dit positivement, que les
Kosaks ne regardaient pas du tout les Moscovites comme leur étant
unis en religion (parce que ces derniers étaient sectaires), et il démontre que la jeunesse kosake qui entrait dans le conseil préférait
se soumettre plutôt aux sultans qu'aux tsars de Moscou. Il dit,
enfin, que Chmielnitzki n'est parvenu à soumettre les Kosaks aux

tzars que par des intrigues. En effet, une partie des Kosaks, sous Doroschenko, se soumirent à la Turquie, et une autre fraction resta constamment fidèle à la Pologne, et les Kosaks rendirent un grand service à Sobieski, sous les murs de Vienne, à la fin du xviie siècle. Les Kosaks qui se soumirent aux tsars ne cessèrent de penser à retourner à la Pologne, depuis la mort de Chmielnitzki jusqu'à Mazeppa, et depuis les guerres de Mazeppa jusqu'au dernier partage de la Pologne. Même de nos jours, il faut distinguer les Kosaks Petits-Russes des paysans de la Petite-Russie, car jusqu'aujourd'hui, les Kosaks diffèrent des paysans, quoiqu'ils parlent la même langue, professent la même religion et habitent le même pays. Au xviie et au xviiie siècles, ils différaient encore plus. Au xviie siècle, les Kosaks ne se rallièrent aux Moscovites que dans le but de pouvoir invoquer leur protection contre les paysans Routhènes. Et ils ne se sont pas trompés : les officiers kosaks devinrent nobles moscovites ; les simples Kosaks ne furent pas asservis, tandis que que les paysans routhènes, slaves, devinrent asservis aux Kosaks et aux seigneurs moskovites. Ce sont donc les Touraniens (Kosaks) qui furent cause de la séparation de la Petite-Russie de la Pologne, au xviie siècle, et nullement les Slaves de la Petite-Russie.

TABLES STATISTIQUES

DE LA PARTIE EUROPÉENNE

DE L'EMPIRE RUSSE

POUR L'ANNÉE 1856

PREMIER CHAPITRE	DEUXIÈME CHAPITRE
DIVISION DE LA RUSSIE D'EUROPE sans LA FINLANDE ET LE ROYAUME DE POLOGNE Sous les points de vue ethnographique et historico-politique (1).	**OROGRAPHIE, HYDROGRAPHIE** et GÉOLOGIE AGRICOLE (5)
a) Gouvernements de la Grande-Russie ou Moscovie proprement dite, y compris à l'ouest les gouvernements d'Olonetz, d'Archangel, de Nowgorod, de Pskow, de Smolensk, de Kalouga, d'Orel, de Koursk et le pays des Kosaks du Don, et à l'est les gouvernements de la région de l'Oural....................	Voir chapitre viii.
b) Gouvernements de la mer Baltique : Saint-Pétersbourg, Esthonie, Livonie et Courlande..................	»
c) Gouvernements occidentaux ou provinces polonaises de l'Empire russe : Mohylew, Witebsk, Wilno, Kowno, Grodno, Minsk, Podolie, Volhynie (2)..	»
d) Gouvernements de la Petite-Russie : Kiew, Tschernigow, Pultawa, Charkow	»
e) Gouvernements de la Nouvelle-Russie : Ekaterynoslaw, Tauride, Cherson, Bessarabie......................	»
Dans la Russie d'Europe....................	»
f) Lieutenance du Caucase....................	»
Pays soumis....................	»
g) Les gouvernements et oblasties de la Sibérie....................	»
Pays soumis....................	»
Dans tout l'Empire russe....................	»
Avec les pays soumis....................	»
h) Possessions russo-américaines....................	
Subdivision de la Grande-Russie d'après les principes historico-politiques.	
1° Les contrées qui étaient soumises aux princes Rurikowitches avant l'invasion des Mongols et où la langue slave et la religion chrétienne ne commencèrent à prédominer chez les indigènes que dès l'an 1050 à l'an 1283 (3).........	
2° Les contrées qui formaient les Khanats de Kazan, d'Astrakhan et de Crimée, qui ne furent soumises aux princes Rurikowitches que dès la seconde moitié du XVI° siècle, et où la religion chrétienne et la langue slave ne commencèrent à prédominer chez les indigènes que depuis cette époque et dans le courant du XVII° siècle (4)......................	»

Pour les notes 1-2-3-4-5-6-7, voir les pages 91 et suiv.

TROISIÈME CHAPITRE

LA TERRE SOUS LE POINT DE VUE DE L'ÉTENDUE, DE L'ÉTAT DE L'AGRICULTURE ET DES LIEUX HABITÉS

SUPERFICIE en MILLES CARRÉS géographiques (1)	Division du sol sous le point de vue de l'agriculture sur 4,000 milles carrés il y a (7)			LIEUX HABITÉS			
	Sol en culture	Prairies	Forêts	Villes Bourgs Bourgades	Villages Hameaux Métairies, etc.	Sur 100 Villes il y a	Sur 100 Villages il y a
69,676.60 (6) (d'après nous 68,800)	432.887	98.137	423.054	356	178,704	17,47	58.50
9,480.90	124.043	95.822	454.158	54	10,714	3,65	3.51
7,054.28	980.425	117.644	840.945	1,038	77,400	51.00	25.97
3,841.72	404.083	187.081	160.902	309	11,212	15.47	3.67
4,385.49	213.300	282.949	»	177	6,050	8.69	2.28
87,248.80	177.500	113.486	»	1,955	385.004	95.97	93.93
6,080.45	»	»	»	34	8,914	4.07	2.88
355.90	»	»	»	»	»	»	»
213,151.06	»	»	»	48	11,564	2.26	3.79
19,988.03	»	»	»	»	»	»	»
306,450.91	»	»	»	2,037	305,430	100.00	100.00
326,774.17	»	»	»	»	»	»	»
17,500.00	»	»	»	»	»	»	»
38,709.14	105.703	65.621	513.043	195	121,079	9.51	39.83
30,297.34	171,098	143,756	385,428	101	57,629	7.90	18.67

(1) De 15 au degré.

PREMIER CHAPITRE

DIVISION DE LA RUSSIE D'EUROPE
sans
LA FINLANDE ET LE ROYAUME DE POLOGNE
sous les points de vue ethnographique et historico-politique

QUATRIÈME CHAPITRE
POPULATION ET DIVISION ADMINISTRATIVE

DISTRIBUTION DE LA [POPULATION]

DIVISION DE LA RUSSIE D'EUROPE	DANS LES VILLES (ÂMES)			DANS LES CAMPAGNES (ÂMES)		
	Hommes	Femmes	Total	Hommes	Femmes	Total
a) Gouvernements de la Grande-Russie ou Moscovie proprement dite, y compris à l'ouest les gouvernements d'Olonetz, d'Archangel, de Nowgorod, de Pskow, de Smolensk, de Kalouga, d'Orol, de Koursk, et le pays des Kosaks du Don, et à l'est les gouvernements de la région de l'Oural	1,345,911	1,181,125	2,527,036	16,268,673	17,311,567	33,580,240
b) Gouvernements de la mer Baltique : Saint-Pétersbourg, Esthonie, Livonie et Courlande	473,065	287,805	760,870	964,438	1,049,579	2,014,017
c) Gouvernements occidentaux ou provinces polonaises de l'Empire russe : Mohylew, Witebsk, Wilno, Kowno, Grodno, Minsk, Podolie, Volhynie	» (8)	» (8)	» (8)	» (8)	» (8)	» (8)
d) Gouvernements de la Petite-Russie : Kiew, Tschernigow, Pultawa, Charkow	» (8)	» (8)	» (8)	» (8)	» (8)	» (8)
e) Gouvernements de la Nouvelle-Russie : Ekaterynoslaw, Tauride, Cherson, Bessarabie	335,828	291,639	627,467	1,617,282	1,528,483	3,145,765
Dans la Russie de l'Europe	2,789,069	2,413,517	5,203,180	25,542,300	26,856,868	52,308,088
f) Lieutenance du Caucase	154,744	133,301	288,102	1,364,479	1,254,440	2,648,805
Pays soumis	»	»	»	»	»	»
g) Les gouvernements et oblasties de la Sibérie	109,096	83,914	192,710	1,028,618	1,334,487	3,160,105
Pays soumis	»	»	»	»	»	»
Dans tout l'Empire russe	3,054,109	2,629,862	5,683,908	28,535,307	29,642,501	58,177,958
Avec les pays soumis	»	»	»	»	»	»
h) Possessions russo-américaines	»	»	»	»	»	»

Subdivision de la Grande-Russie d'après les principes historico-politiques.

	DANS LES VILLES (ÂMES)			DANS LES CAMPAGNES (ÂMES)		
	Hommes	Femmes	Total	Hommes	Femmes	Total
1° Les contrées qui étaient soumises aux princes Rurikowitches avant l'invasion des Mongols, et où la langue slave et la religion chrétienne ne commencèrent à prédominer chez les indigènes que dès l'an 1050 à l'an 1223	743,046	634,245	1,377,291	6,910,114	7,406,675	14,316,789
2° Les contrées qui formaient les Khanats de Kazan, d'Astrakhan et de Crimée, qui ne furent soumises aux princes Rurikowitches que dès la seconde moitié du XVIe siècle, et où la religion chrétienne et la langue slave ne commencèrent à prédominer chez les indigènes que depuis cette époque et dans le courant du XVIIe siècle	602,885	546,860	1,149,745	9,358,559	9,904,892	19,263,456

Pour la note 8, voir la page 93.

POPULATION ET DIVISION ADMINISTRATIVE (suite — page 85)

DIVISION	TOTAL (ÂMES) Hommes	Femmes	Total	Nombre des gouvernements	Nombre des districts et arrondissements	Par mille carré géograp.	Par gouvernement	Par district	Par ville	Pour 1 village	Rapport de la population des campagnes à celle des villes	F. p. 100 H. villes	F. p. 100 H. campagnes	F. p. 100 H. en tout
a)	17,614,584	18,492,592	36,107,276	29	363	593	1,245,079	112,166	7,098	168	13.20	87.76	106.44	104.99
b)	1,437,503	1,337,384	2,774,887	4	27	1,118	663.722	102,774	14,000	168	2.65	60.84	108.82	93.04
c)	4,167,801	4,316,857	8,484,658	8	70	1,108	1,060,582	107,404	» (8)	» (8)	» (8)	» (8)	» (8)	» (8)
d)	3,138,071	3,303,160	6,402,131	4	53	1,774	1,615,533	121,927	» (8)	» (8)	» (8)	» (8)	» (8)	» (8)
e)	1,953,110	1,820,122	3,773,232	4	30	801	943,308	125,774	3,545	453	5.01	80.84	94.51	93.20
Dans la Russie de l'Europe	28,331,069	29,270,215	57,002,184	49	492	600.43	1,175,555	117,078	2,001	484	10.07	86.52	105.55	103.31
f) Lieutenance du Caucase	1,519,220	1,387,777	2,906,997	7	90	478	415,285	103,824	8,474	207	9.09	86.48	91.93	91.85
Pays soumis			201,000											
g) Les gouvernements et oblasties de la Sibérie	1,738,319	1,614,501	3,359,915	9	48	15.73	772,358	73,984	4,015	272	16.40	75.68	94.04	92.88
Pays soumis			750,000											
Dans tout l'Empire russe	31,369,503	33,272,493	63,861,900	65	590	308.29	982,493	113,633	2,790	496	10.95	85.41	103.85	102.16
Avec les pays soumis	6,037	4,086	10,723											
1°	7,053,100	8,040,920	15,094,080		165	405.80		95,116	7,063	118	10.30	85.35	107.19	105.06
2°	9,951,024	10,151,779	20,113,435		138	673.54		147,021	7,141	338	10.70	90.71	105.84	104.02

PREMIER CHAPITRE

DIVISION DE LA RUSSIE D'EUROPE
sans
LA FINLANDE ET LE ROYAUME DE POLOGNE
Sous les points de vue ethnographique et historico-politique

CINQUIÈME CHAPITRE
DES HABITANTS SOUS LE POINT DE VUE DES ORIGINES

DIVISION DÉTAILLÉE	TOURANIENS (Finnois ou Tchoudes et Turcs ou Tatares)	SLAVES	LITHUANIENS	SUÉDOIS	MOLDO-VALAQUES	ALLEMANDS	JUIFS	GRECS	ARMÉNIENS
a) Gouvernements de la Grande-Russie ou Moscovie proprement dite, y compris à l'ouest les gouvernements d'Olonetz, d'Archangel, de Nowgorod, de Pskow, de Smolensk, de Kalouga, d'Orel, de Koursk et le pays des Kosaks du Don, et à l'est les gouvernements de la région de l'Oural	33,956,780 (9)	2,046,184	8,090	.	"	133,736	3,714	»	15,803
b) Gouvernements de la mer Baltique: Saint-Pétersbourg, Esthonie, Livonie et Courlande	1,500,302 (10)	39,000	911,196	16,273	.	190,508	30,040	:	470
c) Gouvernements occidentaux ou provinces polonaises de l'Empire russe: Mohylew, Witebsk, Wilna, Kowno, Grodno, Minsk, Podolie	140,342 (11)	6,041,126	1,205,429 (14)	»	30,000	16,072	974,113	»	376
d) Gouvernements de la Petite-Russie: Kiew, Tschernigow, Pultawa, Charkow	675,407 (12)	5,667,213	«	»	.	3,961	108,550	2,000	»
e) Gouvernements de la Nouvelle-Russie : Ekaterynoslaw, Tauride, Cherson, Bessarabie	912,807 (13)	2,054,019	»	220	573,754 (15)	89,154	115,441	2,000	25,928
Dans la Russie de l'Europe	37,225,028	15,838,539	2,125,685	16,501	603,754	439,403	1,296,858	4,000	45,546

(9) (10) (11) (12) (13) L'ethnographie de l'empire russe est fort difficile à établir. La non-slavicité des Moscovites se prouve par la comparaison de la masse des Moscovites, des Kosaks du Don et de leurs frères du Nord, avec leurs plus proches voisins, les Slaves des environs de Novgorod et du bassin du Dniéper; mais leur non-slavicité se prouve encore mieux dans les contrées où les colons moscovites habitent parmi les Slaves et où, en revanche, les colons slaves habitent au milieu des Moscovites. Le malheur est que, jusqu'à présent, les ethnographes et statisticiens moscovites ne présentent pas les chiffres des colons moscovites parmi les Slaves leurs voisins. Ils ont confondu les Moscovites avec les Russines ou Ruthènes, en leur donnant à tous le nom de Russes. C'est encore ce nom qui a trompé les ethnographes et les statisticiens de l'Europe. Leurs distinctions, particulièrement la distinction des Moscovites d'avec les Petits-Russes et les Russines slaves est d'une date toute récente. Malheureusement, c'est encore la politique, et non la science, qui a pris l'initiative de ces distinctions. Voici quelques données ethnographiques des plus récentes. La Société impériale géographique de Saint-Pétersbourg, voulant démontrer la puissance de l'élément moscovite dans différentes provinces de l'empire russe, y a fait faire le dénombrement séparé des Moscovites. D'après la *Description ethnographique de l'empire russe*, publiée par un membre de cette Société avec la collaboration de plusieurs membres de l'Académie impériale des sciences de Saint-Pétersbourg, il y a dans les gouvernements occidentaux, dont on présente les habitants comme fortement unis sous le point de vue historico-politique, en tout cent cinquante-neuf mille Moscovites proprement dits. Voici comment ils sont divisés : dans le gouvernement de Vilna, 15,000 ; de Kowno, 21,000 ; de Grodno, 26,000 ; de Minsk, 50,000 ; de Mohilew, 5,000 ; de Witebsk, 25,000 ; de Volhynie, 9,000 ; de Podolie, 8,000 ; dans le groupe petit-russe, 281,000 (dans le gouvernement de Kiew, 2,000). Voici les chiffres des Moscovites dans les Provinces de la Nouvelle-Russie : 160,000 ; dans les provinces baltiques : en Courlande, 9,000 ; en Esthonie, 12,000 ; en Livonie, 15,000. Les gouvernements de Novgorod et de Pskow sont considérés comme habités par les Moscovites ; mais au point de vue de la langue, comme on le voit dans la carte ethnographique de Schafarik et dans les traditions historiques, les Novgorodiens et les Pskowiens indigènes diffèrent des Moscovites. Ils diffèrent aussi dans les caractères essentiels de leur civilisation respective : car celle des Moscovites est basée sur la prédominance des penchants à la vie nomade, tandis que celle des Novgorodiens et des Pskowiens est basée sur l'attachement au sol natal. Mais il y a beaucoup de Moscovites, proprement dits dans les deux gouvernements nommés. Dans le gouvernement de Smolensk, la description ethnographique de l'empire russe montre seulement 300,000 Russes slaves et 801,000 Grands-Russes. Nous avons nos raisons de croire que c'est le contraire qui est vrai, ce qui résulte de l'histoire de la principauté de Smolensk de son ethnographie, de son hydrographie et de l'état actuel des choses comme les présente dans son ouvrage le professeur Blasius de Brunswick, et enfin comme cela résulte des études comparées de MM. Soloview et Hilferding. En revanche, dans le gouvernement de la Grande-Russie proprement dite l'ouvrage en question indique : dans le pays des Kosaks du Don, 80,000 Petits-Russes (les seuls serfs dans ce pays) ; dans le gouvernement de Koursk 300,000 Petits-Russes, dans le gouvernement d'Orel 150,000 Petits-Russes et 60,000 Russes-Blancs.

Pour les Polonais en Moscovie, il n'y en a un grand nombre qu'à Saint-Pétersbourg. D'après l'ouvrage que nous consultons il y en a 18,000 ; dans d'autres gouvernements de la Moscovie leur nombre est très-restreint. Nous devons encore faire observer que cet ouvrage ne donne que le chiffre de 75,000 Polonais dans le gouvernement de Kiew. D'après les cartes ethnographiques de l'empire russe publiées par M. de Koeppen, il y a dans ce gouvernement 100,000 Polonais. M. de Koeppen ne montre pas de Moscovites dans le gouvernement de Kiew, tandis que l'ouvrage que nous mentionnons y en place 2000. Il n'y en a d'établis que dans la ville de Kiew.

(14) Les Lithuaniens proprement dits et les Samogitiens ne diffèrent presque pas par le langage ; mais les Lettes ou Lotyches diffèrent des premiers. Ces derniers habitent les quatre districts du nord du gouvernement de Vitebsk, la Courlande et la Livonie. Il y a dans le gouvernement de Vitebsk environ 150,000 Lettes ou Lotyches. Les Lithuaniens proprement dits, les Samogitiens et les Lotyches de la Lithuanie sont catholiques zélés.

(15) Nous disons qu'il y a plus de Moldaves en Bessarabie que de Ruthènes ou Russines.

PREMIER CHAPITRE

DIVISION DE LA RUSSIE D'EUROPE

sans

LA FINLANDE ET LE ROYAUME DE POLOGNE

Sous les points de vue ethnographique et historico-politique

	PRÉDOMINANCE des penchants à la vie		Tolérance du droit latino-germain (16)
	sédentaire, agricole (16)	nomade et commerciale (16)	
a) Gouvernements de la Grande-Russie ou Moscovie proprement dite, y compris à l'ouest les gouvernements d'Olonetz, d'Archangel, de Nowgorod, de Pskow, de Smolensk, de Kalouga, d'Orel, de Koursk et du pays des Kosaks du Don, et à l'est les gouvernements de la région de l'Oural	9,200,788	33,900,494	9,208,788
b) Gouvernements de la mer Baltique : Saint-Pétersbourg, Esthonie, Livonie et Courlande	1,154,455	1,620,432	1,154,455
c) Gouvernements occidentaux ou provinces polonaises de l'Empire russe : Mohylew, Witebsk, Wilno, Kowno, Grodno, Minsk, Podolie, Volhynie	7,404,003	990,006	7,404,003
d) Gouvernements de la Petite-Russie : Kiew, Tschernigow, Pultawa, Charkow	5,673,174	788,957	5,673,174
e) Gouvernements de la Nouvelle-Russie : Ekaterynoslaw, Tauride, Cherson, Bessarabie	2,744,081	1,098,248	2,744,081
Dans la Russie de l'Europe	19,273,895	38,298,786	19,273,395

SIXIÈME CHAPITRE

DIVISION DE LA POPULATION D'APRÈS LES CARACTÈRES DE CIVILISATION

	RELIGION CHRÉTIENNE					RELIGIONS NON CHRÉTIENNES		
	Gréco-orthodoxe (17)	Protestante	Romaine-catholique (17)	Arménienne-catholique	Arménienne-grégorienne	Juive (18)	Mahométane 18	Païenne
a)	35,338,282	144,179	54,563	47	11,507	3,714 (18)	640,328	156,300
b)	1,087,348	4,581,790	80,757	234	195	23,800	2,072	»
c)	4,400,050	59,158	3,000,000	376	»	902,662	7,042	»
d)	6,138,376	4,891	88,370	»	»	240,702	20	»
e)	3,161,717	96,000	27,576	1,360	24,650	446,058	346,411	»
Dans la Russie de l'Europe	50,128,743	4,886,018	3,254,835	1,970	36,264	1,347,116	996,482	156,300

(16) Nous comptons parmi les peuples ayant des penchants sédentaires agricoles : les Slavo-Lithuaniens, les Allemands et autres peuples indo-européens. Nous mettions au nombre des peuples ayant des penchants opposés : les Moscovites et autres Touraniens, les Juifs, les Arméniens, les Bohémiens, quoique ces derniers, comme les Moscovites, parlent la langue aryâ. La civilisation germaine et latine a influé même sur les paysans lithuano-slaves; les derniers y sont restés étrangers.

(17) Au point de vue psychologique et moral, les paysans ruthéniens qui professaient le catholicisme du rit oriental, et qui furent malgré eux inscrits au nombre des orthodoxes sous la domination de l'empereur Nicolas, ne cessent pas d'être catholiques, car : 1° Ces paysans n'ont pas désiré être séparés, au point de vue religieux, des classes plus civilisées pour être rapprochés des Moscovites. 2° Ils pratiquent en secret le catholicisme autant qu'ils le peuvent. 3° Les Moscovites eux-mêmes, en commençant par leurs hommes d'État, ne croient pas du tout à l'union religieuse de ces paysans ruthéniens avec leur Église officielle. Ils se contentent de ce que l'Europe croit ces paysans séparés des classes nobles, et unis aux Moscovites au point de vue religieux, tout en laissant à ces mêmes paysans la latitude d'accomplir leurs exercices religieux d'après les usages qu'ils pratiquaient avant d'être mis au nombre des orthodoxes; ils prient Dieu à genoux, lisent des livres de prières dans les églises et accomplissent des pratiques qui sont en horreur aux Moscovites. Mais les chiffres démontrent que le catholicisme romain, c'est-à-dire la civilisation latine, diminue dans des proportions extraordinaires dans les provinces polonaises. Ainsi, en 1834, il y avait dans l'empire russe 3,000,000 de catholiques latins; en 1856, il n'y en avait déjà plus qu'environ 2,800,000.

(18) Les statisticiens ne font mention que de deux sortes de Juifs dans l'empire russe : 1° des Juifs polonais ou talmudistes descendants des deux tribus juives dispersées dans le monde après J. C. 2° Des Juifs karaïtes qui ne connaissent pas le Talmud, parlent la langue tatare, et descendent des dix tribus exilées en Asie par Salmanazar vers le VIIIe siècle avant notre ère. Mais il y a en Moscovie une troisième catégorie de Juifs. Ce sont les Moscovites Juifs ou judaisants. Ils sont très-nombreux comme on le voit dans les lois dont ils sont l'objet. Ce sont les descendants des dix tribus juives exilées par Salmanazar et mêlés aux Touráno-Moscovites. Il y a environ 15,000,000 des Moscovites de nos jours qui descendent de ces Tourano-Sémites. Environ 20,000,000 de Moscovites de nos jours descendent des Moscovites qui professaient l'islamisme au XIIIe-XVIIe siècle.

SEPTIÈME CHAPITRE
DIVISION DE LA POPULATION D'APRÈS LES CARACTÈRES DE CIVILISATION

PREMIER CHAPITRE

DIVISION DE LA RUSSIE D'EUROPE
sans
LA FINLANDE ET LE ROYAUME DE POLOGNE
Sous les points de vue ethnographique et historico-politique

	RAPPORT D'APRÈS LA LIBERTÉ				INSTRUCTION			
	SUR 1,000 AMES IL Y A						IL Y A	
	des nobles avant l'inscription d'une de ses parties à la catégorie des odnodvorci (19)	après l'inscription		propriétaires de serfs attachés au sol	Nombre des écoles	Nombre des élèves	une école pour	un élève pour
		nobles (19)	Odnodvorci (19)					
a) Gouvernements de la Grande-Russie ou Moscovie proprement dite, y compris à l'ouest les gouvernements d'Olonetz, d'Archangel, de Nowgorod, de Pskow, de Smolensk, de Kalouga, d'Orel, de Koursk et le pays des Kosaks du Don, et à l'est les gouvernements de la région de l'Oural.....	»	3.30	10.02	2.30	3,464	244,680	10,424	147.57
b) Gouvernements de la mer Baltique : Saint-Pétersbourg, Esthonie, Livonie et Courlande	»	18.20	»	»	2,008	87,407	1,382	91.75
c) Gouvernements occidentaux ou provinces polonaises de l'Empire russe : Mohylew, Witebsk, Wilno, Kowno, Grodno, Minsk, Podolie, Volhynie................	120	65	55	2.04	1,049	30,597	8,089	277.30
d) Gouvernements de la Petite-Russie : Kiew, Tschernigow, Pultawa, Charkow.........	»	5.36	4.65	1.62	603	34,016	10,717	202.47
e) Gouvernements de la Nouvelle-Russie : Ekaterynoslaw, Tauride, Cherson, Bessarabie	»	5.38	13.63	3.07	717	38,280	5,263	98.55
Dans la Russie de l'Europe..............	»	»	»	»	7,841 (20)	432,880	7,340 (20)	133.06(20)
f) Lieutenance du Caucase.................	»	»	»	»	74	5,505	39,284	528.06
Pays soumis................	»	»	»	»	»	»	»	»
g) Les gouvernements et oblasties de la Sibérie	»	»	»	»	312	11,608	10,754	289.04
Pays soumis................	»	»	»	»	»	»	»	»
Dans tout l'Empire russe	»	»	»	»	8,227	450,002	7,763	144.91
Avec les pays soumis...........	»	»	»	»	»	»	»	»
h) Possessions russo-américaines............	»	»	»	»	»	»	»	»
Subdivision de la Grande-Russie d'après les principes historico-politiques.								
1° Les contrées qui étaient soumises aux princes Rurikowitches avant l'invasion des Mongols, et où la langue slave et la religion chrétienne ne commencèrent à prédominer chez les indigènes que dès l'an 1058 à l'an 1223	»	»	»	3.10	1,447	97,431	10,846	101.08
2° Les contrées qui formaient les Khanats de Kazan, d'Astrakhan et de Crimée, qui ne furent soumises aux princes Rurikowitches que dès la seconde moitié du XVI° siècle, et où la religion chrétienne et la langue slave ne commencèrent à prédominer chez les indigènes que depuis cette époque et dans le courant du XVII° siècle...........	»	»	»	1.49	2,017	147,249	10,121	138.03

Pour les notes 19-20, voir la page 99.

NOTES

(1) Voir la justification de cette division plus haut, pages 41, 42.

(2) Ce n'est que pour prouver l'accord des plus célèbres statisticiens moscovites eux-mêmes, sur le point de l'unité des paysans et des nobles, des catholiques et des orthodoxes, des Lithuaniens proprement dits ne parlant pas slave, et des Ruthènes dans les huit gouvernements occidentaux de l'empire russe que nous venons de nommer; de leur unité au point de vue des TRADITIONS HISTORICO-POLITIQUES, que nous avons exclu le gouvernement de Kiew de ces gouvernements occidentaux, appelés aussi provinces polonaises de l'empire russe. La preuve que le gouvernement de Kiew en fait partie intégrante se trouve dans son histoire jusqu'à l'époque du partage et dans le fait même qu'il y a jusqu'à cent mille Polonais dans cette province, tandis qu'on n'y compte que deux mille Moscovites. D'après M. Pauly, il n'y a dans ce gouvernement que soixante-quinze mille Polonais, mais cet ethnographe et statisticien moscovite ne voit dans le gouvernement de Kiew que deux mille Moscovites (voir plus haut, page 12).

(3) (4) Il est difficile de préciser le nombre des deux groupes de Moscovites dont il s'agit. Les chiffres que nous présentons ici sont le résultat de l'application des frontières entre ces groupes, comme le présente la carte n° 29 de M. Viquesnel ci-jointe. Mais en admettant les frontières *réelles* des possessions des princes russes en Moscovie vers le xiii° siècle, c'est-à-dire la rivière Oka comme le veut Karamsin (dans son *Histoire de l'État russe en 1246*), le nombre des Moscovites de nos jours, dont les ancêtres furent contraints d'embrasser le christianisme et qui parlaient peut-être slave à cette époque, sera bien moindre, et l'on verra augmenter, dans la même proportion, le nombre des Moscovites qui ne furent point forcés d'embrasser le christianisme, et ne commencèrent, par conséquent, à parler slave qu'*après avoir été soumis par la minorité de leurs frères les Souzdaliens*, c'est-à-dire vers la seconde moitié du xvi° siècle.

(5) Nous avons inscrit ces trois catégories dans nos tables statistiques parce qu'elles forment l'objet d'un chapitre particulier de nos études. Leurs principes se trouvent développés dans le jugement de M. *Élias Regnault* sur notre cours public dont il a été question plus haut. Nous présentons les rapports des contrées de l'empire russe sous le point de vue géologique, hydrographique et de configuration du sol, en milles carrés, dans la seconde partie du résumé de notre cours.

(6) Nous admettons le nombre de milles géographiques de la Grande-Russie ou de la partie européenne, tel qu'il se trouve dans les tables statistiques publiées par le ministère de l'intérieur de l'empire russe. Mais nous étendons la partie européenne de cet empire jusqu'au fleuve Tobol, car c'est le gouver-

nement de ce nom qui sert actuellement d'intermédiaire entre la Moscovie
européenne et la sibérienne; tandis que de l'autre côté, il n'y a pas d'autres
frontières naturelles entre ces deux parties. Il y a bien d'autres raisons qui
forcent à reconnaître le fleuve Tobol, et non les monts Ourals, pour limites
européennes de la Moscovie. En ce cas, il faut augmenter le chiffre des milles
carrés géographiques pour la partie européenne de la Moscovie, et la faire
monter jusqu'à la somme d'environ 85,000 milles carrés.

(7) Les chiffres de ces catégories sont le résultat des indications combinées
des différents statisticiens, particulièrement de MM. Arseniew, Tengoborski et
de notre propre appréciation du sujet.

(8) *Les Tables statistiques de l'empire russe*, pour l'année 1856, présentent
les chiffres réels des villes, bourgs et bourgades de cet empire, mais le chiffre
des habitants n'y est pas du tout réel pour ce qui concerne les villes, bourgs et
bourgades dans les provinces polonaises de l'empire russe et dans la Petite-
Russie. La raison en est que les Moscovites comprennent tout autrement la
signification du mot ville que les peuples slaves, germains et latins. Les
Moscovites ne comprennent, sous la dénomination de villes, bourgs, bourgades que les chefs-lieux administratifs, les forteresses ou châteaux-forts.
Ainsi, en Pologne, chaque propriétaire d'une terre avait droit d'y créer une
ville et de la doter de différents privilèges. En Moscovie, le gouvernement seul
jouit de ce droit, car le mot ville en moscovite est synonyme de forteresse, et la
ville y est en effet considérée comme telle. Voilà comment s'expliquent les
différences énormes, radicales, qui séparent les provinces polonaises de l'empire
russe et la Petite-Russie de la Moscovie, dans une multitude de points de
civilisation et de richesses matérielles dépendant de la manière de comprendre
les villes et leurs habitants. Et d'abord, les différences dans les rapports entre
le nombre de villes sont énormes. Dans les provinces polonaises de l'empire
russe, sur environ huit millions et demi d'habitants, il y a mille cinquante-
neuf villes, bourgs et bourgades, tandis qu'en Moscovie, sur environ trente-six
millions d'habitants, il n'y a que trois cent cinquante-six villes (bourgs et bourgades.) De plus, les Moscovites ne reconnaissent pour bourgeois que les
habitants de villes dans le sens qu'ils attachent au nom de ville, c'est-à-dire
des villes centre administratif. Voilà pourquoi les statisticiens moscovites ne
comptent qu'environ six cent quatre-vingt mille habitants de villes dans les
provinces polonaises de l'empire russe. L'erreur est frappante. Car les
Juifs, d'après leur organisation naturelle et d'après la manière de voir du
gouvernement moscovite lui-même, ne sont que bourgeois. Jamais les Juifs
n'ont été inscrits au nombre des paysans, mais toujours au nombre des bourgeois. Les plus riches d'entre eux font partie des marchands des trois guildes ;
ils ont leur administration particulière nommée Kahal. Même les Juifs qui
demeurent dans des villages en qualité de commerçants, cabaretiers, appartiennent de droit et de fait à la bourgeoisie. Or leur nombre s'élève, comme
l'on voit, jusqu'à environ un million; cependant *les Tableaux statistiques*
publiés par le ministère ne donnent que six cent quatre-vingt mille habitants
des villes. Il y a plus encore : outre les Juifs, la population chrétienne des
villes égale à peu près celle des Israélites. Ce serait donc au moins deux
millions d'individus qu'il faut compter comme appartenant à la bourgeoisie
dans les provinces polonaises de l'empire russe. Dans la Petite-Russie et dans

la Nouvelle-Russie, les différences ne sont pas aussi grandes; mais ces pays suivaient aussi les usages de la Pologne en ce qui concerne les villes, comme on le voit par les chiffres mêmes. Il y a dans la Petite-Russie presque autant de villes (trois cent neuf) que dans toute la Moscovie (trois cent cinquante-six), quoique la Petite-Russie n'ait qu'une population d'environ six millions et demi d'individus. On trouve le même rapport dans la Nouvelle-Russie. Ce sont là des faits que les appréciateurs des rapports que les habitants de l'Europe russe, ont entre eux, d'après leurs degrés de parenté sous le point de vue des caractères de civilisation, n'ont pas pris en considération.

(19) L'empereur Nicolas divisa la noblesse polonaise dans les provinces polonaises de l'empire russe en noblesse Moscovite (*dvorianie*, hommes de cour) et en *odnodwortzi*, la signification propre de ce mot est : propriétaire d'une maison ou plutôt d'un lot de terre. C'était autrefois la classe des enfants des boyards; ils sont soumis au fouet et ne peuvent devenir officiers que par exception. Ce sont ces odnodwortzi ou iédnodwortzi qui constituent la petite noblesse polonaise. On peut dire en général que tous ceux qui n'étaient pas assez riches pour acheter la noblesse à St-Pétersbourg furent rangés parmi les non-nobles. Les chiffres démontrent la diminution de la noblesse polonaise dans les provinces polonaises de l'empire russe. Lelewel comptait en 1837, dans les frontières de la Pologne de 1772, environ 3,000,000 de nobles ; nous n'y en comptons que 2,000,000; la cause de cette différence se trouve dans ce que Lelewel mettait au nombre des nobles les bourgeois de Varsovie, de Cracovie, de Lemberg, de Vilna, de Vitebsk, de Mohylew et d'autres villes qui avaient quelques-uns des priviléges des nobles. Laissant de côté le titre de nobles, c'étaient autant d'hommes libres. En Moscovie il n'y a en tout que 150,000 nobles. C'est-à-dire qu'en Pologne il y a 8 ou 12 nobles sur 1,000, tandis qu'en Moscovie il n'y a qu'un noble sur 400 individus. Même dans les gouvernements environnant celui de Moscou, il y a un noble sur 120 à 180 individus.

(20) En 1831, la seule université de Vilna comptait 1,200 étudiants, le collége de Krzemienetz en Volhynie qui était presque une université, comptait autant d'élèves, tandis qu'à la même époque les élèves de toutes les universités de la Moscovie pris ensemble n'atteignaient pas le chiffre des étudiants de l'université de Vilna. Les écoles inférieures étaient dans les mêmes proportions dans les provinces polonaises de l'empire russe et en Moscovie. Or les chiffres des élèves qu'on trouve dans les tables statistiques publiées par le ministère de l'intérieur pour l'année 1856 que nous consultons, démontrent la grande décadence de l'instruction dans les provinces polonaises, car, comme on le voit, il y a moins d'élèves dans ces provinces qu'en Moscovie. Depuis l'avénement au trône de l'empereur Alexandre II, l'état de choses n'a pas changé sous ce point de vue.

CHAPITRE VII

SOMMAIRE

L'importance des cartes de M. Viquesnel, ci-jointes, sous le point de vue ethnographique, statistique et historique. — Comment nous les complétons :

1° Frontières des Vénèdes ou Lehs du coté des Allemands et des peuples Tourano-Moscovites. — 2° Existence de faibles colonies slaves au delà de l'Oder en Allemagne, comme sur le Dniéper.— Formation de l'élément germain.— La Germanie était habitée par différents peuples indo-européens. — Différences entre les peuples indo-européens et les peuples indo-germains. — 3° Les Kosaks du Don de même que les autres Moscovites descendent des Tschoudes ou Scythes nomades et royaux, *qui étaient les seuls vrais Scythes* Leur unité dans la prédominance des penchants à la vie nomade. — 4° Les Budini et les Neuri en Pologne. — 5° Les faibles colonies Linhites ou Lekites et Lettes s'étendaient jusque dans l'Armorique. — 6° L'identité des Scythes nomades et royaux avec les Moscovites ne se légitime pas seulement par la prédominance des penchants à la vie nomade, mais par le nom même des Merdians *Mordwa*, l'un des noms sous lesquels sont désignés les Scythes.— 7° Le nom de Slaves ne vient ni de *Słowo* (parole) ni de *Slawa* (gloire).La racine du mot *Slawianie* (*anie* n'étant que la désinence répondant à la question : *d'où*) est le mot finnois *sul* (schalou) ; le nom de Niemtzi ne vient pas du mot *niémy* (muet). mais de la peuplade des *Némètes*. Autres erreurs sur les noms. — 8° Routes commerciales qui unissaient les Vénèdes de la Vistule avec les Grecs, les Gaulois et les Latins. — 9° Rapports des Gaulois avec les Lehs de la Vistule dès le IVe siècle avant J.-C. Données sur l'histoire de l'ancienne France fournies par les traditions conservées dans les chroniques polonaises.— 10° Migrations des Lehs des bords de la Vistule à Novgorod, sur le Dniéper, au sud des Karpathes, sur l'Elbe, en Angleterre. La pression des Lehs de la Vistule force les Allemands à se jeter sur l'empire romain.— 11° Différentes versions sur l'époque de la migration des Lehs sous Viat et Radym dans le bassin du Dniéper. Les Lehs de Viat (Viatitchanie) sont forcés par les Tourans moscovites d'abandonner le bassin de l'Oka.— 12° Notre division des langues slaves en deux branches : A. Langues slaves ; B. Langue moscovito-slave. — 13° et 14°. Importance des nouvelles classifications indiquées par M. Viquesnel dans l'appréciation des rapports entre les peuples rangés au nombre des Slaves. — 15° Points où nous différons avec M. Viquesnel par rapport aux frontières des deux groupes moscovites, sous le point de vue de l'extension de la domination des princes Rurikowitches (et ensuite de la religion chrétienne et de la langue slave). — 16° Nous reconnaissons les habitants du Gouvernement de Koursk, d'Orel et de Kalouga, pour Touraniens d'origine, (excepté ceux du district de Bransk). — 17° La principauté de Polotsk occupait la majeure partie de la Lithuanie slave ou de la Russie-Blanche dans le sens le plus large de ce nom. Importance de son histoire. — 18° Importance de l'influence des Tschoudes Esthoniens, des Ves et des Méra sur les rapports des Novgorodiens avec les Varègues. — 19° La première Russie est en Suède. Les Suédois sont les premiers Russes.

Les cartes ci-jointes ont été dressées par M. Viquesnel pour accompagner l'*Appendice* qu'il consacre à l'étude des rapports ethnographico-historiques entre les Slaves et les Moscovites, dans son grand ouvrage intitulé : *Voyage dans la Turquie d'Europe* dont nous venons de parler. Nous avons dit que, sur presque tous les points développés par M. Viquesnel dans son mémoire et dans ses cartes, notre opinion personnelle s'accorde parfaitement avec la sienne. Nous allons faire voir où nous cessons de partager son avis, et en même temps nous présenterons quelques observations destinées à expliquer et compléter le résumé des études que nous venons de faire; en outre, ces observations prépareront le terrain à l'exposé de quelques détails que nous devons développer dans la seconde partie de cet ouvrage.

1° Et d'abord, nous ferons remarquer que le titre de la troisième carte (planche 29), « *Carte ethnographique de la Russie* « *et des contrées environnantes au IXe siècle,* » n'est pas complet, et que, pour le mettre en rapport avec le texte explicatif qui accompagne la carte, il faut y ajouter ces mots : *et jusqu'à notre époque.*

En effet, de la comparaison de l'état des choses au IVe siècle avant notre ère et jusqu'à nos jours, ressort clairement ce fait qui domine toute l'histoire des Slaves et des Moscovites, à savoir : *que les frontières qui séparaient les tribus slaves à l'ouest, des Allemands, à l'est, des Moscovites au IV[a] siècle avant notre ère sont encore aujourd'hui, après vingt-trois siècles, restées invariablement les mêmes.* Telle est la dernière conclusion des recherches de Lelewel et de Schafarik; telle est aussi celle des nôtres. Il est vrai que dès le IIe siècle de notre ère, les Slaves reculèrent leurs frontières à l'ouest, jusqu'aux bords de l'Elbe, tandis qu'ils envoyaient des colonies jusqu'en Angleterre; mais ces frontières ne furent qu'éphémères, parce qu'elles n'étaient pas les véritables limites de leur pays d'origine, ainsi que l'ont démontré les deux illustres historiens que nous venons de citer, ainsi que nous avons pu nous-même le vérifier (1). Les frontières entre

(1) Cette assertion étonnera peut-être ceux qui, abusés par les théories panslavistes, en voyant Leleuel et Schafarik constater la présence et la puissance des Lekhs sur les rives de l'Elbe dès le VIe siècle, ont compris que les Slaves de ces territoires y étaient *indigènes.* Or, bien au contraire, ces deux savants disent expressément que l'apparition de ces tribus dans les contrées dites *la patrie des Allemands,* ne remonte qu'au IIe siècle de notre ère. Schafarik, à cet égard, cite les conclusions de Leleuel, conclusions qui, d'ailleurs, se retrouvent dans tous ses travaux. Voir : *Antiquités slaves,* vol. 2, chapitre : *Polabes ou Slaves de l'Elbe.*

les Vénèdes ou Lehs et les Tourano-Moscovites sont à peu près restées les mêmes depuis les temps les plus reculés jusqu'à nos jours. En effet, de ce côté, les Slaves n'ont acquis que les gouvernements d'Ekaterynoslaw, de Charkew et de Kherson ; or les habitants de ces gouvernements sont aujourd'hui même intermédiaires entre les Indo-Européens et Touraniens, tant par leur origine que par la nature du sol qu'ils habitent. Les Scythes agriculteurs n'étaient autres que de faibles colonies slaves soumises aux Tchoudes ou Scythes.

Examinons maintenant successivement chacune des cartes qui font l'objet de notre présente étude :

Planche 28, figure 1re.

2° *Demeures anciennes et primitives des tribus slaves au IVe siècle avant Jésus-Christ.*

Il y aurait lieu d'ajouter dans cette carte des signes indiquant de petites colonies slaves et lithuaniennes, au delà des frontières approximatives de la patrie slave de la Vistule, à l'ouest, dans les pays allemands, de même qu'il y en a à l'est, jusqu'au Dniéper.

Nous avons en effet acquis la conviction que, dès les temps les plus reculés, il y eut des colons *slavo-lithuaniens* dans *la patrie* des Allemands. Il s'y trouvait aussi des colons gaulois ou welches et des colons romains ou latins. Telle était la Germanie de Tacite. Sans doute les Allemands y constituaient l'élément le plus important de la population ; mais les Slaves (appelés alors Lekhs ou Lygi), les Gaulois et les Latins y formaient des fractions de la nation assez considérables pour y exercer une véritable influence. Aussi la civilisation germaine fut-elle le produit de ces trois éléments et non point exclusivement de l'esprit allemand. Voilà pourquoi elle a pu se combiner si facilement avec l'élément gaulois dans la patrie gauloise, où les Francs l'apportèrent, avec l'élément lékhite dans la patrie des Lekhs (ou Lehs) sur la Vistule et même jusqu'à Novgorod et jusqu'au Dnieper où elle fut représentée par les Varègues-Russes ou Normands, de race scandinave mais trèsmêlés d'Allemands, aussi bien que par le constant usage des lois de Magdebourg. Et voilà pourquoi enfin, elle n'a pas pu prendre racine chez les Moscovites et les autres peuples touraniens, malgré tous les efforts des princes rurikovitsches. Novgorod, Smolensk et la Petite-Russie sont les dernières contrées de l'Europe vers l'est où la civilisation germaine s'est fait fortement sentir. L'organisation municipale, semblable à celle des villes allemandes n'a été supprimée à Smolensk et à Kiew que l'an 1836.

Nous sommes ainsi conduit à distinguer les peuples indogermains des peuples indo-européens. Il y a en effet des peuples indo-européens qui ne sont pas indo-germains, c'est-à-dire qui n'ont pas subi l'influence de la civilisation issue du mélange et des réactions réciproques des quatre familles hindoues ou aryâ parsemées sur le sol germanique : les Allemands en majorité, les Slavo-Lithuaniens, les Gaulois et les Latins en minorité. Tels sont les Byzantins, qui d'ailleurs, pour nous, sont plutôt des descendants de peuples sémitiques (Arméniens, Albanais) que des Indo-Européens; quoi qu'il en soit, et quelque opinion que l'on admette à leur égard, on doit toujours reconnaître que ces populations ne sont pas indo-germaniques.

3° Les Scythes proprement dits, qu'Hérodote appelle *Scythes nomades*, n'étaient évidemment pas autres que les *Tchoudes*, nom sous lequel les Venèdes de la Vistule ou Lehs (Lekhs) distinguaient les peuples que les Scandinaves ou Varègues appelaient dans leur langue Fennis, Finnois (habitants des marais); c'était un peuple d'origine essentiellement touranienne et nullement indo-européenne, ainsi que l'ont avancé quelques historiens induits en erreur par la langue de ces peuples et par quelques autres détails de moindre importance. Ils ont cru pouvoir surtout s'appuyer sur ce fait, que les Scythes des deux côtés du Dniéper et ceux du Dniester étaient agriculteurs. Or :

(*a*) Il résulte clairement d'une étude attentive du dictionnaire des mots scythiques conservés par Hérodote, que les Scythes proprement dits (nomades, royaux) parlaient la langue des Mèdes, peuple d'origine arienne, depuis une invasion qu'ils

7

avaient faite jadis dans ces contrées, où ils dominèrent un temps assez long pour en adopter le langage. On retrouve, en effet, le souvenir de ce grand fait historique dans les récits des historiens grecs, et l'on sait combien les peuples nomades changent plus facilement de langue que les peuples agriculteurs et sédentaires.

(*b*) Les quelques usages de ces peuples analogues à ceux des Indo-Européens furent empruntés par eux aux Indo-Européens avec lesquels leur voisinage les mettait fréquemment en rapport.

(*c*) Les Scythes *agriculteurs*, qui, suivant Hérodote, s'étendaient à l'est à trois journées du Dniéper, n'étaient autres que de faibles tribus slaves soumises aux Scythes. Le savant Allemand Mannert dit très-bien que les agriculteurs habitaient jusqu'à Smolensk; c'est le Dniéper (y compris la Desna et ses autres affluents) qui servait de frontière entre les peuples indoeuropéens, agriculteurs sédentaires, et les peuples touraniens, nomades, bien antérieurement à Hérodote, c'est-à-dire, pour le moins, depuis le viiie siècle avant notre ère. Il en résulte que les limites entre les peuples agriculteurs et nomades, en Europe, n'ont pas varié depuis vingt et quelques siècles. Chez les Kosaks du Don, de même que chez les Moscovites du nord de la Moscovie, prédominent les penchants à la vie nomade, mercantile, comme à l'époque d'Hérodote et au moins depuis le viiie siècle avant notre ère.

(*d*) De même qu'il faut considérer les Vénèdes de la Baltique comme la principale tribu slave dès les temps de l'établissement de cette famille en Europe; de même, les Tchoudes ou Scythes *nomades* et *royaux*, les Anthropophages, les Tyssagètes doivent être regardés comme les principales tribus touraniennes et les ancêtres des Moscovites dès le temps de leur établissement en Europe. Schafarik dit que les Tyssagètes étaient pères des Ves, des Mera, des Mouroma, c'est-à-dire des Tchoudes du grand-duché de Souzdalie.

4° Nous partageons complétement l'avis de Schafarik sur les Boudini et les Neuri d'Hérodote. Il faut les placer en Pologne.

5° Il faudrait montrer que les Vénèdes de la Bretagne n'étaient pas complétement séparés des Vénèdes de la Vistule ; une chaîne de tribus slavo-lithuaniennes établies au milieu des Allemands les unissait le long des rivages de la mer.

6° A côté du nom de Tchoudes, Scythes, Skytos, Skolotes, il faut placer le nom de Myrghètes (ou Myrdètes), sous lequel étaient connus les peuples touraniens de la Moscovie, nommément ceux qu'on désignait sous le nom de Scythes.

Nous avons dit qu'au moins depuis le VIIIe siècle de notre ère, les demeures des peuples indo-européens et touraniens en Europe sont restées invariables. Ce qu'on rapporte sur les migrations des Gaulois au IVe siècle avant notre ère, en Italie, sur la Vistule et sur le Dniester, migrations dont nous allons bientôt entretenir nos lecteurs, ne doit s'appliquer qu'à des fractions de ce peuple. On en peut dire autant des invasions des peuples touraniens en Europe au moyen âge. Parmi les autres preuves qui viennent à l'appui de notre thèse, nous citerons l'histoire des Vénèdes-Lehs de la Vistule et celle des Touraniens-Moscovites. Nous aurons à dire bientôt quelques mots sur les Vénèdes-Lehs ; mais nous nous arrêterons d'abord sur les Touraniens Moscovites, ayant à légitimer la nationalité du nom de Myrghètes (que nous lisons Myrdètes) pour les Tchoudes, Scythes, Skolotes.

Les Tchoudes ou Skytes, qu'Hérodote trouva établis entre le Dniester et le Volga, et qui, comme nous venons de le rappeler, n'étaient dans leur patrie que sur les frontières orientales de la Petite-Russie de nos jours, où finissaient, d'après le père de l'histoire, les demeures des Scythes agriculteurs et commençaient celles des Scythes nomades ; ces Scythes se reconnaissaient pour indigènes dans les contrées de la mer Noire depuis un temps immémorial (mille ans avant l'expédition de Darius, roi des Perses, sur le Dnieper. Hérod. IV, 6). Ces mêmes Scythes reconnaissaient beaucoup de peuples de l'Asie comme appartenant à leur famille, nommément ceux que les Persans appelaient Sakes et qui s'appelaient eux-mêmes Myrghètes, Amyrghètes (Hérod. VII, 64 ; Ctes. pers. ap. Phot. 7, cod. LXXII ; cf.

Hecat. europ. perieg et Hellan, in scyt. ap. Stephan, byz. Chares mytit. de reb. Alex. X, ap. Athen. XIII (4). Polyen. VII, II, 6). C'est par cette parenté de nos Scythes d'Europe avec les Sakes Myrghèthes de l'Asie que se trouve légitimée l'application de ce dernier nom aux premiers. Cette légitimation sera mieux établie par les considérations suivantes :

Diverses hordes scythiques s'appelaient Skolotes, car c'était un des noms de leur chef ; c'étaient les Grecs qui les appelaient Skythes (Hérod. IV, 6, 3-10). Déjà dès les années 625-598 avant notre ère, une partie de Skolotes firent une invasion en Médie et jusqu'en Palestine et aux frontières de l'Égypte. Ils emmenèrent les indigènes de ces pays dans le Caucase et dans leur patrie, sur le Volga, c'est-à-dire en Moscovie (Hérod. 1, 15, 103, 105 ; 11, 105, 157 ; IV, 1, 12). C'est à cette époque qu'on assigne l'établissement forcé des Assyriens en Paphlagonie, dans le Caucase, dans le Pont et des Sarmathes sur le Don. C'est donc aussi à cette époque que les Scythes transportèrent un grand nombre de juifs sur la mer Caspienne et dans leur patrie, en Moscovie. Voilà qui explique parfaitement les manifestations du judaïsme tant de fois remarquées chez les Touraniens de l'Asie et de la Moskovie, au moyen âge et de nos jours. Une autre origine du judaïsme observé dans ces contrées, c'est la transportation des dix tribus d'Israël au fond de l'Asie, par Salmanasar, roi d'Assyrie ; ce dernier point nous intéresse peu pour le moment ; mais il résulte de ce que nous venons de rappeler : 1° que les Scythes ou Skolotes-Moscovites du Don et du Volga se mêlaient souvent avec leurs frères plus orientaux appelés Sakes et Myrghètes ; qu'ensuite on peut désigner toute la famille scythique sous les noms différents dont ils se servaient eux-mêmes, par conséquent qu'on peut les appeler tous Myrghètes ou Myrdètes, sans fausser les principes généraux de l'histoire, de même que les Turcs ne se trompent pas au fond en appelant Francs tous les peuples indo-germains (voir plus haut la différence entre les peuples indo-européens et indo-germains, pages 96-97). Mais il y a une autre raison qui légitime la nationalité du nom de Myrghètes, Myrdètes, pour les Scythes-Moscovites. 2° Ce nom comme nous

venons de le voir, est écrit Myrghèthes, Amyrghètes par Hérodote, mais il faut le lire *Myrdèthes*. La racine de ce mot est *merd*,
merthe, mourde. Ces trois mots n'en font en réalité qu'un seul,
différemment écrit et prononcé par les étrangers et dont la signification répond parfaitement à celle du mot latin *vir*, homme.
Plusieurs peuplades tourano-moscovites qui n'ont pas encore
perdu leur caractère propre par l'introduction de la langue slave,
comme les débris des Syrians, des Tchouvasches, de Wotiaks et
autres, emploient encore aujourd'hui ce mot dans cette acception et s'appellent par exemple Komi-Mourd, c'est-à-dire Mourd
ou Merds de la Kama, etc. Une de ces tribus appelée Mordva,
Merdian, en a conservé sous cette forme la racine la plus pure.
Dans nos études sur les noms nationaux des Moscovites, nous
avons établi que ce nom est pour eux national (1). M. Viquesnel,
lui-même, admet aussi le même principe, comme on le voit sur
sa carte (pl. 29).

M. Viquesnel s'est conformé à l'histoire en ne donnant pas, au
IVe siècle avant notre ère, le nom de Slaves aux peuples qui ne
prennent ce nom qu'à partir du VIe siècle de notre ère. En
effet, le nom de Slaves est tout nouveau. Il ne vient ni du mot
(gloire) *slava*, ni du mot (parole) *slovo*; son origine se trouve dans
le mot *sal*, qui, différemment écrit et prononcé par les Finnois
et Lithuaniens proprement dits, signifie *marais, habitant de marais, pays bas*. C'est ainsi que les anciens Prussiens (Lettes d'o-
rigine), de même que les Finnois et même les Allemands, appelaient les Vénèdes Lehs de la Vistule. Les Goths venus de la
Vistule dans l'empire byzantin et en Italie, transmirent ce nom
de Sal (Schalau) aux Grecs et aux Latins. Avec le temps, les
Vénèdes lehs ou lehks (agriculteurs) commencèrent à prendre
aussi ce nom de Slaves. Dans l'origine ils s'appelaient Lehs;
le mot *leh* signifie *sillon* et, appliqué à l'homme, il veut dire
agriculteur. C'est le sens de ce mot chez différentes tribus
hindoues se servant du sanscrit et chez les Slaves.

(1) Principes d'histoire de la Pologne, des autres pays slaves et de la Moscovie. Zassady..., partie IIe. Dernier chapitre.

7° La critique a de grandes raisons pour insister sur les points que nous constatons. Qui ne connaît les préjudices causés au progrès des études historiques, par les mots de Russie, de Russes appliqués indistinctement aux Moscovites touraniens et aux Slaves de Novgorod, de Pskow, du Dniéper et du Dniester? Le mot *slave* n'a pas produit une moindre confusion.

Ce mot offrant une certaine ressemblance avec les mots *slava* (gloire) et *slovo* (paroles), on a voulu l'en faire dériver, en supposant que c'était ce peuple lui-même qui l'avait adopté à la suite de conférences, de discussions dans ses diètes; car c'est à de pareilles conclusions que mènent les raisonnements de ceux qui cherchent l'origine du mot *slave* dans les mots *slava* ou *slovo*! Nous venons de voir la vérité. Les Slaves ont pris leur nom à leurs voisins lettes, finnois allemands.

Comme conséquence de la même erreur, on a voulu voir dans le nom Niemtzi, par lequel les Slaves désignent les Allemands, le mot *niemy* (muet) et dans le nom de Tschoudes dont les Slaves se servent pour leurs voisins touraniens-moscovites, le mot *tsoudzy* (étranger), tandis qu'en réalité ce nom de *Niemtzi* vient des Némètes, peuplade allemande bien connue, qui était voisine des Lehs du côté de l'ouest, tandis que c'est du nom de Tschoudes que provient le mot slave *cudó* (prononcez *tsoudo*), dans le sens de *spectre*. Dans ce genre d'études, le mot matériel ne suffit pas; il faut prendre en considération les changements grammaticaux-qu'il a subis. Ceux qui ont trouvé une ressemblance entre les mots tschoud et *tsoudzy* n'ont vu que le corps du mot. Les changements de forme auxquels ils ont été soumis, montrent qu'ils ne viennent nullement l'un de l'autre, que c'est du mot tschoude que vient le mot *tsoudo* (spectrum).

On nous objectera certainement que tous les historiens ont fait dériver le nom de slaves de *slava* (gloire), de *slovo* (parole), comme le nom de Niemtzi du mot *niemy* (muet) et le nom de Tschoudes de *tsudzy* étranger. Nous répondrons catégoriquement à cette objection en disant : tous se sont trompés. Au reste, comme nous allons le voir, il y a toujours eu des savants qui ont protesté énergiquement contre les étymologies que nous combattons.

8° Disons maintenant quelques mots des routes qui servaient au commerce entre les Vénèdes de la Vistule et les Vénèdes de l'Adriatique et les petites tribus vénédiques soumises aux Scythes-Merdians.

Si nous appelons l'attention sur ce point, c'est qu'il a toujours été complétement laissé de côté par les historiens de la Pologne proprement dite, ainsi que les faits qui se rattachent aux migrations des Gaulois sur la Vistule. Il n'y a que les archéologues qui s'en soient occupés. Après les autres savants qui ont traité des rapports des habitants de la Vistule avec les Latins et les Grecs, dès les temps les plus anciens, c'est à Schafarik qu'on doit les plus importants éclaircissements sur la question, dans ses *Antiquités Slaves*, qui ne sont au fond, comme le constate M. Viquesnel, que le développement et la continuation des principes posés par Laurent Surowietski, ainsi que d'ailleurs il en convenait lui-même (1). Et c'est ce fait, cet accord des deux plus grands savants de notre époque, qui relève l'importance de ce dernier ouvrage. Nous regrettons qu'il n'ait pas encore été traduit en langue française; les extraits qu'en a donnés au public M. Vivien de Saint-Martin et nous-mêmes (dans le *mémoire* de M. Viquesnel), font bien voir la nécessité de cette traduction des *Antiquités slaves*. En attendant que notre désir se réalise, nous devons nous borner à faire un résumé des études de Schafarik sur le sujet qui nous occupe.

Schafarik commence l'histoire des Slaves en Europe avec l'histoire des Vénèdes de la Vistule vers le VIII° siècle avant notre ère, car c'est à cette date qu'il place les écrits d'Hésiode, où se trouve la mention de l'ambre, du succin et du lieu où il est produit, au nord de notre continent. Les Gouthons ou Goths, venus de la Scandinavie, s'emparèrent de l'embouchure de la Vistule au IV° siècle avant notre ère, et Pythéas les y trouva. Pourtant Pythéas ne nomme pas la mer Baltique, gouthonique, mais vénédique, car les Gouthons ne s'étaient emparés que depuis peu des contrées du succin, tandis

(1) *Mémoire* cité, *Introduction.*

que les Vénèdes (Lehs) y étaient indigènes. Il ne faut pas oublier non plus que la tradition d'après laquelle le succin venait de l'Illyrie est récente. D'après les traditions les plus anciennes et les plus autorisées, il provenait des côtes de la mer Baltique; l'Illyrie, en effet, ne produit pas de succin.

Quelles étaient donc les routes qui servaient au commerce de l'ambre entre les Vénèdes de la Vistule et les autres pays de l'Europe, avant l'invasion des Goths dans les pays situés à l'embouchure de la Vistule et pendant leur domination dans cette partie de la Léchie?

L'ambre arrivait des côtes prussiennes en Phénicie et en Grèce, dès les temps de Thalès (600 ans avant J.-C.), pour le moins au temps d'Eschyle, de Sophocle et d'Hérodote (490-449). Ce commerce continua sous la domination romaine jusqu'au IVe siècle après J.-C. Il se faisait par trois voies. La première, la plus ancienne, partait de la côte prussienne par les pays intérieurs inconnus, transcarpathiens, peut être le cours du Prezel et du Pripiet ou par la Vistule, le Boug et le Pripiet, le plus probablement le long de la Düna (Eridan ou Rondon) et enfin jusqu'au Dniéper; puis le long de ce fleuve, à travers les contrées soumises aux Scythes jusqu'aux colonies grecques sur la mer Noire, et surtout jusqu'à Olbie, fondée en 665 avant J.-C. C'est par cette voie que les Scythes recevaient ce produit, qui s'appelait chez eux *sacrium*, de même que chez d'autres peuples de l'Asie. On fournissait par la même voie à une grande partie des Grecs de la mer Noire, des fourrures et du blé.

Une autre route aussi ancienne que la première, traversait les plaines de la Pologne, du bassin de la Vistule, les Carpathes, la vallée de la Waag et la Pannonie, en allant jusqu'à la mer Adriatique. Les principales stations de cette route étaient les villes de *Calisia* (Kalisch), *Carrhodunum*, dans le voisinage de Cracovie, *Celemantia* et *Carnutum* en Pannonie. Il est certain que du temps d'Hérodote, cette route était suivie pour le commerce de l'ambre, comme encore longtemps après cet auteur. C'est cette route que prit le chevalier romain envoyé par Néron, de Carnutum jusqu'aux extrémités des pays de la Vistule et jusqu'à la côte prussienne.

La troisième route se dirigeait à l'ouest et traversait les pays germaniques jusque dans les Gaules, surtout à Marseille. Transporté d'abord par eau jusqu'aux embouchures de l'Oder ou de l'Elbe, ou encore, mais plus tard seulement, jusqu'à Schleswig ; il était expédié de là par la voie de terre ou par celle des cours d'eau navigables jusqu'à Marseille, d'où les Phéniciens et les Carthaginois l'exportaient dans les pays orientaux. C'est ce commerce lucratif qui détermina les Marseillais à envoyer Pythéas à la découverte pour les renseigner sur le pays d'extraction de cette précieuse matière. Il n'est pas probable, comme on l'a cru autrefois, que les Phéniciens allassent avec leurs propres vaisseaux jusqu'à la côte prussienne.

On voit de ce qui précède que la partie nord-ouest de l'Europe était liée avec le midi et avec l'Asie par trois routes commerciales. Toutes ces routes touchaient les peuplades vénédiques établies au delà des Carpathes, en traversant leurs pays ou en les longeant, comme on peut le supposer de la route qui conduisait à Marseille.

Tel est le résumé des études sur les routes de commerce qui nous occupent et que nous donnons d'après Schafarik, comme étant les plus probables. On comprend qu'à cet égard, on ne puisse arriver à une certitude rigoureuse ; néanmoins on ne saurait guère contester le fait même des rapports des Vénèdes-Lehs de la Vistule avec les Gaulois, les Latins et les Grecs, surtout par suite du commerce de l'ambre, qui était très recherché dans l'antiquité et encore au moyen âge. Le silence d'Hérodote prouve seulement qu'il ne savait pas d'où venait ce produit. Les commerçants cachaient avec soin sa provenance. Mais à l'époque de Néron, les chevaliers romains le savaient très-bien, par suite d'anciennes traditions qui s'étaient conservées.

9° Voici quelques faits qui pourront éclaircir la question des rapports entre les Gaulois et les Vénèdes-Lehs ou Slaves. Laissant de côté l'Asie, où les Gaulois, les Allemands, les Latins et les Slaves ne formaient qu'une tribu, tandis que les Chinois, les

Turcs ou Tatares, les Moscovites, les Sémites en formaient une autre, appelée tourane ; et ne nous arrêtant qu'en Europe, nous trouvons, que les Gaulois étaient dans des rapports très-étroits avec les Slaves appelés primitivement *Lehs* (*Lekhs*), c'est-à-dire *hommes et agriculteurs*. Nous avons déjà indiqué deux expressions de ces rapports : 1° Dans la formation de l'élément *germain* que nous distinguons de l'élément *allemand* (V. *plus haut*, p. 96-97) ; 2° Dans la présence des Vénèdes dans les Gaules, en Bretagne. (V. *Planche* 28 , *fig.* 1re). Nous nous arrêterons ici quelques instants sur les rapports des Gaulois avec les Lehs en Illyrie, sur le Danube, dans la Pologne de la Vistule et du Dniester.

(*a*) Nous demanderons au lecteur de revoir d'abord, sur la carte même (*pl.* 28; *fig.* 1re), les idées de Thierry, de Lelewel, de Schafarik et de Bielowski sur les Vénèdes Lehs de l'Illyrie, particulièrement dans les environs du lac Lyhnidos-Ohrida, de relire notre opinion sur les Vénèdes Lehs de l'Armorique (dans les contrées de ce pays) ; de lire les paroles de Schafarik qui s'y trouvent sur les rapports des Routhènes gaulois avec les Routhènes de Pologne (dans la Gaule routhénienne) sur le Dniester. Aux faits qui s'y trouvent consignés, nous ajouterons le plus brièvement possible, le résumé des conclusions de nos études sur les mêmes faits, de la manière qui suit :

(*b*) On s'étonne qu'il y ait eu des Slaves dans les Gaules et des Gaulois en Pologne ; on voudrait faire passer pour de pures hypothèses les preuves que la science apporte sur ce sujet, parce qu'on juge le passé d'après le présent, et encore parce qu'on ne juge pas bien l'état actuel des populations de l'Europe, la configuration du sol, l'hydrographie, la géologie et surtout la géologie agricole de cette partie du monde, celle qui est la plus facile à connaître. La science historique fait trouver des Touraniens même dans la partie occidentale ou Gallo-latine, allemande slave (jusque dans les bassins du Dniéper) avant l'arrivée des Hindous ou Aryâ. (Bopp et son école.) Nous partageons pour notre compte cette opinion, pour des raisons que nous présenterons dans la partie de notre résumé qui traitera des

missions particulières des peuples indo-européens et touranien .
Ce n'étaient, ajoutons-nous ici, que de faibles tribus touraniennes
qui avaient des établissements dans l'Europe occidentale. Les
Hindous ou Aryâ se mêlèrent avec ces Touraniens. Outre les
influences géographiques et climatologiques, c'est dans ce mélange qu'il faut chercher la cause des différences qu'il y a entre
les Hindous européens et les Hindous asiatiques ; mais les tribus
hindoues ou aryâ qui s'établirent en Europe, n'étaient pas primitivement séparées aussi fortement qu'elles ne l'ont été plus
tard. Ce serait une grande erreur que de croire que les Hindous
européens étaient, quelques siècles après leur arrivée en Europe,
aussi nomades que les Touraniens. Déjà eh Asie ces deux races
étaient séparées d'après deux caractères de civilisation tranchés :
Chez les Hindous prédominaient les penchants à la vie sédentaire, à l'agriculture, chez les Touraniens, les penchants à la vie
nomade et mercantile. C'est avec ces penchants qu'ils sont
venus en Europe (V. plus haut p. 22). La vie nomade chez les
Hindous européens n'était que l'exception. Il est facile d'admettre que cette exception était très-fréquente avant notre ère.
Il serait étonnant, d'après ce que nous venons dire, qu'il ne se
trouvât pas de Gaulois en Pologne et de Lehs dans les Gaules.
On verra ailleurs, que la configuration du sol, la géologie, l'hydrographie, permettaient aux tribus hindoues de s'acclimater
facilement dans toute l'Europe occidentale (jusque dans le bassin du Dniéper). Il leur était plus difficile de séjourner dans la
partie orientale ou tourano-moscovite de l'Europe (1). C'est de
ce point de vue qu'il faut juger les traditions, les faits historiques qui se rapportent aux relations des Gaulois avec les Lehs
de l'Illyrie, et de la Pologne dès la plus haute antiquité.

(c) Nous avons plusieurs sources pour étudier les rapports
des Gaulois avec les Lehs :

1° Les études historiques sur la demeure des Lehs des bords

(1) M. Elias Régnault a résumé nos études orographiques, géologiques et hydrographiques dans le *Journal français de Francfort* de cette année, v. nᵒˢ 113,
116 et suiv. Voir aussi sa brochure portant le titre : *La question européenne*
improprement appelée polonaise. Dentu, 1863.

de la mer Baltique jusqu'en Illyrie. Ces études sont basées :
(*a*) sur le bon sens ; car dès le vi[e] siècle de notre ère, les Vénèdes slaves se présentent comme habitant les contrées de l'Elbe
jusqu'au lac Illmen, jusqu'au Dniéper et dépassant déjà le Danube, etc. ; ce qu'il y a de très-important, on les trouve déjà à
cette époque manifestant des penchants agricoles. Il est donc
impossible de restreindre dans l'antiquité, les demeures de ces
peuples nombreux à un coin étroit de l'Europe. (*b*) Les chroniqueurs polonais et routhéniens sont d'accord pour voir des
Slaves dans les Illyriens, et Nestor place expressément les Lon-
hitia (Luhitia) en Illyrie, où le lac Ohrida encore au xe siècle,
s'appelait Linhitos (*c*). Les chroniqueurs polonais et routhéniens
commencent l'histoire des Slaves par le récit des guerres entre
leurs pères et les Gaulois. Les premiers nomment en toutes lettres les Gaulois, les seconds leur donnent le nom de Volohs qui
ne peut s'appliquer qu'aux Gaulois nommés encore Welches.
(*d*) La langue des Lehs de la Vistule conserve les témoignages
de leurs guerres avec les Gaulois Ombrons et autres.

Les traditions qui se trouvent dans la chronique de Nestor,
sur les rapports des Gaulois avec les Slaves et les commentaires,
dont elles étaient l'objet, sont assez connues en France ; M. Viquesnel en parle et les commente dans son Mémoire. Les traditions des chroniqueurs de la Vistule le sont moins. Voici quelques passages de ces chroniqueurs :

Chronique de Miersua (connu aussi sous le nom de Dzierzwa).
Nous traduisons d'après l'édition de M. Biélowski, et la Chronique de Miersua et celle qui suit, de l'évêque Mathias.

« Dans le même temps, c'est-à-dire sous le règne d'Assuérus qui
régna de l'Inde jusqu'à l'Ethiopie sur cent vingt-sept provinces,
trois cent mille Gaulois, comme le dit Trogus, ne pouvant plus
vivre dans leur patrie, quittèrent leur pays natal pour chercher
de nouvelles demeures. Une partie d'entre eux s'arrêta en Italie,
et incendia Rome après l'avoir prise, les autres tentèrent d'occuper les états de presque toute la terre.

« Les Polonais en ayant été instruits, rassemblèrent une nom-
breuse armée contre les Gaulois, et nommèrent pour chef Grac-

chus, homme de grande naissance et habile dans le métier de la guerre. Beaucoup d'entre eux périrent dans de nombreuses luttes ; les autres eurent recours, dans le danger, à une ligue fédérale, afin de partager justement ce qu'il pourrait leur arriver d'heureux contre les étrangers, par le sort ou leur courage...

« Gracchus ayant été nommé roi à l'unanimité, institua des droits et promulgua des lois. C'est ainsi qu'est née la conception de notre droit civil ou que sa naissance a été conçue.

La Pologne eut sous Gracchus les succès les plus éclatants. Gracchus Ier roi de Pologne, florissait plus de quatre cents ans avant la naissance de Jésus-Christ, et à peine cent ans avant Alexandre de Macédoine. »

Chronique de Mathias. — « On raconte qu'alors les Gaulois occupèrent les empires de presque toute la terre. Beaucoup d'habitants périrent dans beaucoup de combats, les autres se confédérèrent pour partager justement les succès qu'ils pourraient obtenir sur les étrangers par le destin ou leur courage. La Gétie se soumit aux Gaulois jusqu'au Danube, de là, ils firent la conquête de la Parthie, puis de la Bulgarie et ensuite de la Carantanie : Après beaucoup de combats avec les Boïens, et après de longues guerres ils y occupèrent les villes, nommèrent des préfets et firent roi un certain Gracchus. Mais bientôt amollis par le luxe de cette nation, et énervés par les plaisirs de la chair, leurs chefs ayant péri par le poison, les autres furent soumis au joug des indigènes, et eux toujours invincibles dans les combats furent vaincus par la dissolution des mœurs de quelques-uns.

« Il n'y a rien ici de feint, mais ces affirmations sont fortifiées par l'histoire ancienne.

« Car les Gaulois, comme le dit Trogus, ne pouvant plus vivre dans leur patrie, envoyèrent trois cent mille des leurs pour chercher de nouveaux établissements au delà de l'Ister et plus loin. Une partie de ceux-ci s'arrêta en Italie, prit et incendia Rome. Les autres pénétrant sur les ruines des barbares s'arrêtèrent en Pannonie ; après avoir vaincu les Pannoniens, ils firent longtemps la guerre à leurs voisins les Linchites.

« Le roi, sur le conseil de tous, institue des droits, promulgue les lois. C'est ainsi que naquit la conception de notre droit civil ou que sa naissance fut conçue.

« Avant cela la liberté était soumise à une servitude domestique et la justice à l'injure... On regardait comme juste ce qui était utile au plus fort. La justice rigoureuse ne commença pas encore à régner, mais au moins elle cessa d'être soumise à la violence, et l'on donna le nom de justice à ce qui était utile au plus faible.

« La Pologne alors agrandie par les succès de Gracchus, éleva au trône un de ses fils qui aurait été très-digne de sa succession s'il n'avait souillé son règne par le meurtre d'un de ses frères. »

Les deux choniqueurs que npus venons de citer, confondent souvent les noms propres de personnes et de lieux dans le tableau qu'ils tracent des fastes de la Léchie, de la Vistule et celle de l'Illyrie. Cette confusion a son origine dans ce fait, que Trajan, au IIe siècle après J.-C., força les débris des Daques de s'enfuir au delà des Carpathes. Il est naturel au reste, qu'à l'époque de l'invasion des Gaulois, au IVe siècle avant J.-C., beaucoup de Lehs aient été forcés de s'y réfugier, car c'est sur la Vistule que se trouvait la tribu principale de la famille. Voilà comment s'explique la confusion des noms et des personnes.

Un savant polonais, M. Bielowski, a consacré une partie de sa vie à éclaircir la question, et il est parvenu sinon à résoudre toutes les difficultés, du moins à prouver que la base des chroniques polonaises est parfaitement fondée. Pour les savants français, il est certainement curieux de trouver des éclaircissements de leur histoire nationale dans les traditions populaires polonaises du moyen âge. Les passages que nous avons rapportés doivent enhardir les savants français à étudier ces traditions. C'est dans ce but que nous les avons présentées. Les éditions anciennes des chroniqueurs que nous avons cités se trouvent en France dans les bibliothèques publiques.

Voici quelques mots pouvant servir de commentaire aux chroniqueurs polonais.

(*a*) *En ce qui concerne les rapports entre les Lehs de la Vistule et les Gaulois dans la langue des premiers.* Nous ne rappellerons pour le moment, que deux mots dont l'histoire est très-significative, savoir : le nom d'Ombrons gaulois qui laissèrent leur souvenir dans les Carpathes et sur la Vistule dans le nom d'*Ombryn* (chez les Slovaques), et d'*Olbrzyn* chez les Polonais (dans le sens de géant), et le nom de Routhènes gaulois qui laissèrent leur souvenir dans le nom de Gallicie et de Routhénie de la Pologne. Voici quelques observations sur le premier de ces noms : 1° Le souvenir des Ombrones gaulois dans le sens de géant, ne s'est conservé que chez les Slovaques des Carpathes et chez les Polonais ; chez les Routhènes le mot de géant se traduit par *Spoline, ispoline,* et ces différences proviennent de la différence des rapports des habitants de l'ancienne Léchie avec les peuples étrangers : les Gaulois ombrones ne furent jamais en guerre avec les Routhènes de la Gallicie orientale. Ces Lehs avaient pour ennemis des Touraniens spolines, les *Spolis* de Ptolémée. Voilà la preuve que ces deux mots qui distinguent les Lehs polonais et routhéniens, sont la conséquence de leurs rapports avec des peuples différents dans la plus haute antiquité. Les personnes qui aiment à s'occuper de l'étymologie des noms, ont trouvé que l'origine du mot Ombrone, Olbrym des Lehs des Carpathes et de la Vistule, provient du nom des Tourano-Avares qui opprimèrent les Routhènes au vi^e siècle de notre ère, et que le chroniqueur Nestor appelle *Obres.* Mais nous venons de voir que le nom *Obre* justement ne se rencontre pas chez les Routhènes qu'ils ont opprimés, mais chez les Slaves de la Vistule qui ne furent jamais soumis par eux comme le prouve l'ambassade envoyée à Constantinople par ces Lehs au vi^e siècle, dont parlent Théophilacte et autres écrivains byzantins de l'époque. Il est naturel que les rapports de ces Gaulois avec les Vénèdes lehs aient varié, étant tantôt bons tantôt mauvais.

(*b*) Passons à présent à un autre point, les rapports des Routhènes gaulois avec les Routhènes de la Pologne.

L'hypothèse de Schafârik (qui se trouve sur la carte de la Gaule ci-jointe) nous a beaucoup frappé. La présence des Gaulois Ombronès sur la Vistule étant un fait acquis, pourquoi contester la présence des Routhènes gaulois dans la Gallicie? Et ce nom de Gallicie lui-même ne donne-t-il pas lieu à des suppositions? Par suite de l'abus que les historiens ont fait des langues dans l'étude des origines des peuples, nous avons peut-être poussé un peu trop loin notre défiance contre ce moyen, surtout si on ne connaît et n'emploie des langues que leur côté lexicographique. Nous étions pourtant, il y a une douzaine d'années, un ardent défenseur de l'idée d'une grande influence du celtisme sur les Ruthénies. Depuis cette époque, notre ardeur s'est affaiblie, nous en convenons ouvertement; nous admettons seul emnt la présence d'une partie des Gaulois (routhéniens) dans les Ruthénies de la Pologne, mais ils n'y étaient pas aussi nombreux que dans la partie occidentale de la Gallicie, en Moravie, en Bohême. Ce qui a, sinon changé, du moins modifié notre opinion à cet égard, c'est le caractère d'individualité du provincialisme routhénien. Nous avons vu qu'aux ve et ive siècles avant notre ère, les Tschoudes ou Scythes régnaient dans la Gallicie orientale, c'est-à-dire à l'époque même de la célèbre invasion des Gaulois. Nous sommes certain, que si les émigrés Gaulois avaient été aussi nombreux dans la Gallicie orientale qu'ils l'étaient dans la partie occidentale, les Lehs de la Gallicie orientale, avec l'appui des Gaulois se seraient opposés victorieusement à la domination des Tschoudes, alliance qui avait sauvegardé l'indépendance des Lehs de la Gallicie occidentale. C'est à cette époque éloignée qu'il faut reporter la différence de caractère qui distingue les Routhènes des Lehs de la Vistule. Ces derniers ont conservé plus de rapports avec les peuples hindous de l'Europe que les premiers. Les nouveaux colons léchites et normands ou warègues-russes, arrivés dans la Gallicie orientale dans les temps postérieurs, purent contrebalancer l'influence pernicieuse des Touraniens tschoudes; mais il leur fut impossible d'en effacer complétement les traces; cette difficulté s'augmenta au xiiie et au xive siècle, car la Gallicie orientale était unie avec les Touraniens chinois par les Djenghiskanides. C'est pourtant (à part l'origine) à l'influence des Léchites de la Vistule, des Gaulois routhéniens, des Allemands, que les paysans routhéniens et le clergé grec-uni doivent les caractères de civilisation qui les rapprochent autant des peuples germano-latins qu'ils les éloignent des Touraniens.

Quant au nom même de Routhènes, nous sommes toujours de l'opinion que les Latins appelèrent ainsi la partie orientale de la Pologne en souvenir des Routhènes gaulois, de même qu'ils ne cessèrent d'appeler Bohêmes les Tscheks, qui n'occupèrent la Bohême que vers le viᵉ siècle de notre ère, en souvenir des Gaulois Boï, qui occupaient le pays avant eux.

Planche 28, figure 2.

10. Le lecteur aura sans doute remarqué que c'est sur la figure première de cette planche qu'est donnée l'explication des signes d'émigration des Lehs des bords de la Vistule à Novgorod, sur le Dniéper, au sud des Carpathes, sur l'Elbe et même en Angleterre, quoique les signes soient sur la figure deuxième; c'est qu'en effet toutes ces migrations commencèrent dès le iiᵉ siècle de notre ère par suite de la pression des Touraniens Huns, et plus tard de l'émigration des Daques, qui, chassés par Trajan de la Dacie, se retirèrent. Ensuite de cette double pression, les Vénèdes Lehs, fortifiés par les Daques, chassent les Goths de l'embouchure de la Vistule et se jettent ensuite sur les Allemands, qui, à leur tour, se précipitent sur l'empire romain. On savait très-bien à Rome que les Allemands étaient forcés par les *Barbares du nord* à chercher un refuge dans l'empire. Ces barbares du nord, *superiores barbari* (Jornandès, IV, 39. Mannert, Germ. 127), n'étaient autres que les Lehs, dont les forces s'étaient accrues de celles de la nation daque ou gète.

11. Nous croyons pouvoir soutenir que les Lehs conduits par Wiat (Wiatko diminutif) abandonnèrent les côtes de la Vistule entre le iiᵉ et le viᵉ siècle, comme le dit Schafàrik, et c'est la grande majorité de ces Lehs, appelés Wiatitchans, qui furent obligés de fuir devant les Tourans Moscovites; ils se réfugièrent

en Mœsie, où les Tourans Bulgares les atteignirent et les soumirent du viie au xe siècle. Les Lehs conduits par Radyme quittèrent les bords de la Vistule vers la moitié du viiie siècle. Ils occupèrent le bassin du fleuve Soja (partie du gouvernement de Smolensk et de Mohylev). (Voir la planche suivante.)

En ce qui concerne notre division des langues slaves, nous devons remarquer :

1° Que la division qui se trouve sur la figure 2 de la planche 28 n'est conforme à ce qui y est dit que sous le point de vue *lexicographique*. Or cette division ne répond pas toujours aux autres que nous avons faites des langues slaves, c'est-à-dire à la division sous le point de vue *des influences provenant des différents caractères de civilisation*, et surtout des degrés de parenté entre les peuples *sous les rapports historico-politiques*. Ainsi, sous ces deux derniers points de vue, toutes les langues slaves se divisent en deux groupes principaux, comme dans la division lexicographique : A. *Slaves*; B. *Moscovito-Slaves*. Mais le premier de ces deux groupes se subdivise en autant de sous-groupes qu'il y a de divisions *religieuses et provinciales*, indépendamment des divisions lexicographiques, tandis que la langue moscovito-slave est une sous les deux points de vue que nous venons de nommer (en exceptant toujours les Novgorodiens) (1).

Ainsi, les Moraves, que nous avons réunis aux Slovaques sous le point de vue *lexicographique*, s'efforcent d'affermir leur individualité par l'usage de lettres appelées gothiques; et historiquement, ils forment un groupe à part parmi les Slovaques et les Tcheks. Les Slovènes ou Khoroutans (Carinthiens), les

---

(1) Pour donner une idée de la puissance des provincialismes chez les Slaves du Sud, nous rappellerons les deux faits bien caractéristiques suivants : Le gouvernement serbe de Belgrade défendit l'entrée dans ce pays à des livres imprimés en langue serbe par des écrivains de l'école de Karadjitch, par la seule raison qu'il s'y trouvait *deux* lettres nouvelles, lettres, du reste, tellement nécessaires, que leur usage était devenu général, excepté en Serbie. Ces faits se passaient avant et quelques années après notre arrivée à Belgrade (1850-1851). Les Serbes sont plus aptes, plus habiles à distinguer les provenances de leurs compatriotes d'après l'euphonie de langage, que les Parisiens. Les conséquences de ces distinctions influent chez les Serbes dans leurs appréciations sociales et politiques.

Kroates, les différentes tribus serbes, les Bulgaro-Slaves, diffèrent encore plus entre eux sous les points de vue qui nous occupent en ce moment. C'est d'abord la division suivant l'usage des lettres qui fait une énorme distinction entre eux : les catholiques se servent de lettres latines que la majeure partie des orthodoxes abhorrent. Ces derniers se distinguent entre eux-mêmes par l'usage des lettres cyriliennes, les uns employant les lettres cyriliennes anciennes, les autres préférant adopter les lettres cyriliennes réformées par Pierre Ier. Il y a encore d'autres distinctions à faire parmi ces derniers. Les Bulgares sont comparativement les plus unis. En ce qui concerne les Polonais, leur union est beaucoup plus grande que celle des autres tribus slaves. Sous le point de vue des caractères de civilisation et des traditions historiques, les paysans routhènes sont plus fortement unis par la langue avec les classes plus civilisées que sous le point de vue lexicographique. Il faut pourtant faire une distinction entre les Routhènes catholiques romains et les Routhènes schismatiques. Mais ces derniers, qui étaient peu nombreux parmi les Routhéniens de la Pologne de 1772, se trouvaient en majorité compacte en Ukraine. Il n'y avait que très-peu de schismatiques dans les gouvernements de Minsk, de Grodno, de Vilna et en Galicie. Les Grecs unis, qui formaient la majorité des Routhènes, outre la liturgie se servaient dans les églises de la langue polonaise pure. Les catholiques latins, lorsqu'ils se trouvent dans des églises de Grecs unis ou Ouniates, se servent de la langue polonaise et routhène. Le langage des Routhéniens schismatiques de la Pologne de 1772 se distingue plus de la langue polonaise que celui de leurs frères grecs unis et catholiques latins.

Pour avoir une idée juste sur le rapport des langues routhènes avec les langues polonaises et moscovito-slaves, prenons pour exemples les deux faits suivants :

1° D'après M. Gretch, savant moscovite, très-compétent à juger la question (en sa qualité de philologue, de grammairien et d'historien de la littérature russe), il est constaté, d'après l'explication de notre système sur la carte n° **2**, pl. xxviii, que la langue des Petits-Russes eux-mêmes, qui sont séparés de la Pologne depuis deux siècles, *n'est qu'une nuance du polonais.* Il le dit dans son *Histoire de la littérature russe* (Introduction).

2° Les députés polonais de Cracovie qui n'ont jamais entendu parler la langue routhène (roussine) échangent des conversations publiques avec les députés paysans routhènes à la diète de Galicie, tandis que même les classes lettrées chez les Moscovites ne peuvent comprendre les Routhènes lettrés de ce petit parti politique de Lemberg, qui se disent secrètement Moscovites ou Panslaves, et qui ont déjà étudié la langue moscovito-slave. Enfin, pour ce qui concerne cette dernière, elle forme un groupe particulier, tant au point de vue lexicographique, qu'au point de vue des caractères de civilisation et des valeurs des traditions historiques.

Nous terminons maintenant le résumé de nos études sur les langues slaves en rappelant :

1° Les langues slaves diffèrent entre elles au point que les Polonais et les Tcheks, que l'on range dans le même groupe sous le rapport linguistique, sont obligés de traduire les ouvrages écrits dans leur langue respective pour les comprendre.

La langue slavaco-morave tient le milieu entre la langue polonaise et la langue tchek (ou tcheh).

2° La langue polonaise est un dialecte mazovien (des paysans des bords de la Vistule), mais transformé par l'influence des idiomes routhènes.

Ainsi, la langue polonaise lettrée, pure, n'est pas parlée par les paysans des bords de la Vistule, mais bien sur la frontière séparant ces derniers des Routhènes. Cette formation de la langue polonaise représente très-bien la formation de la nationalité polonaise, issue de la fusion des Lehs dominés par les princes de la famille des Piast avec les Lehs conquis par les princes normands-russes (Rurikowitches).

3° La langue moscovito-slave, outre les caractères finnois qu'elle porte dans la forme des mots et dans les débris de la langue nationale des Moscovites qui sont restés dans leur langage slave, se distingue encore par le manque de mots

présentant les caractères de civilisation des peuples indo-
européens. Ainsi, les Moscovites, en acceptant la langue
slave, en rejetèrent le mot *hérédité* et ses nombreux dérivés.
(Ils n'ont que le mot *nasliedstwo*, signifiant succession). Ils
n'ont pas non plus le mot *nationalité* ; car *narod*, qui reste de
souche, pour former le mot *nationalité* dans les autres langues
slaves, signifie *classes inférieures*, *peuple*, dans la langue moscovito-slave. Les étrangers ont donné aux institutions moscovites des noms européens qui signifient tout autre chose en
langue moscovite. Ainsi, on dit et on écrit : Ministère de l'instruction *publique* de Russie, tandis que dans la langue moscovite ce ministère porte le titre de ministère des classes inférieures
(narodnago proswieschtchenia) et cette dernière dénomination
est plus logique, puisque les Moscovites nobles remettaient leurs
enfants de préférence aux écoles militaires. Enfin, il y a chez eux
des langues différentes pour les seigneurs et pour les classes
inférieures. Ainsi, un domestique ne dira jamais que son maître
dort, *mange* ; il dira : *se repose*, *goûte* ; et en revanche, le
seigneur et les domestiques diront des paysans : *ils dorment, ils
mangent*, etc.

Nous dirons quelques mots, dans la deuxième partie, qui
traitera des peuples indo-européens et touraniens, de la langue
nationale des Moscovites, qui n'est pas slave et qui se conserve
jusqu'aujourd'hui dans l'ancien grand-duché de Souzdalie ou
de Moscou, sous le nom d'*ofenski*.

Une partie de nos études linguistiques se trouve dans l'*Appendice au Voyage en Turquie* de M. Viquesnel. Nous voudrions surtout attirer l'attention des lecteurs sur la légitimation du principe d'après lequel les bords de la Vistule sont la patrie de tous
les peuples slaves d'aujourd'hui ; principe qui trouve sa confir-
mation dans le caractère des langues slaves considérées au point
de vue lexicographique.

Planche 29.

13º *Observations sur la division des habitants de l'empire russe
au point de vue de leurs degrés de parenté d'après les traditions*

historico-politiques. (Voir plus haut, pages 16-17). On ne saurait trop insister sur cette division, car elle a été complétement rejetée à l'écart, non-seulement par les publicistes, mais même par les historiens.

14° C'est pour la première fois que des lecteurs français, grâce à M. Viquesnel, ont sous les yeux une division des habitants de l'empire russe au point de vue des origines et au point de vue de leur civilisation, *indépendamment des langues et dogmes religieux.* Nous avons présenté dans nos *Tables statistiques de l'Empire russe* (voir plus haut, p. 85) d'autres chiffres que ceux de M. Viquesnel, relativement aux Lithuaniens proprement dits, et aux Moscovites dans les provinces polonaises de l'empire russe. Nous élevons le chiffre des Moscovites parlant la langue moscovito-slave et une des langues touraniennes de 12,000,000, comme il se trouve chez M. Viquesnel (B. classification d'après les langues) à 15,000,000. Ce sont ces Tourano-Moscovites des deux côtés de l'Oural et de la Sibérie, qui unissent les peuples nomades de l'Asie centrale et de la Chine avec les Moscovites des gouvernements de Twer, de Moscou, de Vladimir, de Kalouga, d'Orel, de Koursk, et des pays des Kozaks du Don.

15° Dans les contrées de la Moscovie qui étaient gouvernées par les princes Rurikovitches avant l'invasion des Mongols, au xiii° siècle, nous ne comptons que dix millions de Moscovites, tandis que dans les contrées qui commencèrent à être conquises par les princes Rurikovitches, dès la seconde moitié du xiv° siècle, nous comptons 23,000,000 d'habitants. Ces différences proviennent de ce que nous limitons les possessions réelles des princes Rurikovitches vers l'an 1240 aux gouvernements de Koursk, d'Orel, de Kalouga et de Kasan.

16° M. Viquesnel est en doute sur l'origine des habitants des gouvernements de Koursk, d'Orel et de Kalouga. Une étude approfondie sur les Wiatitches, sur leur fuite devant les Tourano-Moscovites en Mœsie, et sur l'état des choses dans ces gouvernements au x° siècle, nous force à admettre comme seule juste, l'opinion de ceux qui reconnaissent les Wiatitches pour des Touraniens-Tchouvasches appelés Wietkié par leurs voisins les Mordwa. Dans le gouvernement d'Orel, il n'y a de Lehs que dans le district de Bransk, ce sont les seuls descendants des Lehs amenés par Wiat; la majorité, disons-nous, fut forcée par les Moscovites de se réfugier en Mœsie.

17° La principauté de Polotsk joue un rôle plus grand dans l'histoire que celui que les historiens lui assignent; car 1° le duché de Polotsk occupait le gouvernement de Vitebsk et une grande partie des gouvernements de Mohylew, de Minsk, de Grodno et de Vilna; 2° la principauté de Polotsk ne subit que momentanément l'influence de l'élément varègue ou normand; car les Kryvitches du duché de Polotsk conquis par Rurik, devinrent indépendants au x° siècle. A la fin de ce siècle, ils sont gouvernés par leur dynastie nationale, celle de Rohwolod; elle était aussi nationale pour eux que la dynastie des Piast l'était pour leurs frères les Polans de la Vistule. Vladimir le Grand a reconquis le duché de Polotsk, mais il y rétablit la dynastie nationale dans la personne de son fils Ysiaslas. Ce prince régna à Polotsk, non pas par les droits de son père, mais par ceux de sa mère et de son grand-père. Là est la raison des guerres entre les descendants d'Isiaslaw et ceux d'Yaroslaw, second fils de Vladimir. Cette guerre finit par la victoire des descendants de Rohwolod sur les princes Rurikovitches, car les princes lithuaniens, Mendog et Gedymine, descendaient directement de Rohwolod. Voilà comment s'explique la facilité de l'union des Slaves de la Bérésina avec les Lithuaniens proprement dits. Voilà comment s'explique le fait que la Russie-Blanche était complétement indépendante des Tartares. Il n'y eut pas de luttes dans ce pays entre les princes et leurs sujets (excepté à Smolensk). Ainsi les princes n'eurent pas besoin de l'appui des Tartares pour assurer leur domination, comme cela eut lieu dans les possessions des princes Rurikovitches descendants d'Yaroslaw. Nous appelons particulièrement l'attention sur les graves questions qui nous soulevons ici, car les historiens polonais et moscovites n'en ont point encore fait le sujet de leurs études. Il nous suffit de rappeler ici en présence de la carte qui nous occupe, qu'il faut placer dans le duché de Polotsk, les villes de Mohylew, de Minsk, Vilna, Polotsk, Vitebsk. La ville de Grodno était hors des possessions des princes de Polotsk.

18° La carte de M. Viquesnel jette une très-vive clarté sur la question des rapports entre les Slaves Novgorodiens et les Varègues Russes. Il suffit de jeter un coup d'œil sur la carte pour reconnaître : 1° que c'étaient les Tchoudes Esthoniens et nullement les Slaves de Novgorod qui décidaient des rapports de ces derniers avec les Varègues, puisque les Tchoudes séparaient les Novgorodiens de la mer; 2° que les Novgorodiens occupaient à peine le tiers du gouvernement actuel de Novgorod ; 3° que les tribus touraniennes, les Wes et les Mera, voisins des Novgorodiens, avaient des villes dès le ixe siècle. L'inscription qu'on lit, aux limites de leurs pays, répond péremptoirement à ceux qui se permettent de tirer l'origine des Moscovites, des colons qui peuvent y avoir envoyé les Novgorodiens. Nous devons rappeler ici que la fin du IV° chapitre du 1er volume de l'*Histoire de l'État russe de* Karamsin, où se trouve consigné le passage cité par M. Viquesnel, est supprimé dans la traduction française.

19° M. Viquesnel est le premier savant français qui ait inscrit au sud d'Upsal, en Suède, les mots : *Première Russie* ; mais c'est un fait historique si bien établi que Schafarik a très-bien dit : « Ceux qui doutaient de l'origine scandinave, normande, suède des Russes qui ont donné leur noms aux pays des Slaves de Novgorod, du Dniéper et du Dniester et aux Moscovites, ne sont que « de faux historiens. »

CHAPITRE VIII

SOMMAIRE

Quelques faits se rapportant à la division de l'Europe sous les points de vue : 1° d'étendue; 2° de la géologie; 3° de l'exploitation agricole; 4° de l'orographie; 5° de l'hydrographie et 6° provincialismes. Sous ces six points de vue, le bassin du Dniéper termine la région occidentale ou slavo-germano latine de l'Europe. — Objections de M. Proudhon à notre système, ses prémisses ne lui permettent pas d'apprécier les rapports entre la Pologne et la Moscovie au point de vue des besoins des peuples agriculteurs et sédentaires; M. Proudhon juge la noblesse et la propriété du sol en Touranien, en nomade. — L'enseignement ancien et nouveau sur les frontières naturelles entre la Pologne et la Moscovie. — La direction des bassins peut faciliter la création des États; les couches du sol, surtout les couches agricoles et le genre d'exploitation rurale caractérisent les penchants des peuples à la vie agricole ou à la vie nomade de trafiquants. — Quelques éclaircissements sur les faits anthropologiques propres à être enseignés dans les classes de philosophie. Distinction entre l'anthropologie et l'ethnographie. — Protestation contre l'accusation portée contre nous d'élever les agriculteurs au détriment des pâtres. — Nouveaux éclaircissements et nouvelles preuves de la justesse de notre division du genre humain en deux groupes, sans diminuer l'importance des divisions de Dom Calmet, du père Rohrbacher et de MM. Blumenbach, Cuvier, Pritchard, Latham, Quatrefage et autres savants. — Pourquoi le droit de propriété chez les gouvernants et les gouvernés est plus respecté en Turquie que dans l'empire russe? — Sous le règne d'Alexis Michaïlowitsch et même sous son fils Pierre I, les Moscovites ceux même du centre de l'empire n'avaient le droit de faire du feu dans leurs maisons pendant l'été qu'en vertu de priviléges particuliers signés par l'empereur lui-même. — Les Moscovites (gouvernement et peuple) ne reconnaissent pas de noblesse dans le sens européen du mot. — Le tzar a le droit de changer un noble héréditaire en roturier et les enfants de ce noble ne sont que des roturiers. Un prince moscovite n'a pas le droit d'aller se promener dans une voiture attelée de quatre chevaux, s'il n'occupe pas un rang assez élevé dans le *tschine*.

Dans le courant de cet exposé, nous nous sommes attaché à attirer l'attention de nos lecteurs sur les points de l'histoire ancienne et moderne qui ne font que développer ou rectifier les données admises déjà dans les ouvrages historiques destinés à la jeunesse. Nous allons à présent ajouter quelques points qui n'ont pas encore trouvé la place qu'ils méritent dans ces sortes de livres. Nous résumerons successivement ces points :

1° *Division de l'Europe en deux régions au point de vue de l'étendue.* La meilleure division de l'Europe, au point de vue de l'étendue, est celle qui la partage en deux parties ou régions : l'une occidentale et l'autre orientale; de façon que le bassin du Dniéper fait partie intégrante de la région occidentale, tandis que

la Finlande et les steppes de la mer Noire servent d'intermédiaire
entre elles. Cette division en deux parties ou régions ne se
légitime pas seulement au point de vue de l'étendue, elle est
encore rationnelle sous d'autres points de vue ; ainsi elle répond
à la division de l'Europe : 1° au point de vue de la géologie, surtout de la géologie agricole ; 2° de l'exploitation agricole ; 3° de
l'orographie; 4° de l'hydrographie; 5° de l'anthropologie; 6° des
provincialismes. Voici quelques mots sur chacun de ces points.
Plus tard, nous parlerons de la climatologie, de la physiologie,
de la botanique, etc. Nous appellerons la région occidentale :
slavo-germano latine, et la région orientale : *tourano-moscovite*.
Nous verrons successivement, mieux que nous n'avons fait jusqu'à maintenant, la justesse de ces dénominations.

   *2° Division de l'Europe en deux régions sous le point de la géo-
logie.* — Les études géologiques montrent que la région orientale ou tourano-moscovite de l'Europe diffère complétement de
la région occidentale ou slavo-germano-latine sous le point de
vue de la géologie agricole. Cette différence consiste d'abord,
comme sur tous les autres points : 1° dans l'*uniformité* de la région orientale et la *diversité* de la région occidentale ; 2° dans
les couches mêmes du sol. Pour ce qui concerne le premier
point, il est à remarquer que les agronomes qui s'intéressent
surtout à la géologie agricole ne s'accordent pas sur la manière
de diviser l'empire russe, au point de vue de cette science. Mais
nous croyons que la meilleure division de cet empire est celle
qu'en ont faite les trois savants : Bulgarine, le baron Ungern-
Sternberg et Peterson. Leur accord sur les points principaux
mérite une attention particulière. Cet accord se légitime d'ailleurs par d'autres autorités très-graves. D'après les trois savants
que nous venons de nommer, la partie européenne de l'empire
russe, en en excluant la Finlande et le royaume de Pologne, sous
le point de vue agricole, se divise d'abord en deux grandes régions qu'ils nomment *ouralienne* et *carpathique*. Ces noms caractérisent déjà leurs rapports mutuels. La région ouralienne
occupe presque toute la Moscovie ou Grande-Russie, tandis que
la région carpathique occupe toute la Petite et la Nouvelle-Russie,

de même que l'Ukraine ou Kiowie, la Podolie et la Volhynie. D'à-près ces savants, les gouvernements de Koursk d'Orel, de Kalôuga, de Moscou sont déjà ouraliens, tandis que les gouvernements d'Ekaterynoslaw, de Charków, de Pultawa, de Tschernigow, de Kherson sont carpathiques, c'est-à-dire sont unis avec la Gallicie autrichienne et avec le reste de l'Europe slavo-germano-latine ou occidentale. Outre ces régions principales, la Moscovie forme une *région de steppes*, et une autre au nord, appelée Scandinave, qui touche à la mer Blanche. Les provinces de la mer Baltique, la Lithuanie, les gouvernements de Twer, de Smolensk, de Mohylew, de Vitebsk, de Pskow forment trois régions particulières. En somme, d'après les trois savants nommés, la Moscovie ou Grande-Russie, formant la moitié de l'Europe continentale, d'après son étendue, ne compte que trois régions agricoles, tandis que le reste de l'empire russe, dans l'occident en contient quatre, sans tenir compte de la Finlande et du royaume de Pologne. La division suivante va compléter le résumé de nos études sur les points dont il s'agit.

3° *Division de l'Europe en deux régions au point de vue de la manière de l'exploitation agricole.* — La grande unité de la région orientale ou tourano-moscovite, sous le point de vue agricole, se manifeste surtout dans le *système de la culture de la terre, de l'exploitation agricole*. Ainsi, le comité institué à Saint-Pétersbourg, par ordre de l'empereur Alexandre II, pour organiser les redevances dues, de la part des anciens serfs, aux propriétaires, considère toute la Moscovie, ou Grande-Russie, comme formant une grande unité, de la même manière que la Petite-Russie d'un côté, la Kiowie, la Podolie, la Volhynie de l'autre, la Lithuanie pour sa part; enfin les provinces allemandes de la Baltique forment autant d'unités que de groupes particuliers. Dans cette unité de la Moscovie entrent même les contrées que les trois savants que nous venons de nommer caractérisaient par *régions de steppes et scandinaves*. Ainsi, comme l'on voit, les 40,000,000 de Moscovites présentent une forte unité vis-à-vis des Petits-Russes, des Russes-Blancs et des Lithuaniens sous le point de vue de l'exploitation du sol. Ces derniers groupes sont considérés par le comité comme ayant différents systèmes d'exploitation.

Nous croyons devoir remarquer que, dans la division du comité, le gouvernement de Mohylew et la partie du gouvernement de Vitebsk sont comptés comme ayant la même organisation rurale que la Moscovie, c'est-à-dire l'organisation, comme l'on sait, communiste. Mais tous ceux qui sont au courant des questions, savent fort bien que l'organisation rurale, dans ces deux gouvernements, ne diffère en rien, par exemple, de l'organisation dans la partie septentrionale du gouvernement de Vitebsk ; que c'est plutôt le désir des hommes d'état de Saint-Pétersbourg de voir les contrées en question assimilées le plus tôt possible à la Moscovie, qui leur fait considérer ces contrées comme étant déjà moscovites dans l'esprit des paysans par rapport à l'esprit communiste de l'organisation rurale. Mais comment admettre la possibilité d'une organisation communiste dans le gouvernement de Mohylew et dans une partie de celui de Vitebsk lorsqu'elle n'a pu s'acclimater dans la Petite-Russie, quoique ce pays soit uni à la Moscovie depuis plus de deux siècles, et lorsque les propriétaires mêmes de ce pays sont plus rapprochés des Moscovites par l'esprit de rang que les propriétaires des deux gouvernements dont il s'agit ? L'organisation agricole, en Petite-Russie, est la même qu'en Pologne et dans le reste de l'Europe slavo-germano-latine. Il faut en dire autant de la partie du sud du gouvernement de Novgorod, de celui de Pskow et même des parties occidentales du gouvernement de Twer et de Smolensk, dont les habitants sont indo-européens, slaves.

Il en est autrement pour ce qui concerne les gouvernements appelés *Nouvelle-Russie* (Cherson, Tauride, Ekaterynoslaw). Les dispositions de l'administration les assimilent à la Moscovie, c'est-à-dire y reconnaissent l'existence de la commune moscovite ; elle y est, en effet, chez les colons militaires et dans les villages où prédominent les Grands-Russes. Mais la majorité de la population de la Nouvelle-Russie suit les usages polonais ou européens dans l'organisation agricole, et il serait bien difficile qu'il en fût autrement, puisque la grande majorité des paysans de la contrée sont des Russines ou Routhènes, c'est-à-dire des Slaves.

Quoi qu'il en soit, nous voyons qu'en tout cas les habitants de la région orientale ou tourano-moscovite de l'Europe diffèrent de ceux de la région occidentale ou slavo-germano latine, sous le point de vue de la géologie agricole : *par la diversité chez les derniers et l'uniformité chez les premiers.* Nous voyons, en outre, que les habitants des deux régions de l'Europe se caractérisent par leur grande diversité *dans l'exploitation agricole.*

La géologie dans l'acception la plus large du mot, montre, pour sa part, que la Moscovie se distingue du reste de l'Europe par l'uniformité des couches de terrain sur une étendue aussi considérable que celle de plusieurs Etats aussi grands que la France. Le terrain appelé *permien* est situé, d'après la carte géologique de MM. Murtchisohn, de Verneuil et Kaïserling, entre le 47° et 66° de latitude septentrionale et entre 34° et 58° de longitude orientale. D'après les géologues moscovites qui ont complété les études des trois savants nommés, la terre *permienne* s'étend bien plus vers l'occident, jusqu'à la Moskova. En ne nous appuyant, pour le moment, que sur les données des trois savants géologues nommés, c'est-à-dire sur des données bien constatées et connues en Europe, on voit qu'une partie des Moscovites des gouvernements de la Moscovie situés non loin du lac Aval, vivent sur le même terrain que les Moscovites des contrées de la Sourdalie et de la Sibérie ! N'oublions pas que nous n'avons en vue que ce terrain *permien* qui occupe, sans la moindre interruption, l'immense étendue du pays que nous venons d'indiquer (1).

Nous croyons que MM. les géologues, en changeant le nom de terres *permiennes* contre celui de terres *ouraliennes*, rendraient un grand service au progrès des sciences géologiques, car le nom d'ouralien rappellerait l'unité géologique (dans le

____

(1) Les cartes géologiques de l'empire russe se trouvent à la Bibliothèque impériale.

sens le plus large du mot) de la majeure partie de la Moscovie et son unité agricole. Le nom actuel de terrain *permien* ne caractérise pas aussi bien l'unité de la Moscovie au point de vue géologique. Nous disons *de l'unité,* car si l'unité du terrain permien de ce pays s'interrompt par exemple, dans les gouvernements du sud de la Moscovie, l'unité de la géologie et de l'organisation agricoles ne s'arrête nulle part des monts Ourals jusqu'à la Russie-Blanche et la Petite-Russie.

4° *Division de l'Europe en deux régions sous le point de vue de l'orographie.*—Nous nous sommes attaché surtout à constater, qu'excepté les chaînes qui, de la partie septentrionale du gouvernement de Novgorod et de la Finlande, se prolongent jusque vers la mer Blanche (la région scandinave des géologues agronomes moscovites dont nous venons de parler); l'Europe est divisée en deux régions presque égales, *d'après la plasticité ou configuration du sol;* et ici encore c'est le bassin du Dniéper qui termine la région occidentale ou slavo-germano-latine. C'est-à-dire la même ligne de démarcation qui sépare les deux régions de l'Europe sous le point de vue d'étendue, les sépare aussi sous le point de vue de la plasticité ou configuration du sol. En effet, les monts vénédiques ou waldaïques et les escarpements du Dniéper (les monticules de Kiew et les célèbres porogues ou cataractes du Dniéper en sont les produits), font partie intégrante du système des montagnes de l'Europe occidentale. Déjà Malte-Brun a constaté ce fait en appelant les exhaussements du Dniéper : *système carpathique*; mais ni ce savant ni ses disciples n'ont poursuivi leurs études ou plutôt ne les ont assez systématisées, de façon que plusieurs cartographes, et d'après eux l'opinion générale, unissent les monts waldaïques et les monticules du Dniéper avec le système ouralien par des chaînes imaginaires, car ces chaînes intermédiaires n'existent pas. La région orientale de l'Europe ou Grande-Russie, représente une plaine immense, excepté dans les contrées voisines de la mer Blanche, et dans quelques gouvernements orientaux. Ces exceptions font d'autant mieux ressortir la règle générale qui peut se résumer dans la formule suivante : *La région de l'Europe*

*occidentale, montagneuse, se termine dans le bassin du Dniéper;
la Moscovie, ou région orientale de l'Europe, est une immense
plaine.* Cette formule est tellement juste, que, par exemple, la
Pologne occidentale et orientale, celle de la Vistule et celle du
Dniéper, considérées en elles-mêmes, présentent une plaine
ondulée, tandis qu'en comparant la plasticité du sol de ce pays
avec celle de la Moscovie, la Pologne est un pays montagneux.
C'est cet état de la Pologne et de la Moscovie, qui, indépendamment des autres raisons dont nous aurons à nous occuper
successivement, explique le développement prononcé de la vie
provinciale dans le premier de ces pays, et l'absence ou le peu
de développement de la vie provinciale dans le second. Quelques
mots résumant nos études hydrographiques complèteront et
confirmeront les principes orographiques que nous venons de
constater.

5° *Division de l'Europe en deux régions sous le point de vue
hydrographique.* — Sous le point de vue d'hydrographie, la région occidentale ou slavo-germano-latine se distingue de la
région orientale ou tourano-moscovite par les principes suivants, savoir : la région occidentale possède une grande diversité dans le système fluvial, tandis que la région orientale se
caractérise par l'uniformité de ce même système. Ainsi, la Pologne, à elle seule, compte quatre ou même cinq grands systèmes. Dwina (Düna occidentale), avec le Niémen dans son voisinage Dniéper, Dniester et la Vistule; tandis que la Moscovie,
en en exceptant le système scandinave de marécages dominant
dans le pays septentrional (ancienne Biarmie), ne compte qu'un
système, ou tout au plus deux : le système du Volga et du Don.
On a prouvé même que le bassin du Don, qui, par sa direction,
fait partie du bassin du Volga, n'en est séparé que par quatre
kilomètres (1). On peut concevoir qu'une couche de sable cache
la vraie direction de ses eaux au moins dans le voisinage de ses
sources. Mais, laissant de côté pour le moment le système du
Don, l'hydrographe, l'agronome, l'homme d'État et surtout

(1) *L'Empire des Tsars,* par M. Schnitzler, vol. I.

l'historien, doit être frappé par l'unité hydrographique de la moitié orientale de l'Europe, car le Volga coule du dernier gouvernement moscovite à l'occident (celui de Twer), et il se jette dans la mer Caspienne, et il unit les gouvernements de la contrée sibérienne avec les gouvernements de l'extrême sud de la Moscovie, par l'intermédiaire des deux grandes rivières : la Kama au nord, et l'Oka au sud, se jetant toutes les deux dans le Volga (dans le gouvernement de Nijni-Novgorod). Il faut bien remarquer, en outre, que lorsque les petites rivières de la Petite-Russie se dirigent vers l'ouest, les petits cours d'eau des gouvernements de Koursk, d'Orel, de Kalouga, de Moscou, de Twer, qui sont les derniers gouvernements occidentaux de la Moscovie, se dirigent vers l'est.

A la place de quelques faits de l'histoire ancienne et moderne de l'Europe qu'on enseigne dans les lycées, et qu'on pourrait omettre, nous serions porté à recommander aux professeurs et aux auteurs de ces histoires d'attirer l'attention de la jeunesse sur les deux régions de notre continent et sur les caractères qui les distinguent. C'est à côté de ces phénomènes physiques du continent européen qu'il faut placer l'importante question des provincialismes comme cause de la consolidation de la liberté politique et de la fondation morale des États indo-européens.

6° *Division de l'Europe en deux régions sous le point de vue des provincialismes.* — Il faut indiquer à la jeunesse qu'au lieu de blâmer le développement des institutions provinciales, on doit plutôt les considérer comme la plus belle production de l'histoire des peuples indo-européens essentiellement agriculteurs; que ces institutions provinciales sont la base du développement de l'individualité; que c'est précisément chez les peuples qui n'ont pas de vie provinciale comme les Touraniens, que l'autocratie est la seule garantie morale de sécurité; que la vie provinciale ne dérive pas du désir des hommes de s'isoler, mais qu'elle est la conséquence forcée des tendances innées des peuples chez lesquels prédominent les penchants à la vie sédentaire; enfin, que c'est la configuration du sol, que ce sont les montagnes, les bassins qui déterminent les degrés de force de la vie provinciale. Comme application de ces principes à l'histoire des peuples indo-européens et touraniens de l'Europe, il faut enseigner que l'Europe, dans laquelle se montre la vie provinciale, finit avec le bassin du Dniéper; que les Moscovites, ainsi que les autres Touraniens ne connaissent pas la vie provinciale comme elle est connue et développée chez les peuples indo-européens. (Voir sur le même sujet, le dernier chap.)

A côté de cet enseignement sur l'application de l'état physique des pays à l'histoire, il faut arrêter l'attention de la jeunesse sur l'anthropologie. Le lecteur a déjà vu les principales conclusions de nos études sur ce sujet (plus haut, p. 23). Nous allons les développer, car la nouveauté de ce qu'on nomme notre enseignement consiste précisément à introduire dans l'exposition et l'appréciation des phases historiques des peuples : de la géologie dans le sens le plus général (paléontologie, minéralogie, géographie, orographie, hydrographie) et de l'anthropologie. Mais avant d'entrer dans quelques détails sur l'anthropologie, nous nous arrêterons sur la critique qu'a faite M. Proudhon de notre système.

Nous ne nous arrêtons pas sur la manière d'apprécier bien des points de l'histoire de Pologne et de Moscovie de M. Proudhon, car, d'abord, l'histoire particulière de ces pays ne nous occupe qu'autant qu'elle éclaire l'histoire générale des peuples indo-européens et touraniens. M. Proudhon juge l'histoire de Pologne et des autres États indo-européens, au point de vue des idées et des besoins des États touraniens, et, nullement d'après les idées et les besoins des États indo-européens. Enfin, l'auteur a dit clairement : « En exprimant mon opinion peu favorable, je regrette de le dire, aux Polonais, j'ai une excuse dans les circonstances » (page 64) (1). Ces circonstances, l'auteur ne les cache pas, c'est de voir le futur congrès de l'Europe décider le communisme comme base fondamentale de la moralité des peuples et des États. Voici la première décision que doit prendre le futur con-

____

(1) *Les Traités de Vienne ont-ils cessé d'exister ?*

grès proposé par l'empereur Napoléon. Le projet est de M. Proudhon :

« 1° Notifier à l'empereur de Russie, que le congrès se tient
« pour satisfait de ses explications ; que le congrès, et avec lui
« toute la démocratie de l'Occident, seraient heureux d'appren-
« dre que l'empereur, mettant le comble à ses bienfaits, a
« donné des terres aux paysans de Pologne comme à ceux de
« Russie, réduit les domaines seigneuriaux *à un maximum de*
« *dix hectares* » (page 106). Ce sont précisément ces manifestations du génie touranien de M. Proudhon, qui nous permettent
de laisser sans réponse un grand nombre d'erreurs grossières
qu'il commet dans son appréciation de l'histoire ancienne et moderne de Pologne et des autres nationalités et États formés par le
catholicisme, la noblesse et en somme par les principes contraires au communisme. Mais nous nous arrêterons sur ces points
de l'histoire des peuples indo-européens, qui sont plus de la
compétence de M. Proudhon et de son école ; cette école a rendu
plus de services aux sciences naturelles qu'aux sciences démo-
cratiques. En effet, nous ne connaissons en France aucun écrivain qui ait fait sentir avec plus de vigueur les influences des
lois physiques de la terre sur les peuples, que M. Proudhon.
Il reconnaît à ces lois plus de force qu'à la puissance de
l'intelligence humaine. Le lecteur a vu que nous différons complétement sur ce point avec l'école *zoocratique* (v. plus
haut, chap. II). Notre discussion avec le chef de cette école en
France, ne peut être que profitable, croyons-nous, pour le progrès des sciences géographico-politiques.

Avant de citer textuellement les dernières conclusions de
M. Proudhon sur notre système, nous ne pouvons pas cacher
notre regret de ce que ce savant publiciste n'a pas élargi le
cercle des appréciations de ce système, comme il l'a vu résumé par M. E. Regnault, savoir : au point de vue du rapport
entre tous les peuples indo-européens et touraniens. M. Proudhon l'a restreint à la Pologne et à la Moscovie, c'est-à-dire aux
questions, comme l'on dit, *brûlantes*. Le point d'où nous les considérons nous est un sûr garant que nous éviterons les commo-

tions du jour. Voilà pourquoi nous ne craignons pas d'entrer en discussion publique avec M. Proudhon. Du reste ce publiciste dit bien des choses tout haut que d'autres disent tout bas. Pour comprendre la portée de quelques points de ses récriminations, nous devons rappeler que, d'après nos principes géologico ou si l'on veut géographico-anthropologiques, appuyés sur les événements historiques depuis deux mille ans avant notre ère, les Moscovites ne deviendront jamais des Aryâs, c'est-à-dire peuple agriculteur : ils ne cesseront jamais d'être nomades, même dans l'application de la langue slave et dans leurs manières d'exploitation rurale. Les formes du gouvernement constitutionnel dans le sens de ce mot, chez les peuples indo-européens, ne sont pas propres aux Moscovites, c'est l'autocratie ou le gouvernement patriarcal, dans le sens vrai de ce mot, et le communisme qui sont les garanties morales de leurs sécurité et libertés, comme c'était leur ancre de salut, depuis qu'avec les autres Touraniens, ils se sont séparés des Aryâs, en formant chacun ses principes particuliers pour garantir la sécurité et la liberté. Comme chez les Turcs ottomans et chez les Chinois, la noblesse héréditaire ne garantit ni sécurité ni liberté chez les Moscovites ; au contraire, elle les gêne et leur est nuisible. Pour ce qui concerne les rapports entre la Pologne et la Moscovie, ils se caractérisent par les rapports généraux entre les Aryâs et les Tourans, savoir : entre les agriculteurs et les nomades. Les personnes qui s'occupent de politique, trouvant nos principes justes, ont conclu, que si l'on ne vient pas au secours de la Pologne, les nomades envahiront le reste de l'Europe, comme ils en ont déjà envahi une grande partie ; c'est à quoi répond M. Proudhon par les paroles suivantes :

« A propos de cette future invasion moscovite, dont on ne s'est pas découragé depuis la campagne de Crimée de semer parmi nous l'épouvante, *on a inventé récemment*, au profit des Polonais, une théorie empruntée aux sciences géologique et ethnographique, tendant à établir que les limites naturelles de la Pologne, et comme race ou nationalité et comme territoire, sont, du côté de la Russie, à la Dvina et au Dniéper ; que là finit le monde européen et slave, et commence le monde asiatique, touranien et mongol ; qu'entre ces deux mondes il n'y a pas de ralliement possible, pas de rapport, ni de politique, ni de mœurs, ni de croisement, non plus qu'entre les Anglo-Saxons et les Peaux-Rouges ; que les Moscovites, comme on affecte aujourd'hui d'appeler exclusivement les Russes, doivent à tout prix être rejetés dans leurs steppes ; qu'à cette condition seulement, l'Europe sera sauvée de la barbarie tartare.

« Depuis l'époque du premier partage, il s'est organisé contre la Russie un système de dénigrement dont il faut croire que nous voyons en ce moment le dernier terme.

« C'est la Russie qu'on a rendue principalement responsable du démembrement de la Pologne, dont cependant elle n'a été que tiers participant ; c'est à ses conseils qu'on rapporte la pensée première du partage, bien qu'on sache que l'homme de génie, comme l'appelait justement Voltaire, qui décida cette grande mesure malgré les répugnances de Marie-Thérèse et de Catherine, fut le Grand Frédéric.

« N'osant traiter de barbares des puissances telles que l'Autriche et la Prusse, on a réservé pour la Russie, beaucoup moins avancée, tous les anathèmes ; et cependant voici que la Russie a plus fait en trois ans pour le progrès de ses peuples et l'amélioration de son gouvernement, par suite pour la sécurité de l'Europe, que les Polonais des Boleslas, des Cazimir, des Sigismond, des Poniatowski, n'ont fait en huit siècles. Maintenant, poussant l'*outrage jusqu'à la dérision*, on dénie aux Moscovites la qualité de Slaves ; on leur ôte le nom de Russes ; on les dit pétris d'un autre limon que les riverains de la Vistule, de la Dvina et du Dniéper ; on les retranche de la liste des nations civilisées ou civilisables et des races nobles, et l'on demande, au nom du salut public, qu'ils soient refoulés par delà l'Oural, en attendant que l'expansion des vrais Slaves les aille exterminer au fond du Kamtschatka.

« Telle est la thèse, dernier corollaire du principe des nationalités et de celui des frontières naturelles, qu'on se propose sans doute de développer devant le futur congrès. On se disait, à propos de la Pologne et de ses hautes prétentions : « Mais les Lithuaniens ne sont pas des Polonais ; les Ruthènes ne sont pas des Polonais ; les habitants de la Prusse orientale et du duché de Posen, en partie Allemands ou germanisés, ne peuvent pas être restitués comme Polonais. En fait de frontières, c'est-à-dire de grandes lignes stratégiques données par la nature, la Pologne n'en a pas, ni au nord, ni à l'est, ni à l'ouest. C'est le pays le plus effacé de la terre ; elle ne possède, au midi, que la chaîne des Karpathes qui la sépare de la Hongrie, mais qui ne saurait suffire pour délimiter une Pologne. » Ces doutes faisaient hésiter les plus amis. Avec la théorie dont on parle, on n'est embarrassé de rien.

« On va m'appeler russophile, je m'y attends ; on m'appellera comme on voudra : je ne m'en émeus guère. Mais je rougirais de mon pays et de mes contemporains, s'il ne se trouvait parmi nous un homme pour protester contre ces jongleries polonaises, suite aux jongleries italiennes de l'an passé. J'ai attendu tant que j'ai pu ; pourquoi faut-il que cet homme ce soit moi ? Je déclare donc que dans mon opinion toutes les races humaines ont le même droit à l'existence, le même droit à entrer dans le cercle de la civilisation, et que c'est un crime que de prétendre en exclure une seule ; en ce qui concerne les Moscovites, que je les regarde comme de vrais Slaves ; qu'à mon jugement ils ont parfaitement le droit de prendre le nom de *Russes* ; pour ce qui est des aptitudes intellectuelles et morales, qu'en somme Russes et Polonais à peu de chose près se valent ; si les Polonais ont plus de brillant, les Russes ont montré jusqu'à présent une supériorité politique incontestable, et que ce qui se passe sous nos yeux, comme ce qui s'est passé depuis quatre siècles, fournirait au besoin la preuve que c'est plutôt aux Russes à nous garder des Polonais qu'aux Polonais à nous garder des Russes.

« Je dis que plus la Russie fera de progrès dans la civilisation et dans les voies constitutionnelles, plus elle perdra son humeur envahissante ; que plus ses paysans, émancipés d'hier, s'instruiront et s'enrichiront, se formeront aux arts et aux mœurs sédentaires, moins nous aurons à les craindre ; que là est le vrai gage de notre sécurité, le véritable contre-fort de l'Europe. Venant aux territoires, j'ajoute que si le bassin du Volga diffère par sa constitution géologique de celui du Dniéper, on peut trouver des différences analogues entre les fleuves des pays les plus civilisés ; que d'ailleurs il ne faut pas seulement considérer la composition des couches, mais *la direction des bassins*, bien autrement importante pour la distribution et le gouvernement des États ; que sous ce rapport le bassin du Dniéper n'a rien de commun avec celui de la Vistule, tandis qu'il se rapproche beaucoup de celui du Volga ; au total, qu'il y a moins de raison d'avancer de ce côté-là de la frontière polonaise que d'en reculer la frontière russe. »

Enfin, M. Proudhon reproche à la Pologne de n'avoir produit que deux à trois millions de nobles, c'est-à-dire hommes libres, sur une population de 22,000,000.

Dans les quelques mots que nous allons dire sur l'anthropologie appliquée à notre sujet nous verrons mieux que nous ne l'avons fait jusqu'à présent, que les conseils que donne M. Proudhon aux Moscovites sont incompatibles avec leur race ; que l'affranchissement des serfs par l'empereur actuel ne fait que les rapprocher des Turcs Ottomans et des Chinois, chez lesquels il n'y a ni noblesse ni servage ; nous verrons que l'affranchissement des serfs arrêta les progrès des libertés indo-européennes chez les Moscovites. Mais d'abord nous répondrons à M. Proudhon pour ce qui concerne la géologie et les bassins.

La composition des couches, surtout des couches agricoles est, en effet, moins importante dans la distribution des États que la direction des bassins ; mais il en est autrement si l'on considère les couches et les bassins au point de vue de la formation des provincialismes, des nationalités, surtout lorsqu'on considère les couches appartenant à la géologie agricole et la manière de l'exploitation rurale, deux points de vue sous lesquels nous avons envisagé la question. Pourquoi la direction des bassins est-elle plus importante dans l'organisation de l'État que les couches du sol, et pourquoi le contraire a-t-il lieu dans la formation des provincialismes, des nationalités? Parce que, dans le premier cas, il s'agit d'une centralisation, tandis que, dans le second, c'est de décentralisation qu'il s'agit. Il est plus facile à l'État d'unir les deux courants d'eau que de changer les couches de terre ou la manière de les exploiter. M. Proudhon niera-t-il qu'indépendamment des origines, les habitants de la région occidentale de l'Europe jusque dans le bassin du Dniéper, diffèrent de ceux de la région orientale par la manière d'entendre l'exploitation rurale? Cette différence entre eux date depuis vingt et quelques siècles, car Hérodote déjà constate ces différences en nommant les habitants du bassin du Dniéper agriculteurs, et ceux du bassin du Don et du Volga, nomades. Et c'est précisément ici que se trouve la raison des différences de l'exploitation rurale dans les deux contrées. Passons aux bassins.

Nous prétendons que l'Europe se divise en deux régions presque égales en étendue sous le point de vue hydrographique, de manière que le bassin du Dniéper fait partie intégrante de la région occidentale. M. Proudhon ne répond pas à ce fait, n'osant pas s'aventurer à dire que le bassin du Dniéper appartient plutôt aux bassins de la France et de l'Espagne qu'à celui du Volga, sous les points de vue que nous indiquons. Il avance que, d'après sa direction, le bassin du Dniéper est plus rapproché du Volga que de la Vistule. Ici encore, même en déplaçant la question, M. Proudhon est dans l'erreur. Ainsi, d'après les directions, la Tamise est en harmonie avec le Volga, car les deux fleuves coulent vers l'est; l'Obi et le Yenisseï sont en harmonie avec la Vistule, car ils coulent vers le nord. Pour être dans le vrai, dans l'appréciation des influences des bassins sur la formation des nationalités et des États, il faut combiner les directions avec les distances relatives. Les rapports du Dniéper avec la Vistule et le Volga, appréciés ensemble sous ce double point de vue, et *c'est sur leur plus* grand parcours, font voir clairement que si le Dniéper et le Volga sont rapprochés à leurs sources, les deux fleuves prennent dans leurs parcours des directions tout opposées; le Volga se dirige brusquement vers l'est, tandis que le Dniéper prend sa direction vers le sud, et, à l'embouchure, il fait une courbe violente vers l'ouest. Nous avons vu plus haut que toutes les petites rivières de la Petite-Russie se dirigent vers l'ouest, tandis que les premières rivières des gouvernements habités par les Moscovites, adjacents à la Petite-Russie et à la Russie-Blanche (comme le Donetz, l'Oka, l'Ougra, la Moskova, la Twertza) se dirigent vers l'est.

Nous passons maintenant à l'anthropologie.......... Comme dans celles que nous venons de traiter, nous serons bref, tout en élucidant les points que nous choisissons pour être traités dans les livres destinés à la jeunesse. Nous n'appellerons plus cette partie de notre résumé *ethnographique*, mais anthropologique ; car, dans notre cadre restreint, l'anthropologie doit plus nous occuper que l'ethnographie. Nous constatons cette distinction maintenant, car c'est en cet endroit que nous abordons les derniers résumés de nos conclusions telles que nous voudrions les voir formulées dans les livres dont il s'agit. Il faut préparer la jeunesse à diviser les sciences ; cette division lui facilite les voies de l'enseignement. On peut donc lui dire que l'anthropologie traite des races humaines dans le sens le plus large du mot, pendant que l'ethnographie s'attache plutôt aux divisions subalternes, décrit les frontières des tribus et constitue, en un mot, une des branches géographiques de l'anthropologie. Après avoir posé les grands principes anthropologiques et divisé d'abord le genre humain en grandes familles comme introduction à l'histoire du genre humain, le professeur ne doit s'arrêter sur l'ethnographie qu'en abordant les histoires particulières de chaque pays.

Nous prions nos lecteurs de revoir la division du genre humain, que nous plaçons à côté de celles des pères de Don Calmet, de Rohrbacher (basées sur les traditions des Écritures saintes), à côté de celles de MM. Blumenbach, Cuvier, Pritchard, Latham, Bory de Saint-Vincent, d'Omaloy d'Halloy, Quatrefage et autres ; notre division se trouve plus haut, au chapitre II. On y voit que, tout en admettant pour justes les divisions de nos prédécesseurs en nous plaçant au point de vue de chacun d'eux, nous divisons le genre humain seulement en deux groupes, car nous n'avons en vue que les prédispositions des peuples, des uns à la vie sédentaire, agricole, des autres, à la vie des pâtres, nomade, qui est inséparable des penchants à la vie de trafiquants. Nous ne nous arrogeons pas, répétons-nous, la mission de critiquer les systèmes des autres ; nous ne faisons que défendre le nôtre. C'est à la légitimation de notre système que nous ajouterons quelques éclaircissements aux points que nous avons déjà établis et relèverons l'importance des points nouveaux, en nous limitant toujours aux cadres dans lesquels doivent rentrer les autres détails historiques généralement admis dans les classes de philosophie. Dans les lycées ou colléges *internationaux*, proposés par quelques hommes d'élite, il faudra complétement changer l'enseignement, en substituant à l'histoire des États et des peuples particuliers, l'histoire des races. Mais aujourd'hui nous ne parlons de races qu'en tant que cela peut éclairer l'histoire des États et des peuples, telle qu'on l'enseigne actuellement dans les lycées. Il va de soi que les professeurs doivent corriger les appréciations de détails, si ces appréciations sont visiblement contraires aux principes généraux de l'anthropologie. C'est ici même dans la légitimation de notre division du genre humain en deux groupes que nous aurons l'occasion de montrer les erreurs généralement commises dans l'appréciation des rapports entre les Slaves et les Moscovites, surtout dans les questions sur la propriété, la noblesse et autres.

Avant d'aborder les détails, nous croyons devoir protester ici contre le dessein qu'on nous prête de condamner une partie considérable du genre humain ; si d'un côté la famille *Aryâ* est celle qui sous beaucoup de points de vue marche à l'avant-garde dans l'histoire de l'humanité, nous n'oublions pas l'histoire sacrée, d'après laquelle Abel était pasteur et Caïn agriculteur.

Notre système, divisant le genre humain en deux groupes : indo-européen ou agricole (sédentaire) et touran ou nomade (trafiquant) se légitime par son universalité ; en effet, il renferme en lui toutes les autres divisions ayant pour base la différence de crânes, de physionomie, de couleurs, de langues, de pays, de costumes ; il se légitime enfin par un enchaînement de faits se succédant depuis près de quatre mille ans. Ainsi, pour ce qui concerne le crâne, les physionomies et les couleurs, tout le monde sait que les Peaux-Rouges de l'Amérique, aussi bien que différentes tribus de Nègres font partie intégrante des Touraniens, par suite de leurs *prédispositions à la vie nomade ;* ils ne sont pas même pâtres, ils ne sont que *chasseurs et pêcheurs,* occupations de nomades qui les placent aux derniers échelons de la civilisation. Les Mexicains du XVe et du XVIe siècle, dont on a tant parlé, n'étaient que des nomades. Les luttes entre les peuples latins et germains contre les indigènes de l'Amérique n'étaient que des luttes des agriculteurs contre les nomades. Telles furent constamment et sont encore de nos jours les luttes des Slaves avec les Moscovites sur le Dniéper et sur la Vistule. Telles sont les luttes entre les Moscovites et les Abases dans le Caucase. Les Peaux-Rouges d'Amérique, aussi bien que les Chinois et les Moscovites, ont pu être métallurgistes dès la plus haute antiquité, parce que les peuples touraniens ont la vertu de la patience ; mais on ne peut supposer aux Peaux-Rouges une grande civilisation, civilisation à laquelle sont arrivés les peuples indo-européens.

Mais est-il bien établi que les penchants à la vie nomade, mercantile (ces deux caractères ne vont pas l'un sans l'autre) ont prédominé et prédominent actuellement chez les Moscovites de même que chez les Chinois et chez les Sémites, même chez les anciens Juifs, comme ils prédominent chez les Touraniens essentiellement nomades de l'Asie-Centrale, les Kirghises, les Kalmoucks, etc.? Oui, tous ces peuples se ressemblent d'une manière frappante dans leurs penchants nomades ; ils diffèrent dans la mise en pratique de ces penchants, mais sont fortement unis sous ce point de vue vis-à-vis des Indo-Européens. Ils diffèrent entre eux par le degré, ou plutôt par l'organisation de leurs instincts. Les quelques mots qui ont été dits (plus haut, pag. 24) et ce que nous allons ajouter sur chacun des peuples nommés, suffiront, croyons-nous, pour dissiper le moindre doute à ce sujet. On nous dit, touchant les Juifs : ils étaient si fortement attachés au sol natal, à l'hérédité que, d'après leur loi, les propriétaires rentraient l'année du Jubilé en possession des terres

qu'ils avaient aliénées, c'est-à-dire tous les cinquante ans. Mais,
d'après une loi primordiale et d'après leur loi morale, les Juifs
étaient un peuple élu, peuple de soldats et prêts à tout instant à
quitter leurs foyers. Une partie de la population juive était organisée en soldats agriculteurs, pendant que les autres n'avaient
pas le droit de s'occuper d'agriculture. Chacune des onze tribus
juives était préparée à être tribu de Lévi, et voulait certainement
accomplir sa haute mission. Enfin, pour concevoir dans sa pureté les plus hautes vérités dont ils étaient seuls possesseurs, les
Juifs devaient avant tout être soldats. La vie agricole fortement
développée aurait amené chez eux les provincialismes et, comme
conséquence, les divisions. Lorsqu'on veut étudier les Juifs anciens et modernes, il ne faut pas perdre de vue que si même ils
n'étaient pas nomades, trafiquants d'après les principes de leur
vie de race, comme le sont leurs frères, les Arabes, les Arméniens, les Géorgiens, les Lesghiens, etc., ils le seraient, d'a-
près les idées qui régnaient et qui règnent chez eux, à savoir :
l'idée qu'ils sont un peuple de soldats, peuple élu de Dieu, devant toujours être prêts à quitter le pays habité. C'est une
grande erreur de croire que ce soient les persécutions qui jusqu'à
ces derniers temps aient empêché les Juifs polonais de s'occuper
d'agriculture. Ils avaient, en effet, dans ce pays plus de priviléges et, à cause de leur intelligence, étaient plus considérés que
les paysans ; d'un autre côté, l'agriculture leur assurait, au milieu de peuples indo-européens, plus de sécurité que le trafic :
ils préférèrent néanmoins toujours le trafic à l'agriculture,
comme les Moscovites.

Pour ce qui concerne les Moscovites et les Chinois, nous avons
déjà vu que la fête agricole, dans laquelle le souverain chinois est
obligé une fois par an, de faire le simulacre de labourer, au lieu
de caractériser les penchants agricoles des Chinois, démontrent
le contraire. Ce furent, en effet, les sages de la Chine qui essayè-
rent de relever l'agriculture aux yeux d'un peuple qui la haïssait
instinctivement, en en faisant une institution religieuse. Toutes
les institutions des Chinois, même les plus morales à leurs
yeux, confirment ce principe, c'est-à-dire la prédominance chez

eux des penchants nomades. Ces institutions, remarquons-le
bien, sont les mêmes que chez les Moscovites de nos jours. Une
si grande ressemblance n'est pas accidentelle. Elle réunit la famille entière. Ce sont les peuples purement nomades de l'Asie-
Centrale, les Kirgnises (Tcherkesses), Kosaks, etc., qui leur
servent d'intermédiaire matériel, si l'on peut s'exprimer ainsi.
Catherine II ne s'y trompait pas. Elle ne se contenta pas de dire
aux Moscovites, *qu'il serait scandaleux pour eux d'admettre une
origine finnoise, scandale*, disait-elle, *propagé en Europe par les
Niemtzi (Allemands)* détestés ; elle ne se contenta pas de décréter
par un ukase que les Moscovites sont Russes et Européens ; elle
essaya de les rapprocher, en réalité, des Européens, en organi-
sant les villes à la manière allemande et en accordant de grands
priviléges aux nobles (proprement *gens de cour, Dworianié* en
langue moscovito-slave) qui voudraient habiter la campagne ;
elle leur accorda, entre autres priviléges, celui de choisir les
commissaires de police, et enfin de célébrer la fête d'agriculture.
Les Moscovites célèbrent une fête officielle d'agriculture comme
les Chinois, quoique avec moins de solennité. Tous les ans la
Société Agricole de Moscou lit l'ukase de l'impératrice Catherine II instituant cette Société. Les termes de cet ukase prouvent
mieux que tout autre raisonnement qu'elle parle à un peuple
nomade auquel elle veut inculquer le goût de l'agriculture. Mais
c'est en vain. Un seigneur moscovite serait honteux d'être né, de
se marier, de mourir dans un village. Le baron Haxthausen, savant agronome allemand, demandant un jour à un grand seigneur moscovite pourquoi, sans y être forcé, il vendait ses terres
patrimoniales ; celui-ci répondit simplement : Nous ne comprenons pas vos idées sentimentales sur les patrimoines (1). Telle
est l'opinion de tous les nobles moscovites.

L'hérédité, dans le sens large du mot, n'existe pas encore aujourd'hui en Moscovie, même pour les nobles ; les derniers décrets de l'empereur Alexandre II ordonnant de donner aux serfs
affranchis des portions de terres seigneuriales sans aucun rachat

____

(1) Études sur la Russie, partie IIIᵉ.

(une maison avec un jardin) le prouvent suffisamment. En Chine, l'hérédité individuelle existe de nos jours plus authentiquement qu'en Moscovie ; mais, comme le propriétaire moscovite, le propriétaire chinois sait très-bien que le souverain a le droit de lui prendre ce qu'il appelle sa propriété. Nous ne savons pas si la langue chinoise possède le mot *hérédité*, mais la langue moscovito-slave ne la possède pas ; c'est-à-dire que les Moscovites, en acceptant la langue slave, en ont rejeté les mots qui ne répondaient pas à leur vie nomade, et donnèrent aux autres mots slaves la signification qu'ils n'avaient pas originairement. La formule : *la propriété, c'est le vol*, est née en France au moment où on a appris à y connaître l'état des choses en Moscovie et en Chine. La propriété du sol dans ces pays, comme chez tous les peuples nomades, est, en effet, un vol.

Le souverain, en sa qualité de représentant de Dieu, en est seul le maître. C'est à lui de distribuer les pâturages aux tribus. Cette idée, qui est criminelle chez les peuples indo-européens agricoles, est au contraire juste et morale pour les peuples nomades, en ce sens, qu'ils ne se donnent aucune peine pour améliorer les pâturages, la chasse ou la pêche. Les Moscovites ne sont plus aujourd'hui de simples chasseurs comme leurs ancêtres à l'époque de Tacite, mais les droits moraux sur la propriété, droits des peuples indo-européens, leur sont complétement étrangers. Les faibles sentiments de ce droit qui commençaient à se développer chez les nobles ont été ruinés par Alexandre II. En quelques mots, les annales chinoises et moscovites sont dans un accord parfait, tant pour ce qui concerne l'idée sur la noblesse, sur la forme de gouvernement, que pour ce qui concerne la propriété. Ainsi, comme en Moscovie, la propriété en Chine a subi plusieurs modifications et ce furent toujours *les souverains* qui en disposèrent au point de vue financier, dans le but d'augmenter les ressources de l'État. C'est dans le même but que les souverains moscovites attachèrent au sol, d'une manière définitive, les paysans au xvie siècle et créèrent leur prétendue noblesse ; c'est dans ce but qu'ils viennent d'affranchir les paysans.

Voilà des faits qui doivent être enseignés dans les classes de philosophie, surtout dans l'histoire moderne, car ils sont avérés. On peut discuter avec les Moscovites et les Chinois sur l'utilité ou l'inutilité de la propriété individuelle ou de la noblesse, mais il faut constater le fait que, chez les Moscovites de même que chez les Chinois, il n'y a ni propriété ni noblesse dans le véritable sens de ces mots pour les Indo-Européens. Il faut citer aux élèves quelques faits, quelques passages des codes ou des annales de ces peuples pour faire ressortir à leurs yeux les différences essentielles qui distinguent les peuples touraniens des Indo-Européens. (Voir au dernier chapitre.)

On ne peut pas, certes, caractériser pour les élèves la commune moscovite comme l'a fait M. Michelet (de l'Institut), lorsqu'il dit que la commune moscovite *a pour but de récompenser les naissances, car la commune leur paie un lot de terre pour chaque garçon nouveau-né* (1). Mais c'est de ce point de vue que le professeur doit envisager la commune moscovite basée sur le continuel partage du sol par âme, absolument comme on distribue les rations aux soldats.

Pour satisfaire au programme du ministre de l'instruction publique en ce qui concerne le danger du panslavisme et des tendances du cabinet de Saint-Pétersbourg à anéantir la nationalité polonaise, il faut bien faire sentir aux élèves les différences entre les peuples indo-européens et touraniens pour ce qui concerne leurs idées sur la propriété du sol et sur les formes de gouvernement. Il faut faire entendre aux élèves que les paysans des environs de Smolensk, de la Petite-Russie, même les Novgorodiens, quoique soumis aux Moscovites depuis la fin du xve au xvie siècle, en diffèrent jusqu'aujourd'hui non-seulement par le langage, mais encore par leur attachement au sol natal et toutes les conséquences qui découlent de ces principes. Il faut faire sentir à la jeunesse que, sous ce point de vue, les paysans des environs de Novgorod, de Smolensk, et ceux de la Petite-Russie diffèrent encore plus des Moscovites que leurs

____

(1) La Pologne, *Kosciusko*, chap. VI. *Communisme russe.*

nobles qui, en devenant nobles moscovites, se sont plus rapprochés de la vie nomade sans toutefois dénaturer le fond de leur origine. Si donc les paysans novgorodiens, tout abrutis qu'ils sont depuis qu'ils sont tombés sous le joug des Moscovites au xve siècle, en diffèrent dans les caractères essentiels de la vie des peuples ; combien ne doivent pas en différer les paysans des provinces polonaises lithuano-ruthènes ! Il faut rappeler à la jeunesse que déjà Hérodote constate des différences entre les habitants du bassin du Dniéper et les habitants de la Moscovie d'après leurs penchants, que les mêmes différences les séparent aujourd'hui.

Les Touraniens-Ottomans ne reconnaissent pas non plus la propriété individuelle du sol dans le sens que les Indo-Européens attachent au mot hérédité ; mais dans la pratique les Ottomans respectent plus la propriété que les Moscovites. Suivant les lois instinctives de leur race, les Turcs, il est vrai, ont ruiné la noblesse bulgare et serbe en affranchissant en revanche les paysans. Ceux-ci, sans guides nationaux, devinrent des instruments dociles sous la main de leurs maîtres et les servirent dans leurs guerres contre la civilisation indo-européenne, civilisation essentiellement basée sur la propriété. Les Turcs-Ottomans agirent au reste au xive siècle à l'égard de la noblesse et de la propriété en Turquie comme agissent de nos jours leurs frères dégénérés, les Turcs-Moscovites, sur le Dniéper et sur la Vistule. Pourtant les différences entre ces deux branches des Touraniens sont très-grandes et plutôt en faveur des premiers, surtout si l'on juge les faits du point de vue de la morale des peuples indoeuropéens. Ainsi, 1º même au xive et au xve siècle, il y avait parmi les Turcs plus d'étrangers latins et germains que parmi les Moscovites au xviiie et même plus que de nos jours au centre de la Moscovie, ce dont il faut chercher la raison dans la tolérance des Turcs-Ottomans ; 2º les paysans chrétiens de la Turquie n'ont jamais été attachés à la glèbe, par les Turcs ; ils ont toujours été libres de se mouvoir et de s'instruire même à l'étranger : ces deux droits primordiaux ont toujours été et sont encore aujourd'hui limités par les Moscovites. Ce n'est que dans

quelques années que les paysans moscovites nouvellement
affranchis seront aussi libres que les paysans de la Bulgarie et
des autres contrées de la Turquie. Sous l'empereur Nicolas on
augmenta le nombre des écoles destinées aux paysans, mais on
mit au contraire toutes sortes d'entraves à la fréquentation des
écoles destinées à la noblesse. Ainsi, excepté pour la faculté de
médecine, les autres facultés ne purent recevoir qu'un nombre
limité d'élèves, 1800 pour six universités de l'empire, c'est-à-
dire 300 par université, pour une population s'élevant à près
de 80,000,000 d'individus. Les choses ne se sont pas sensible-
ment améliorées sous Alexandre II. (Voir les preuves au dernier
chapitre.)

L'origine des maux qui désolent l'empire russe et le placent
sous bien des rapports au-dessous de l'empie ottoman ne doit
pas être attribuée au mauvais vouloir des tzars, car l'influence
de leurs sujets sur les tzars a été et est encore bien plus forte
qu'on ne le pense généralement. Les princes rurikowitsches,
tels que les fondateurs de l'État moscovite, Youry Dolgorowcki
et son fils André de Bogolub (le Chinois Kitan) en sont une
preuve bien claire. En somme les Turcs-Ottomans n'ont pas
eu à subir les règnes de souverains tels qu'Ivan IV le Tyran,
Pierre Iᵉʳ et Nicolas Iᵉʳ; ils n'ont pas eu à subir le règne de souverains qui leur imposaient comme loi d'État le dogme ou
croyance que leur origine touranienne *est un scandale*, qu'ils
sont Indo-Européens; ils n'ont point traversé les terribles persécutions qui ont atteint les Moscovites forcés de changer et de
langue et de religion (1). Ils n'ont pas eu à subir l'ignominie
et la tyrannie d'être contraints de demander à leurs souverains
non pas des libertés politiques, mais *la permission de faire du
feu dans leurs maisons deux ou trois fois par semaine*; ignominie
et tyrannie qu'essuyèrent les Moscovites de tout le tzarat de

____

(1) Les erreurs sur la facile introduction du christianisme et de la langue
slave en Moscovie, sur la tolérance religieuse des Moscovites, sont tellement
repandues (malgré la présence des Raskolniks moscovites fugitifs en Prusse
en Autriche et jusqu'en Asie) que nous croyons devoir éclaircir ces points par
quelques explications plus détaillées plus loin.

Moscou sous le père de Pierre Ier et sous le règne de ce prince lui-même (1) (Voir les preuves au dernier chapitre.). Le régime plus doux sous lequel ont passé les Turcs-Ottomans eut pour résultat que tout en n'ayant pas de codes de lois faits à la manière des peuples aryâ-européens, codes que possèdent les Moscovites au moins dans la forme, la propriété individuelle elle-même est plus développée et plus respectée dans l'empire ottoman, et par le gouvernement, et par les particuliers que dans l'empire russe (2). Si les Ottomans hésitent à donner le droi d'hérédité du sol aux étrangers c'est par crainte des abus de priviléges qu'ils ont donnés à ces derniers aux xve et xvie siècles.

Voilà ce qu'il faut enseigner à la jeunesse de la classe de philosophie. Comme les jeunes gens de cette classe peuvent être forcés d'entamer des discussions avec des personnes étrangères à la connaissance de la situation véritable de l'empire russe, et comme ils ont certainement entendu eux-mêmes des hommes très-intelligents parler sur l'unité des Moscovites avec les Slaves et autres Européens dans l'organisation sociale, il faut leur citer des exemples à l'appui de ce qu'ils croiront nouveau dans ce que nous disons.(*Nous donnons ces exemples plus bas au chapitre dernier.*)

Il faut dire à la jeunesse que la signification française, européenne des mots : propriété, hérédité, clergé, noblesse, bourgeois, paysans, serfs, cesse en Finlande et dans le bassin du Dniéper. En Finlande et en Esthonie, les paysans sont des Touraniens, mais leur éducation a été faite par le catholicisme, le

(1) Il ne s'agit pas d'une permission demandée par des soldats pour faire du feu dans un camp ; ce sont tous les agriculteurs qui n'ont pas ce droit de faire du feu dans les villages et les villes. Les Moscovites de tout le tzarat ne pouvaient user de cette permission qu'une seule fois par semaine à moins de priviléges spéciaux. (Voir plus bas, chap. dernier.)

(2) Les Bulgares, les Serbes, les Bosniaques, les Monténégrins, contrairement aux principes de l'école touranienne de M. Proudhon, n'approuvent pas du tout le don gratuit des terres des propriétaires aux non-propriétaires, comme le fait Alexandre II. Les plus pauvres et les moins instruits d'entre eux, qui ne lisent pas les journaux, ne croient pas à la possibilité d'un tel partage forcé. La propriété n'est pas établie par la loi en Turquie, comme en Russie, mais le sentiment du droit est très-développé même chez les Bulgaro-slaves.

protestantisme et par le droit germano-latin. Il faut ajouter que l'organisation municipale telle qu'elle était en Allemagne au moyen âge ne fut abolie à Smolensk et à Kiew qu'en 1836; que les idées des Moscovites sur la noblesse sont en opposition directe avec les idées françaises, européennes sur ce sujet; qu'en somme, les comtes, les princes moscovites ne peuvent pas être considérés comme tels, dans les idées européennes du mot. Pour en montrer les différences radicales et en donner en même temps la preuve, il suffit de rappeler ce fait, qu'un prince ou une princesse moscovite, portant *légalement* ce titre, n'a pas le droit de se servir d'une voiture attelée de quatre chevaux, si ce prince n'a pas le grade de colonel dans l'armée ou dans l'administration ; que le tzar peut ôter la noblesse appelée *héréditaire* à un noble et le faire simple roturier et ses enfants deviennent par cela même privés de noblesse. (Un cas pareil arriva au prince Dolgoroukow qui se réfugia à l'étranger.)

Les nobles moscovites se divisent en effet en une multitude de classes ou rangs, quatorze ou plutôt quinze (la première classe ayant deux degrés). Ce sont ces gradations dans les classes qui déterminent les degrés de dignités. Un prince moscovite qui n'a pas de rang est compté au nombre des habitants *mineurs.* Ce mot en langue moscovito-slave : *niédorosl,* a, comme l'on voit, une signification en Moscovie qu'il n'a pas dans l'Europe slavo-germano-latine. *La signification de villes, de bourgeois* en Moscovie est encore moins connue que la signification de propriété, de noblesse. Il faut arrêter l'attention de la jeunesse sur les grandes différences qui séparent les Moscovites des Slaves et des autres peuples aryâ-européens sur ce point important. Nous avons indiqué ces différences dans les chiffres relatifs des villes et des bourgades, en Moscovie (seulement 356), dans la Petite-Russie (309), dans les provinces baltiques (54) et dans les provinces lithuano-routhènes (1059). Nous avons vu que la Nouvelle-Russie elle-même entre en harmonie avec l'Europe slavo-germano-latine sous le point de vue de l'appréciation de l'origine et de caractères de villes. (Voir plus haut, p. 82 et 92-93. Voir aussi les preuves au dernier chapitre.)

Pour ce qui concerne les paysans. On peut dire que, selon les principes des penchants des peuples, l'affranchissement des serfs dans les provinces lithuano-ruthènes, les attachera encore plus à leur terre natale et leur permettra de développer la civilisation aryâ-européenne, tandis que l'affranchissement des paysans moscovites sera pour eux l'occasion de développer leurs penchants à la vie nomade. A l'exemple du gouvernement chinois, le gouvernement moscovite cherche à développer les principes sédentaires dans ses sujets, mais les instincts prédominent. Du reste, si d'un côté les deux gouvernements travaillent dans le sens d'attacher leurs sujets au sol natal, de leur faire aimer l'agriculture, ces mêmes gouvernements sont forcés eux-mêmes d'empêcher le développement de la vie sédentaire. Ainsi de nos jours, le gouvernement moscovite protége ardemment les migrations des paysans de la Moscovie européenne dans les contrées de l'Amour et entretient ainsi leurs instincts nomades.

CHAPITRE IX

SOMMAIRE

Continuation de l'anthropologie. — L'unité des peuples touraniens, y compris les Moscovites, de même que l'unité des peuples hindous ou aryà, y compris les Slaves, se sont développées depuis environ quatre mille ans. — Cinq phases historiques caractérisent le développement de l'unité de ces deux groupes dans les sens opposés. — Psychologie, facultés sentimentales et rationnelles; climatologie; maladies propres à certains pays et peuples; folie; rhumatisme; hygiène; place de la femme dans la société; physiologie, zoologie, minéralogie, botanique, comme éléments de critique dans l'appréciation des histoires des peuples aryà-européens et touraniens, particulièrement des Slaves et des Moscovites. — Sous le point de vue de l'enchaînement des faits historiques et sous les points de vue des sciences nommées, c'est le bassin du Dniéper qui finit la région occidentale ou slavo-germano-latine de l'Europe.

Nous abordons l'*enchaînement des faits historiques*. Il a été dit précédemment que l'unité des Moscovites avec les Sémites et les Chinois se légitimait par l'enchaînement des faits historiques depuis environ deux mille ans avant J.-C. jusqu'à nos jours. Les anthropologues ne contestent certainement pas que cet élément de critique ne doive décider en dernier ressort de la valeur des appréciations des degrés de parenté entre les peuples. Sur ce point encore nous ne dirons que ce que nous considérons comme de première nécessité pour les classes de philosophie.

La division du genre humain en races doit remonter bien au delà de deux mille ans avant notre ère; mais c'est à cette dernière époque que remontent les données qui en assurent l'existence, particulièrement pour ce qui concerne la division en agriculteurs et en nomades. Ainsi le patriarche Jacob est bien reçu par les Égyptiens, parce que c'étaient alors les pâtres qui gouvernaient l'État. Ses successeurs, au contraire, sont persécutés par les Égyptiens, dès que les agriculteurs arrivent au pouvoir. La division des habitants de l'Égypte en castes remonte à la plus haute antiquité. C'est bien antérieurement aux deux mille ans avant notre ère que les castes se formèrent parmi les habitants des Indes, car c'est à cette époque qu'il faut faire remonter l'occupation de l'Europe par les Hindous ou Aryâ. Les preuves de ce dernier fait se trouvent dans l'histoire primitive des Grecs et des Scythes proprement dits, *nomades*. Au temps de la guerre de Troie, comme nous l'affirme Homère, habitaient au nord, les peuples qui se servaient comme boisson du lait de jument. C'étaient les Kirghises Kaïssaks (Kosaks) appelés Scythes nomades. Ces Scythes disaient, en effet, à Hérodote que leurs ancêtres occupaient le pays depuis deux mille ans, c'est-à-dire depuis les temps les plus anciens. Le lecteur sait déjà que les peuples Aryâ ont eu à lutter sur le continent européen avec les Touraniens, qui les premiers occupaient le pays. (Plus haut page 24.) Les Aryâ parvinrent à chasser les Tourans de la région occidentale ou montagneuse de l'Europe (jusque dans le bassin du Dniéper) où ils n'étaient pas dans leur élément. Ce n'est que dans la Moscovie que les Tourans restèrent inattaquables, parce qu'ils s'y trouvaient essentiellement dans leur élément. (Voir plus haut pages 121-129.) Nous allons voir à présent que depuis deux mille ans avant notre ère, les événements les plus importants de l'histoire des peuples Aryâ-Européens, développent chez eux leurs penchants sédentaires, agricoles, tandis que les événements que présentent les fastes historiques des peuples Touraniens, ont développé chez ces derniers leurs penchants nomades, trafiquants.

1° Vers le viiie siècle avant notre ère, s'établit l'Etat romain. Cet établissement influa énormément sur la stabilité des demeures, non-seulement chez les peuples latins, mais encore chez les Gaulois, les Allemands et les Lechites ou Slaves. Ce fut le cri de *halte* pour tous les peuples Aryâ de l'Europe.

2° Vers les mêmes temps ont lieu les invasions des Scythes dans l'Asie-Mineure, et la transportation des populations de cette région dans les possessions plus stables de ces Scythes, savoir sur le Don et sur le Volga. Au viie siècle eut lieu l'exil des dix tribus juives par Salmanasar au fond de l'Asie et de là sur le Don et le Volga. Il est naturel que comme l'établissement de l'État romain servit à développer les instincts sédentaires des Aryâ, c'est dans le sens contraire que durent agir sur les peuples touraniens les terribles invasions des Scythes, et enfin la transportation des dix tribus juives : tous ces faits ne purent que développer les instincts nomades des Touraniens. A l'époque de la fondation de l'État romain, le bassin du Dniéper était occupé par les agriculteurs, tandis que la Moscovie l'était par les nomades ; on en trouvera des preuves évidentes dans Hérodote, qui dit positivement qu'*à l'est jusqu'au Dniéper et à trois journées de ce fleuve*, habitaient les agriculteurs, tandis que plus loin habitaient les nomades.

3° Les événements qui eurent lieu depuis le IIe jusqu'au XIVe siècle de notre ère, continuèrent dans le même sens. Les migrations des peuples aryâ-européens, du IIe au VIIIe siècle n'eurent pas lieu dans le sens des migrations des peuples touraniens ; ceux-ci venaient en Allemagne des frontières de la Chine et de l'Océan Pacifique, tandis que les peuples aryâ-européens ne faisaient que se remuer dans leurs frontières entre les côtes de la mer Baltique, l'océan Atlantique et la Méditerranée. Ainsi les Bourguignons viennent de la Vistule en France, et s'y établissent. Les exceptions à cette règle (les Vandales, les Goths) prouvent d'autant mieux la justesse de ce principe, qu'on peut appeler général. Plus tard ce fut la féodalité qui, malgré ses imperfections et ses abus, développa les instincts des Aryâ-Européens, pour la vie sédentaire. Les continuelles invasions des Arabes forcèrent les Aryâ-Européens à faire des expéditions en Asie, mais il n'y a là aucune trace de penchants nomades. C'est le contraire chez les Touraniens. Ils émigrent, comme nous venons de le dire, du fond de l'Asie ; les Huns, les Sabires, les Avares, les Turcs, les Ouigours, les Koutourgours, les Madiares, les Chazars, et enfin au XIIIe et XIVe siècle, les Tatares avec les Mongols et les Turcs ottomans. Les Djenghiskhanides donnent occasion aux princes Rurikowitsches d'attacher les paysans à la glèbe en les chargeant de lever la capitation (après avoir, au préalable, fait le recensement de la population).

Mais les princes Rurikowitsches ne régnaient en Moscovie, lors de ce recensement et de cet asservissement des paysans (au XIIIe siècle), que sur la très-petite portion de ce pays ; car

la rivière Oka servait de frontière effective aux possessions
des princes Rurikowitsches à l'est, tandis qu'au nord, les Bulgares de la Kama étaient indépendants. C'est un point qui domine tous les autres dans l'histoire de la Moscovie. Ainsi la
majorité des Moscovites étaient libres à la manière touranienne.

4° Du xive au xviiie siècle, les Polonais furent continuellement
menacés par les invasions des Touraniens ottomans, des Tatares de Crimée et des Moscovites; mais à l'exception de l'Oukraine (pays frontière), les habitants de la Pologne, du Dniéper
et de la Vistule, paysans et nobles, ne cessent de développer la
vie sédentaire. La noblesse des princes Rurikowitsches du bassin du Dniéper devenue, pour ainsi dire, nomade, par suite du
besoin continuel où elle se trouvait de se défendre contre les
Touraniens du xie au xive siècle, devint agricole, campagnarde, à
partir du xive siècle, aussi bien que toute la noblesse polonaise.

Tout le contraire arriva pour les peuples touraniens. Le Gouvernement moscovite veut faire de son peuple un peuple sédentaire, l'attacher au sol, le donne en propriété aux *tschinovniks*;
mais en même temps les nouvelles acquisitions qu'il fait en
Asie le forcent de se servir des moyens que lui donne l'autocratie
orientale, pour transporter les populations dans ces nouvelles
contrées.

5° Depuis le xviiie siècle jusqu'à nos jours, les migrations des
Aryâ-Européens en Asie et surtout en Amérique, ne les ont point
rendus nomades. On parle beaucoup des penchants nomades
des peuples germains; mais l'établissement si facile des Bourguignons dans les Gaules, l'esprit provincial si fortement développé en Allemagne et même aux États-Unis, démontrent que
c'est là une erreur. Le récent affranchissement des serfs à Novgorod, à Smolensk, et en général dans le bassin du Dniéper, les
attachera encore plus au sol natal, à l'agriculture.

Les Turcs ottomans eux-mêmes ont attaché au sol les peuples
nomades de l'Asie (sans les réduire à l'état de serfs comme les
Moscovites), pourtant les Turcs ne cessent pas d'être nomades

au fond. Le gouvernement moscovite affranchit les serfs pour faciliter leur migration au fond de l'Asie. L'état de choses en Moscovie, de nos jours, est le même qu'au xvie siècle, au temps d'Iwan IV le Terrible. Les serfs sont libres, et les nobles (si nobles il y a) sont asservis, en attendant qu'ils soient détruits par la nécessité de conscrvation, nécessité propre aux peuples Touraniens qui ne peuvent pas supporter les castes, les classes dans la société. Les castes, les classes avec tout le bien ou le mal qu'elles produisaient, servaient, chez les peuples aryâ-européens, de garantie de la sécurité, de la liberté et de la moralité. Les peuples touraniens s'inquiètent moins de la liberté que de la sécurité, et ils la trouvaient dans l'autocratie patriarcale, dans le communisme, et, comme conséquence, dans la haine des castes et des classes, et dans la haine de la propriété individuelle.

Il y a bien d'autres ordres de faits qui montrent l'unité des Slaves du bassin du Dniéper avec les autres peuples aryâ-européens, et l'unité des Moscovites avec les autres peuples touraniens par l'enchaînement des traditions, des faits historiques, depuis les temps les plus anciens, mais nous nous contenterons de nous arrêter, à la fin de notre exposé, sur le dernier point que nous venons de constater, savoir : sur les castes, car il résume tous les rapports historiques entre les peuples aryâ-européens et touraniens dans ce que les deux familles ont de plus intime dans leur individualité. (Voir le dernier chapitre.)

Psychologie, facultés sentimentales et rationnelles. — Climatologie. — Maladies propres à certains pays et à certaines races. — Folie. — Rhumatismes. — Hygiène. — Place de la femme dans la société. — Physiologie. — Zoologie. — Minéralogie. — Botanique.

Nous n'avons que quelques mots à dire sur chacune de ces sciences, en tant qu'elles nous serviront d'éléments de critique; car si nous nous sommes arrêtés sur la partie géologique, particulièrement sur l'hydrographie, la configuration du sol et, dans l'anthropologie, sur les physionomies, les costumes, les occupations, les divisions en classes et les religions, c'est parce que nous croyons que les conclusions qui résultent de l'application de toutes ces sciences aux études historiques sont plus ou moins à développer dans les classes de philosophie. Au contraire, les nouveaux points que nous venons de nommer, peuvent, à la rigueur, être abandonnés. Nous en dirons pourtant quelques mots. Les professeurs trouveront peut-être utile de rappeler et de développer dans leur enseignement, nos observations et de corriger les erreurs que nous pourrions commettre dans le résumé que nous nous proposons de faire.

Psychologie. — Aux manifestations des différences psychologiques entre les peuples Aryâ-européens et touraniens dont il a été parlé plus haut (sur la diversité du niveau intellectuel chez les premiers et son uniformité chez les derniers, plus haut, p. 26), on peut ajouter leurs différences dans les manifestations sentimentales et rationnelles. Les facultés sentimentales prédominent chez les Slaves (en faisant exception des Bulgaro-slaves), chez les Gaulois (Français) et chez les Latins. Les facultés rationnelles sont au contraire prédominantes chez tous les peuples touraniens, particulièrement chez les Moscovites et chez les Chinois. Les peuples germains ne sortent pas de l'harmonie des Aryâ-Européens, mais pourtant leur mélange avec les Touraniens se fait fortement sentir. (Voir plus haut p. 28.) Voici quelques preuves résultant de l'application pratique de ces principes.

Il n'y a pas de peuple qui n'ait ses poëtes, ses poésies; les Moscovites en ont aussi, mais, tandis que les chants populaires par exemple des Petits-Russes, partent du fond du cœur, transportent, agitent l'auditeur et se gravent dans son souvenir; ceux des Moscovites n'émeuvent pas le cœur, car leurs chansons émanent plutôt de l'imagination et non du cœur. Les quarante millions de Moscovites n'ont pas produit, répétons-nous, autant de chansons que les Cracoviens ou les Serbes à eux seuls. En revanche, les Moscovites sont fort raisonneurs, mais leur raisonnement, comme en général celui des Chinois, ne se rapporte qu'aux besoins matériels. Ainsi les Chinois et les Moscovites aiment beaucoup les chiffres statistiques. Ce furent les Mongols qui, au XIII⁰ siècle, introduisirent en Europe (sur le Dniester et le Dniéper) le dénombrement de la population par âmes ; ce recensement fut perfectionné par les souverains moscovites depuis Pierre I⁰ʳ ; les peuples aryâ-européens ne le connaissaient que pour les armées.

La prédominance des facultés rationnelles chez les Moscovites se manifeste dans une multitude de proverbes (il y en a environ six mille d'imprimés) ; elle se manifeste encore par le grand nombre de sectes religieuses.

Mais la faculté du raisonnement chez les Moscovites ne développe nullement chez eux la puissance créatrice de l'intelligence ; ils raisonnent beaucoup, mais superficiellement, terre à terre ; cela se remarque surtout dans la plus puissante productivité de leur génie créateur, dans la pratique du communisme, dans l'autocratie et les sectes religieuses. Nous avons vu que quarante millions de Moscovites n'ont pas fourni un seul savant qu'ils auraient pu placer sur le monument de Novgorod, quoiqu'ils y aient placé des personnages très-médiocres. Nous laissons aux médecins de montrer jusqu'à quel point notre théorie est confirmée par la pratique ; mais d'après les principes que nous venons d'indiquer, une des plus grandes et des plus affligeantes manifestations psychologiques, *la folie*, doit se manifester différemment chez les peuples aryâ-européens et touraniens. Chez les premiers, par exemple, l'amour du sol natal, de la patrie, du beau idéal, doit occasionner plus de cas de folie que chez les Touraniens.

3ᵃ *Climatologie.* — Maladies propres à certains pays et à certains peuples.

M. Henri Martin a déjà constaté les différences de climat dans le bassin du Dniéper et dans celui du Volga (1).

Quiconque a observé ce que nous avons dit sur l'état du sol des deux régions occidentale et orientale de l'Europe, au point de vue de la géologie agricole, de l'exploitation rurale, de la configuration du sol, enfin au point de vue des bassins, dans

____

(1) *Le Siècle,* 10 octobre 1863. Voir encore plus bas : *Physiologie, Zoologie.*

l'étendue de la partie européenne de l'empire russe, ne peut que se ranger à l'avis de M. Henri Martin ; le climat y joue un grand rôle.

Pour ce qui concerne les maladies propres à certains pays et à certains peuples, nous avons constaté que les rhumatismes ne sont pas du tout aussi forts ni aussi fréquents dans la région orientale ou tourano-moscovite de l'Europe que dans la partie occidentale ou slavo-germano-latine. On explique cette différence par le peu d'usage des bains à vapeur chez les habitants de cette dernière région, pendant que les habitants de la région occidentale usent fréquemment de ce moyen hygiénique. Pour nous, nous l'attribuons aux différences géologiques de ces régions. Ce sont, en effet, les pays montagneux, entrecoupés d'un grand nombre de systèmes fluviaux qui augmentent les occasions de rhumatismes ; la configuration et l'hydrographie de la Moscovie la préservent de ce fléau ; nous ne disons pas qu'elles l'empêchent entièrement.

5° *Hygiène. Place de la femme dans la société.* — Les Aryâ-Européens, y compris les Russes-Blancs et les Petits-Russes, se servent des bains pour la seule propreté du corps ; les Touraniens, au contraire, y compris les Moscovites, attachent à l'usage des bains des idées religieuses et morales dans le sens le plus strict du mot. Les plus simples faits de propreté leur sont imposés par leurs législateurs : ils sont obligés par leur loi religieuse de se laver plusieurs fois par jour.

Les filles nubiles, de même que les femmes moscovites, portent une espèce de ceinture qui, d'après M. le docteur Séverin Galezowski, serait un moyen de préservatif hygiénique. Nous croyons qu'elles la considèrent encore comme un talisman devant leur servir d'appui moral pour garder leur chasteté. Les femmes slaves ne connaissent nullement ces sortes de préservatifs hygiénique ou moral et n'en ont pas besoin.

6° *Place de la femme dans la société.* — Chez les peuples aryâ-européens, les sentiments individuels moraux sont plus développés chez la femme que chez l'homme ; c'est le contraire qui existe chez les peuples touraniens. Chez les Moscovites, chez les

Turcs et chez les Chinois, c'est l'homme qui sent plus fortement sa dignité que la femme.

Les quarante millions de Moscovites n'ont produit que deux saintes (les reliques de l'une sont à Mourome et celles de l'autre à Souzdal), et encore l'origine de ces saintes n'est pas bien établie. Les Moscovites n'ont point de femme mythique ou historico-poétique; ce genre de femmes ne se rencontrent à l'est de l'Europe que dans les contrées scandinavo-finnoises (poëme Kalevala et autres), à Novgorod (Martha Boretska), dans la Russie-Blanche (Rohniéda ou Goryslawa et plusieurs autres saintes), et à Kiew (la Belle Princesse ou Libed Cygne), sainte Olga-Hélène et autres. Les premières femmes moscovites devenues célèbres sont : Sophie, sœur de Pierre Ier; Catherine Ire; Elisabeth; Anne; Catherine II. Mais toutes ces femmes sont des exemples très-malheureux au point de vue moral.

REMARQUE. — Il n'y a rien d'étonnant que dans cet état de civilisation des Moscovites, leurs filles et leurs femmes, à l'exemple des filles et des femmes païennes, se servent de moyens tout matériels pour sauvegarder leur moralité, comme on vient de le voir. (Voir quelques faits se rapportant au sujet du dernier chapitre.)

Physiologie. — Nous ne ferons que rappeler ici que l'individualité des Moscovites se manifeste par cinq sortes de caractères physiologiques : 1° l'ouïe, 2° le toucher; 3° l'odorat; 4° les cheveux; 5° la fécondité des femmes.

Au sujet des trois premiers sens, ils sont très-émoussés chez les Moscovites. Le professeur de l'Université de Saint-Pétersbourg, M. Nadejdine, après avoir constaté les différences qui existent dans ces trois points entre les Moscovites et les Slaves de l'empire russe, les attribue *à l'immensité des plaines* de la Moscovie et à son *climat.* Cette explication, admise généralement par les savants moscovites, prouve, pour sa part, ce qui vient d'être dit sur la différence orographique et climatologique du bassin du Volga (avec l'Oka et la Kama) de celui du Dniéper (1). Pour ce

(1) Lexicon encyclopédique. St-Pétersbourg 1838. Article : Wiéliko-Rassiia, Grande-Russie.

qui concerne les branches de physiologie qui nous occupent en ce moment, nous ajouterons que les Touraniens sont en général plus assujettis aux maux d'yeux que les Aryâ-Européens.

Quant au quatrième point physiologique qui caractérise l'individualité des Moscovites, savoir, l'épaisseur de leurs cheveux, c'est le célèbre agronome allemand, baron de Haxthausen, qui, le premier, a cru devoir en prendre note, tout en considérant les Moscovites comme Slaves *nomades*, tandis qu'il reconnaît les Novgorodiens, les Ruthènes et autres Slaves pour agricoles et sédentaires (1).

La dernière manifestation physiologique que nous avons prise en considération dans nos études est la grande fécondité des femmes touraniennes, surtout des femmes moscovites. C'est un point qui mérite l'attention particulière des anthropologues, des historiens, statisticiens et hommes d'État. Il n'est pas rare, en effet, de voir les femmes moscovites donner le jour à deux, trois, et même à quatre enfants à la fois. Les femmes chinoises ne sont pas moins fécondes. Mais si, d'un côté, leur fécondité est si grande, le peu de cas que font les femmes moscovites de leur progéniture surpasse tout ce qu'on peut s'imaginer. Nous avons vu qu'un des plus célèbres observateurs psychologues et physiologues dans les faits du domaine de l'histoire, M. Michelet (de l'Institut) a caractérisé la commune moscovite, en disant qu'*elle a pour but de récompenser les naissances*. Mais on peut aussi retourner la question et dire : la fécondité des femmes moscovites est si grande que, pour obvier aux inconvénients qui en résulteraient, la société, dirigée par l'esprit de sécurité, s'est organisée de façon à ne pas permettre l'établissement des principes de la propriété individuelle du sol, moyen qui, du reste, ne contribue nullement à extirper le paupérisme, comme on le prétend.

Rappelons, comme fait très-caractéristique dans l'appréciation des frontières géographico-physiologiques des régions de l'empire russe, que le gouvernement de Smolensk fait partie des

____

(1) Études sur la Russie, partie IIIe.

gouvernements occidentaux sous le point de vue de la progression des naissances.

Zoologie. — Le célèbre géographe Malte-Brun a constaté que la race chevaline naturelle, la plus belle, se conserve en Pologne, en n'exceptant que l'espèce arabe. La statistique comparative des régions de l'empire russe démontre qu'il n'y a presque pas de chèvres en Moscovie, tandis qu'elles sont très-nombreuses dans les provinces occidentales, ou lithuano ruthènes, de même que dans la Petite-Russie. Voici, comme exemple, les résultats auxquels nous amenèrent nos études comparatives de statistique au chapitre géographico-zoologique sur les chèvres. Dans les provinces lithuano-ruthènes, sur environ huit millions d'habitants (sans le gouvernement de Kiew), les statisticiens du ministère de l'intérieur de Saint-Pétersbourg comptaient, pour l'année 1856, 345,850 chèvres, tandis que sur une population d'environ trente-sept millions d'âmes en Moscovie, on ne trouva que 462,930 chèvres. Dans les provinces de la mer Baltique, 377,711 ; dans la Petite-Russie, 127,356; dans la Nouvelle-Russie, 51,115 chèvres. Ce qui mérite encore d'être constaté, c'est que c'est dans le gouvernement de Kasan qu'on en rencontre le plus. Nos déductions sur tous ces sujets trouvent leur place dans le dernier chapitre de l'*Appendice* de M. Viquesnel dont il a été question. On y verra que, comparativement à la population et à l'étendue, les chevaux sont plus nombreux en Moscovie que dans les provinces lithuano-ruthènes. Ainsi les études géographico-zoologiques démontrent, pour leur part, les différences énormes qui séparent la région tourano-moscovite ou ouralienne, comme l'appellent les agronomes moscovites, de la région du Dniéper sous le point de vue de la configuration du sol, la chèvre étant un animal de montagnes.

Minéralogie. Botanique. — En fait de minéralogie, nous avons à constater ici que le succin ne se trouve pas seulement sur la Vistule, mais aussi sur le Prypiet appartenant au bassin du Dniéper. Nous notons ce fait avec d'autant plus d'empressement que la présence de ce minéral dans le bassin du Dniéper semblait être ignorée. Or, nous avons rappelé le rôle immense que jouait le commerce du succin dans l'histoire de tous les peuples aryâ-européens (Voir plus haut, p. 104-105.).

Nous reconnaissons que nous possédons le moins de données sur la branche de botanique. Et pourtant la fllore de la région ouralienne doit bien différer de celle de la région carpathique. Si nous prenons en considération que, d'après les trois savants que nous avons nommés comme s'étant occupés des études sur la division de l'empire russe sous le point de vue agronomique, la région ouralienne s'étend jusque dans les gouvernements de Koursk, de Kalouga, de Moscou (voir plus haut); il faut admettre naturellement que ce sont là les frontières extrêmes occidentales ouraliennes et pour la flore ouralienne.

Étant le premier à systématiser tant de sciences pour ce qui concerne l'indication des frontières géographiques pour chaque branche spéciale dont nous nous sommes occupés, nous reconnaissons notre incompétence à apprécier ces frontières dans leurs détails; nous nous appuyons souvent sur les autorités des savants compétents. Telle est précisément notre légitimation de l'admission du bassin du Dniéper comme frontière occidentale extrême de la région occidentale de l'Europe dans la botanique.

Sur ce dernier point, comme sur tous les autres que nous venons de mentionner, nous nous proposons d'entretenir et de consulter les sociétés savantes qui s'occupent spécialement de chacune de ces branches. Nous soumettrons à leur attention les résultats de nos observations en fait de botanique. Ces résultats sont d'accord avec les principes généraux que nous venons de constater; mais nous n'en parlons pas ici pour éviter les discussions de détails.

———

CHAPITRE X

SOMMAIRE

Preuves et éclaircissement des assertions moins connues se trouvant dans l'exposé actuel.

1° La pureté de l'élément slave n'a pu se conserver le mieux que dans le bassin de la Vistule, surtout en Mazovie : réponse au général Mieroslawski. — 2° La nationalité polonaise ne s'est formée que depuis l'union des Slaves de la Vistule, de la Dvina, du Dniéper et du Dniester au xive siècle. Les Moscovites ne sont pas les descendants de la nationalité polonaise, comme le soutiennent le général Rybinski et M. J.-B. Ostrowski. La Pologne, même celle du Dniéper, fait partie intégrante de l'histoire de la civilisation des peuples aryâ-européens, même avant le xive siècle ; les Moscovites ne doivent pas être reconnus pour Slaves, même en *politique*, comme le veut M. Zb...... — 3° La minorité des Moscovites, tout en payant un tribut aux princes rurikovitsches, s'oppose au christianisme jusqu'au xiiie siècle ; les Moscovites sont musulmans et juifs, même dans le gouvernement de Wladimir, adjacent à celui de Moscou, jusqu'à l'an 1223. C'est la victoire des Slaves (chrétiens) sur les Moscovites, qui a été une des causes de l'invasion des Mongols l'année suivante. Preuve de l'unité des intérêts des Moscovites de la Souzdalie avec les peuples de l'Asie centrale à cette époque. — 4° La majorité des Moscovites n'est forcée d'embrasser le christianisme que dès la seconde moitié du xvie siècle ; c'est cette majorité qui formait les Khanats de Sibérie, de Kazan et d'Astrakhan. — 5° Au xiiie siècle, l'on compte treize évêchés à Novgorod, sur le Dniéper et sur le Dniester, tandis qu'on n'en trouve qu'un seul en Moscovie. — 6° Vers le xvie siècle, le cabinet de Moscou se pose la question : la religion juive doit-elle être reconnue comme religion d'État ? Les métropoli-

tains de Moscou étaient juifs. Les Moscovites juifs de nos jours ;
7° Fécondité extraordinaire des femmes moscovites. Le gouvernement de Smolensk appartient aux provinces Lithuano-
Ruthènes, sous le point de vue des naissances.

I. *La pureté de l'élément slave n'a pu se conserver le mieux que
dans le bassin de la Vistule, surtout en Mazovie.*

C'est une vérité qui a été rétablie dans ces dernières années,
par les savants français comme MM. Viquesnel, Henri Martin,
Flourens, et le comte de Bonjean. Ce dernier, en constatant
au Sénat les dernières conclusions des études sur le slavisme,
les a résumées en deux points : 1° que les Moscovites ne sont
pas Slaves, mais Touraniens, comme nous l'avons déjà vu ; 2° que
l'élément slave s'est conservé le mieux en Pologne. En effet,
les Slaves qui émigrèrent sur le Danube y trouvèrent les Touraniens; Avares, Bulgares, Madiares, se mêlèrent avec eux au
VIIe-Xe siècle ; plus tard les Touraniens Ottomans, de même que
les Albanais et les Byzantins n'étaient plus propres à conserver
la pureté de l'élément slave. Les Slaves, même du Dniester et du
Dniéper, étaient longtemps sous la domination des Touraniens-
Mongols et Tartares ; dans la Petite-Russie, c'est l'élément
kozak qui a défiguré l'élément slave, au moins pour un certain
temps. Et que répondre au général Mieroslawski et à ceux qui
disent que les Moscovites ont conservé le mieux l'élément slave
parce qu'ils sont communistes?

II. *La nationalité polonaise ne s'est formée que depuis l'union des
Slaves de la Vistule, de la Dvina, du Dniéper et du Dniester au
XIIe siècle. Les Moscovites ne sont pas les descendants de la nationalité polonaise, comme le soutiennent le général Rybinski et
M. J.-B. Ostrowski. La Pologne, même celle du Dniéper, fait
partie intégrante de l'histoire de la civilisation des peuples indo-
européens même avant le XIIe siècle. Les Moscovites ne doivent
pas être reconnus pour Slaves, même en politique, comme le veut
M. Zb.....*

Nous sommes heureux de pouvoir placer ici la réponse d'un

savant publiciste français au sujet dont il s'agit, en insérant tout l'article de M. Élias Regnault ; car, pour ne pas parler des origines et de statistique, le commissaire du gouvernement national polonais a cru bon d'exclure, des actes qu'il publie pour le Sénat et la Chambre des députés français, une proclamation du gouverneur général de Kiew, de Podolie et de Volhynie, dont l'importance a été appréciée par le public français. Cette circulaire doit, en effet, attirer l'attention des historiens et statisticiens, comme nous allons voir :

« Trop souvent les publicistes s'étonnent à l'explosion subite d'une tempête sociale. Leur étonnement ne peut s'expliquer que par un défaut d'observation antérieure. Dans l'histoire des peuples, rien ne se fait subitement, rien n'est spontané ; une révolution quelconque ne peut être une surprise que pour les aveugles. Tout se prépare à l'avance, et d'ordinaire assez lentement pour avertir même la plus opiniâtre imprévoyance ; seulement, il faut ajouter que tout se prépare beaucoup plus par les provocations des gouvernements que par les ressentiments des peuples. Toute insurrection, même la plus légitime, n'a de chances de triomphe qu'en se justifiant aux yeux des indifférents, et la justification ne résulte pour les indifférents que des excès de l'oppresseur.

« Jamais ne s'est produit plus frappant exemple de ces vérités que dans le mouvement actuel de la nation polonaise.

« Depuis l'infructueux effort de 1830, les cabinets européens étaient heureux de s'endormir sur une question qui les avait souvent troublés et toujours impatientés. Vainement une émigration active, éclairée et toujours vigilante, agitait les chancelleries de ses incessantes protestations : les chancelleries profitaient volontiers des informations d'une diplomatie nomade, mieux au courant des choses que les fonctionnaires s'endormant à domicile ; quelquefois même, dans les jours de tiraillements diplomatiques, on profitait des auxiliaires qu'on avait près du coude pour en agiter aux yeux des agents moscovites le fantôme menaçant. Mais soi-même on ne croyait pas au fantôme, et l'on ne s'expliquait guère la crédulité de Saint-Pétersbourg.

L'émigration, il est vrai, parlait beaucoup de la nation, mais l
nation elle-même se taisait. Les observateurs superficiels de la
diplomatie répétaient que la Pologne avait abdiqué, et pre-
naient en pitié les inutiles mécontentements et les folles espé-
rances.

« Mais les oppresseurs, mieux au courant des choses, pour-
suivaient en silence leur guerre aux souvenirs patriotiques, aux
sentiments religieux, à toutes les traditions qui rendent les Polonais dissemblables aux Moscovites; et cette guerre même
entretenait le patriotisme, stimulait les résistances, et déve-
loppait le champ des futurs combats. Pendant que l'Europe,
concentrant ses observations au petit royaume de 1815, ajoutait
foi aux pacifications d'un Muchanoff, le cercle des répressions,
obligé de s'étendre, enseignait une géographie plus vraie que
celle des traités : les provinces Lithuano-Ruthènes étaient prises
à partie par les dictateurs moscovites, qui mesuraient la féro-
cité de leurs décrets à l'énergie du sentiment national dont ils
prétendaient triompher. Les décrets oppressifs avaient d'ailleurs
cet avantage de bien déterminer par la persécution les véritables
frontières de la Pologne.

« Voici un décret du prince Wassiltchikow, général-gouverneur de Kiew, Wolhynie et Podolie, en date du 20 octobre 1861.

« Nous sommes ici sur un terrain significatif, le bassin du
Dniéper : la date aussi mérite d'être signalée. On était loin alors
de tout symptôme d'insurrection.

« Les derniers événements du royaume de Pologne ont
« trouvé un écho dans quelques contrées des gouvernements
« occidentaux de l'empire. Il y eut une suite de manifestations
« portant un caractère de sympathie pour l'époque dans laquelle
« ce pays, qui faisait partie, dès les temps les plus reculés, des
« domaines de la Russie, entrait temporairement dans la for-
« mation de l'ancien royaume de Pologne. Pour empêcher les
« désordres qui en résultent, au nombre des mesures approuvées
« par Sa Majesté et publiées dans les ukases du sénat dirigeant
« pour les gouvernements dépendants du général-gouverneur
« de Wilna et dans le gouvernement de Minsk, on prit celle de

« désarmer les habitants. Il a plu à Sa Majesté impériale d'au-
« toriser le gouverneur militaire de Kiew, Wolhynie et Podolie,
« à faire la même chose dans les gouvernements de sa dépen-
« dance, lorsqu'il le jugerait nécessaire. Le général-gouverneur,
« considérant l'apparente tranquillité du pays, ne jugea pas
« nécessaire d'appliquer cette mesure. Il pensa que les habi-
« tants polonais des gouvernements susmentionnés, constituant
« 485,000 âmes catholiques sans distinction d'origine, sur la
« masse d'une population de 5,250,008 âmes, comprendraient
« leur position et leurs vrais intérêts, et ne se permettraient
« pas de manifester des désirs et des tendances de quelque
« genre que ce soit, contraires à l'ordre officiel établi, et il s'est
« borné, ainsi qu'on le sait, à faire faire la révision des armes
« qui se trouvaient chez les habitants. Il est regrettable que,
« par suite de suggestions d'hommes malintentionnés qui ex-
« citent l'imagination et nourrissent les tendances chimériques
« de la partie de la population polonaise vaine et légère, aient
« commencé parmi cette population, dans quelques localités
« des contrées confiées à Son Excellence, des incartades tout
« à fait déplacées. On exécutait dans les églises polonaises des
« chants patriotiques, qui même quelquefois empêchaient la
« messe, offensant ainsi la sainteté des maisons de Dieu et le
« respect dû à la religion. On faisait célébrer le service des
« morts pour l'âme de quelque patriote polonais, on consacrait
« des croix dans des endroits publics en signe de démonstra-
« tions politiques. Tout cela finit, dans ces derniers temps, par
« amener à Zytomir des désordres qui forcèrent Son Excellence
« à déclarer cette ville en état de siége. Sans égard pour tous
« les avis que Son Excellence donnait à la noblesse par l'entre-
« mise de MM. les maréchaux, comme toutes ces incartades
« continuaient, afin de contenir la population polonaise dans
« les limites des lois et des convenances, S. Exc. le général gou-
« verneur se trouve forcé de prendre, bien qu'avec la plus
« grande douleur, des mesures de sévérité et de prévoyance.
« En conséquence, il donne ordre de désarmer tous les habitants
« d'origine polonaise, en se réglant sur les principes suivants :

« N° 1. — Il faut déclarer, par l'intermédiaire de la police,
« aux habitants des gouvernements que ceux d'entre eux qui ha-
« bitent les villes doivent, dans l'espace de quinze jours, et ceux
« qui habitent les districts, dans l'espace d'un mois, présenter
« leurs armes aux chefs de police dans les villes, aux stanowy-
« prystaw (commissaires de police) dans les campagnes. Celui
« chez qui se trouverait une arme après le terme indiqué sera
« considéré comme recéleur avec préméditation et jugé d'après
« toute la rigueur des lois.

« N° 2. — Pour ce qui regarde la manière de recevoir les
« armes ordinaires et de les renvoyer dans les compagnies
« d'invalides pour être expédiées dans les arsenaux, ainsi que
« les armes antiques, les armes de curiosité et de luxe, la police
« doit accomplir son devoir d'après les règlements qui se trou-
« vent exposés dans les communications de Son Excellence à
« MM. les chefs des gouvernements, du 22 août, n° 3755, et
« du 29 du même mois, 3869.

« N° 3. — Les armes qui se trouvent dans les magasins des
« marchands et qui sont inscrites à la police, peuvent être con-
« servées dans les magasins, mais à condition que la vente n'ait
« lieu qu'avec la permission écrite du chef du gouvernement.
« Les marchands signeront une déclaration dans laquelle il sera
« dit que pour la vente d'une arme contrairement au présent
« règlement, ils seront jugés d'après toute la rigueur des lois,
« en qualité de recéleur avec préméditation. La police doit
« surveiller l'accomplissement de cet ordre, et faire de temps
« en temps la révision des armes qui se trouvent chez les mar-
« chands et de celles qui sont vendues.

« N° 4. — On laissera les armes à tous les Russes, nobles,
« employés, marchands et bourgeois, à tous ceux de la religion
« orthodoxe et luthérienne. Quant aux personnes de la religion
« catholique, on doit laisser *un* fusil de chasse à chaque maré-
« chal de noblesse et à ceux des employés du gouvernement
« pour lesquels leurs supérieurs donneront caution. Aux serfs
« ainsi qu'aux *temporairement obligés* serfs, dont l'émancipation
« n'est pas entièrement accomplie, aussi aux serfs de la cou-

« ronne, on laissera pour la chasse des bêtes fauves qui font
« beaucoup de dégâts dans les villages, autant d'armes que les
« chefs de gouvernement le jugeront nécessaire, selon les dis-
« positions et sous la caution des chefs de village. Les chefs de
« gouvernement sont autorisés à accorder la permission de gar-
« der un fusil de chasse à quelques propriétaires catholiques,
« sous la caution de deux personnes bien pensantes et sous
« leur responsabilité, dans le cas d'un abus de confiance. On
« peut laisser aussi un fusil de chasse aux marchands juifs
« bien pensants. La police doit avoir des livres où sera enre-
« gistré tout ce qui se rapporte à la remise des armes. »

« Au moment où paraissait cet étrange document, l'Europe ne
se préoccupait que de la situation de Varsovie, et voilà que les
chefs moscovites lui montrent l'insurrection se propageant sur
toutes les rives du Dniéper; bien mieux, ils provoquent eux-
mêmes l'insurrection par de sauvages décrets. L'édit du prince
Wasiltchikow est en réalité un appel à la guerre civile, une invitation au massacre, le déchaînement des schismatiques contre
les catholiques, des paysans contre les propriétaires; les uns
sont enrégimentés, les autres sont désarmés, et, par une heu-
reuse ironie, on laisse les armes aux serfs *pour la chasse des bêtes
fauves,* en ayant soin d'indiquer les *habitants d'origine polonaise*
comme le point de mire des massacreurs de bonne volonté.

« Il est vrai que cet abominable calcul n'a pas eu tout le
succès qu'on en attendait : les paysans n'ont pas accepté les
divisions ethnographiques du prince-gouverneur, et ils ont con-
sulté leurs traditions de chaumière plutôt que les enseignements des savants de Moscou.

« C'est là sans doute un argument auquel le vigilant gouverneur ne s'attendait pas : l'attitude calme des paysans devant des
appels à la haine, est la meilleure réponse qui pût être faite aux
classifications de races inventées par les Moscovites. Quelle
merveilleuse occasion se rencontre pour les paysans de faire
justice de ces nobles qu'on leur signale comme étrangers! Ils y
sont conviés par l'autorité; ils auraient pu y être conduits par
de simples rancunes personnelles, et, cependant, les rancunes

se taisent, l'autorité appelle en vain la discorde. La communauté de sentiments se prononce avec la communauté d'origine, et les paysans donnent une leçon au prince.

« L'unité du groupe lithuano-ruthène, comme faisant partie de la nation polonaise, est attestée par Schafarik, qui reconnaît que les Ruthènes, avant de parler leur langue actuelle, parlaient la langue des Lechs (1). Il précise encore mieux le fait, en démontrant que les Slaves de Nowgorod et du Dniéper sont originaires de la Vistule.

« De son côté, M. de Kœppen considère tous les habitants des gouvernements occidentaux, excepté ceux de Kiew, comme complétement unis par leur origine, leurs traditions et leurs mœurs. Il ajoute, d'une manière plus explicite, que les paysans de la Podolie, de la Wolhynie, de Witepsk et de Mohilew, même ceux qui professent la religion grecque, sont complétement unis par les *traditions historico-politiques* aux paysans de la Samogitie ne parlant pas slave, et ardents défenseurs du catholicisme. Pour Kiew même, nous rencontrons le témoignage non suspect de M. Pauly, membre de la Société impériale de géographie de Saint-Pétersbourg. Il reconnaît que, dans tout le gouvernement de Kiew, il n'y a que 2,000 Moscovites, tandis qu'il y compte 75,000 Polonais, non compris les paysans Ruthènes. Or, ceux-ci sont issus d'un mélange de familles slaves antérieures aux Varègues, et de colons venus postérieurement des bords de la Vistule.

« Arsenieff est sur les mêmes points d'accord avec Schafarik (2).

« Enfin, avant Arsenieff, Hermann signale comme Polonais les habitants des gouvernements de Witepsk et de Mohilew, quoique les premiers occupés par les Moscovites. Seulement, il divise ces habitants en catholiques et orthodoxes (3).

« Toutes ces données historiques sont fournies par des savants qu'on ne peut accuser de partialité envers les Polonais. Mais la

(1) *Histoire des langues et littérature slaves.*
(2) *Antiquités slaves.*
(3) *Statistique de l'empire russe.*

politique moscovite parle autrement que la science, et le prince Wassiltchikoff admet à peine un dixième de Polonais parmi ces mêmes populations. Contentons-nous de le renvoyer à la Société impériale de géographie de Saint-Pétersbourg.

« Mais voici une autre assertion qui est le mot d'ordre toujours répété : selon le décret Wassiltchikoff, les provinces Lithuano-Ruthènes, avant leur union de cinq siècles avec la Pologne, faisaient partie du domaine de la Russie. Il n'y a qu'une difficulté à cela, c'est qu'à l'époque indiquée la Russie n'existait pas. Le grand-duché de Moscou, à peine naissant, ne possédait aucun pays Ruthène. C'est toujours le même système de déception, imaginé pour rattacher l'histoire des Finnois du Volga à celle des Slaves du Dniéper.

« De ce que les Varègues se nommaient Russes, Saint-Pétersbourg prétend revendiquer aujourd'hui tout ce qui leur a appartenu. Nous pourrions cependant indiquer aux savants et diplomates moscovites d'autres régions qu'ils oublient de réclamer. On lit, en effet, dans la Chronique d'Adhémar que, dans le xie siècle, les noms de Russes et de Normands étaient synonymes en Occident (1).

« Pourquoi donc ne pas revendiquer la Normandie et la Sicile, même la France et l'Angleterre ?

« Ce qui est le plus à déplorer, c'est que des historiens polonais ne manquant pas d'autorité, ont été dupes des enseignements moscovites et se sont faits complices involontaires des mensonges habilement imaginés par leurs ennemis. Ainsi, le général Rybinski représente les Moscovites comme issus des Slaves de Nowgorod, de Smolensk et de la nationalité polonaise (2). Si cela était, quel besoin aurait donc l'Europe de se mêler d'une querelle de famille ! Dans un combat de frères, il y a encore mille liens, mille points de contact, qui amèneront un rapprochement : il y aurait presque sacrilége à envenimer les haines par une intervention. Mais c'est précisément cette mensongère

(1) Schafarik signale cette particularité en citant la chronique d'Adhémar : *Antiquités slaves*, vol. II, chap. xxvii.

(2) *La Pologne et ses frontières naturelles.*

prétention à la fraternité qui rend aujourd'hui la lutte inexorable ; et ce qui, avant tout, justifie l'intervention de l'Europe occidentale, c'est que les Polonais font partie de son unité politique et morale, tandis que les Moscovites n'ont rien de commun ni avec eux ni avec elle.

« Comment le général Rybinski peut-il montrer les Moscovites issus de la nationalité polonaise ? Nous regrettons d'avoir une certaine apparence de présomption en rappelant les Polonais à la vérité de leur histoire. Malheureusement, ils se laissent aller à des confusions involontaires, qui viennent en aide aux confusions volontaires de leurs ennemis. Lorsque, par suite même de ces confusions, on veut déplacer leurs frontières, ils doivent bien se garder d'assertions ou de mots équivoques. Or, il faut bien préciser ce qu'on entend par nationalité polonaise ; car il est certain que ces mots n'ont pas le même sens à Saint-Pétersbourg qu'à Varsovie.

« Si l'on veut chercher la Pologne originaire, il faut aller dans le grand-duché de Posen, qui fut le berceau de la monarchie. Mais si l'on cherche la grande Pologne du moyen âge, on la trouve dans la réunion de la Mazovie, de la Lithuanie et de la Ruthénie. C'est cette réunion accomplie au XIVe siècle qui constitue véritablement la nationalité polonaise ; comme c'est la réunion des bassins de la Seine, de la Loire, de la Gironde, du Rhône et de la Moselle qui forme la nationalité française. De la même manière qu'en France, mais plus volontairement encore, se sont réunies ensemble les populations slaves de la Duna, du Dniéper, du Dniester et de la Vistule. Voilà la nationalité polonaise. Or, nous le demandons : est-ce de cette nationalité que sont sortis les Moscovites ? Les Pogodine et les Poroschine eux-mêmes n'oseraient soutenir cette thèse.

« Un autre écrivain égaré par de fausses notions écrit tout récemment   « Jusqu'au XIXe siècle le monde slave a vécu séparé du monde occidental. » Ceci ne ressemble à rien moins qu'à une abdication nationale (1).

____

(1) *La Pologne et la Cause de l'ordre*, cité.

« Faut-il donc répéter que le monde slave finit au bassin du Dniéper ? Que ce monde a été durant tout le moyen-âge essentiellement uni à l'Occident ; que l'unité politique, l'unité de civilisation et de morale fut jusqu'au XVIe siècle maintenue en Europe surtout par les liens du catholicisme, et que les Polonais, défenseurs armés du catholicisme contre les Turcs d'un côté, contre les Mongols de l'autre, étaient essentiellement unis par là aux peuples latins et germains ? C'est ce qui a fait leur gloire et développé leur civilisation. Faut-il rappeler que leurs rapports politiques avec l'Occident remontent bien plus haut que le règne de Henri Ier en France ; que le mariage de ce roi avec une princesse varègue démontre de longs rapports antérieurs ; que leurs ambassadeurs venus au XVIe siècle à Paris pour offrir leur couronne au frère du roi, n'y venaient qu'en souvenir des anciennes traditions ? Qu'au XIIIe siècle, deux cent mille descendants des Scandinaves Varègues, domiciliés en Ruthénie, faisaient les rapports d'unité avec les Scandinaves Normands de la Seine, de l'Angleterre et de la Sicile ?

« L'unité des Slaves avec l'Occident ressort tellement de toutes les institutions, que jusqu'en 1836 les statuts de Magdebourg formaient le régime municipal à Smolensk et à Kiew, aux deux extrémités de la ligne du Dniéper.

« Le même auteur ajoute que la société polonaise différait *essentiellement* des autres sociétés européennes, parce que la féodalité et le droit féodal y étaient inconnus. Cet argument appelle plusieurs objections importantes.

« D'abord, la féodalité ne constitue pas le caractère politique de l'Occident, car la féodalité existait chez les Mongols.

« Ensuite, la Lithuanie, sans laquelle la vraie Pologne n'existe pas, était féodale au plus haut degré ; et partout où passèrent les Varègues, la féodalité dominait. Il n'y a que ceux établis depuis sur le Volga qui sortirent de ce régime pour accepter l'autocratie qui leur était offerte par leurs sujets finnois.

« Enfin, la féodalité n'est qu'une des manifestations secondaires de l'état social, nullement renfermée exclusivement dans l'Occident. Mais ce qui y est exclusivement, ce qui en fait le caractère essentiel, c'est l'individualisme, l'attachement au sol, et comme lien religieux le *latinisme*. Voilà ce qui appartient aux Slaves, comme aux Germains et aux Latins ; voilà ce qui fait l'unité occidentale.

« Les erreurs capitales que nous venons de signaler, ont besoin d'être relevées, surtout parce que venant d'écrivains polonais, elles influent sur les jugements des étrangers. Ainsi, il y a bien peu de jours, un publiciste français, défenseur énergique de la Pologne, écrivait ces mots : « Ne perdons pas de vue que, dans ce grand mouvement de l'insurrection polonaise, il y a une tendance du génie slave à venir participer à la vie de l'Occident (1). » Si l'auteur avait dit : « tendance à *revenir*, » après une séparation violente, il eût été dans le vrai. Mais ses paroles semblent indiquer un fait nouveau, et c'est là méconnaître la tradition historique, c'est faire une concession bénévole aux enseignements mensongers de Saint-Pétersbourg.

« Si les Polonais sont restés jusqu'au XIXe siècle politiquement étrangers aux peuples latins et germains, avec qui donc étaient-ils politiquement liés ? Est-ce avec les Moscovites ? Mais toute leur histoire n'est qu'une suite de luttes contre eux, luttes acharnées et implacables, aussi implacables qu'aujourd'hui ; mais leur déchéance commence au jour de leur première alliance avec les Moscovites, alors que leur roi allemand Auguste, électeur de Saxe, fait marcher dans les mêmes rangs le drapeau de la Pologne et l'aigle du tzar. Voilà le sacrilége qui inaugure le XVIIIe siècle et brise toutes les traditions historiques de la Pologne.

« Pour être dans le vrai, il faut dire le contraire de ce que dit l'auteur que nous avons le regret de combattre. En effet, jusqu'au XVIIIe siècle l'histoire de la Pologne est essentiellement unie à celle des peuples latins et germains ; c'est son époque glorieuse : au commencement du XVIIIe siècle, la Pologne entre en rapports politiques avec la Moscovie, c'est le signal de sa décadence.

(1) *Siècle*, 1er novembre 1863.

« Nous avons déjà fait ample justice de ces hérésies historiques (1) fort habilement combinées par les Moscovites, très-maladroitement acceptées par des Polonais. Il nous faudra sans doute y revenir souvent, car l'opiniâtreté dans l'erreur commande l'opiniâtreté dans les réfutations.

« Quant au prince Wassiltchikoff, il a parfaitement la conscience de ce qu'il fait en faussant les traditions de l'histoire. Les provinces lithuano-ruthènes sont une trop belle proie pour les rendre à l'Europe occidentale : en conséquence, on leur conteste leurs anciens titres, et on leur ravit même leur acte de naissance et leurs papiers de famille.

« Un décret, de date récente, peut être considéré comme le complément de la proclamation Wassiltchikoff. Par ordre du gouvernement de Saint-Pétersbourg, il vient d'être signifié à tout propriétaire des *provinces occidentales* d'origine polonaise, qui se trouverait à l'étranger, de rentrer dans le pays, sous peine de confiscation. On voit l'alternative où ils se trouvent. S'ils rentrent, ils seront déportés ou massacrés ; s'ils ne rentrent pas, ils seront ruinés.

« Il faut remarquer aussi ces expressions *d'origine polonaise* contenues dans le décret. En excitant les paysans contre les propriétaires, le gouvernement prétend signaler ces derniers comme d'anciens envahisseurs venus des bords de la Vistule. Quelques historiens polonais ont eux-mêmes partagé cette erreur : nous l'avons déjà réfutée. Les nobles de la Ruthénie descendent, pour la plupart, des anciens Varègues ; les Ruthéniens et les Lithuaniens font partie de la nationalité polonaise, ainsi que nous l'avons expliqué, mais sans pour cela être *d'origine polonaise*, de même que les bretons et les provençaux font partie de la nationalité française, sans pour cela être d'origine française.

« Nous connaissons même à Paris en ce moment plusieurs descendants de Rurik et de Guédémine, lesquels vont avoir leurs biens confisqués en vertu de ce décret qui semble s'adresser aux propriétaires *d'origine polonaise*.

(1) *Question européenne improprement appelée polonaise.*

« L'effet moral et politique de la proclamation Wassiltchikoff était facile à prévoir.

« C'est une proscription en masse, frappant d'un seul coup un demi-million de catholiques : on les signale comme une proie, et pour faciliter toute entreprise contre eux, non-seulement on leur enlève tout instrument de défense, on désarme aussi la loi, et l'on invite toute mauvaise passion à s'exercer librement.

« Que pouvaient dès lors ces hommes voués par l'autorité aux spoliations et aux égorgements ? Quand même des haines séculaires ne les eussent pas séparés de leurs oppresseurs, ils n'avaient plus qu'à prendre conseil de leur désespoir. Le représentant officiel du gouvernement se transformait en agent provocateur ; l'insurrection devenait pour eux une légitime défense. Il fallait même qu'il y eût chez eux une patience surhumaine pour que l'insurrection n'ait pas éclaté plus tôt. »

Nous avons très-peu à ajouter à ces savantes réponses au général Wassiltchikow et aux Panmoscovites polonais.

L'auteur des réponses qu'on vient de lire ne dit rien sur les preuves de la slavicité des Moscovites présentées par le général Mieroslawski ; et, en effet, ces preuves ruinent elles-mêmes la théorie. Pourtant nous devons en constater les erreurs. Nous le ferons, après avoir soumis au jugement de nos lecteurs les raisons que présente l'auteur des deux brochures : *La Pologne et la cause de l'ordre* et les *Conditions d'une paix durable*. On verra que tous les défenseurs des oukases d'Elisabeth Petrowna et de Catherine II décrétant, comme nous savons déjà, le slavisme des Moscovites, se trompent volontairement ou involontairement par l'idée erronée sur *la colonisation de la Moscovie par les Slaves de Novgorod et du Dniéper* (car il n'y a que le général Rybinski qui les fasse descendre de la nationalité polonaise). Voici le raisonnement de M. Zb. :

« C'est une chose prouvée que les Russes-Moscovites, ou
« Grands-Russes, sont un *mélange* de la race slave avec des peu-
« ples finno-turcs, auxquels la première *s'est superposée*. Cette
« présence de l'élément ouralien donne la raison de beaucoup
« de phénomènes moraux et sociaux qui se rencontrent en

« **Russie (1)** : 1° les aptitudes de l'esprit russe ; 2° la vie com-
« munale ; 3° la constitution spéciale de la propriété ; 4° le
« penchant à la servitude ; 5° le faible sentiment du droit ; et
« 6° le respect du fait. Tout ce fond du caractère moscovite est
« incontestablement d'origine ouralienne ou asiatique , auquel
« le sang slave est venu donner un dehors européen.

« Nous ne pensons pas cependant que les Russes-Moscovites
« ne doivent pas être considérés, *en politique*, comme faisant
« partie du monde slave, puisque, malgré les éléments particu-
« liers qu'ils y ont apportés, *leur langue*, *leur littérature*, *leurs*
« *rapports historiques* les ont fait entrer dans l'orbite de la vie
« slave (2). »

Tels sont à peu près les raisonnements de MM. Pagodine,
Schewyriew, Parochine, Schnitzler et de tous les défenseurs de
la slavicité des Moscovites. Tous supposent la colonisation des
Slaves en Moscovie occupée primitivement par les Touraniens,
en admettant que l'élément slave s'y est superposé. Précisons
donc encore une fois les événements. Il est vrai que pour expliquer le fait que les Moscovites parlent la langue slave, on
imagine les migrations de Slaves en Moscovie ; mais c'est une
supposition que la critique rejette, car les chroniqueurs men-
tionnent l'établissement de quelques colons slaves en Moscovie,
mais ils parlent de colons Novgorodiens établis vers la Sibérie
(sur la rivière Viatka). C'est une fraction de Novgorodiens qui
s'y établit, comme dit Karamsin par suite des guerres civiles.
(Hist., vol. III, année 1174.) S'il y avait eu des colons slaves établis en Souzdalie, ils en auraient parlé. Le silence des chroniqueurs sur la colonisation des Slaves en Souzdalie, prouve que la
transportation par les princes rurikowitches, de quelques colons
slaves dans ce pays, était à leurs yeux de peu d'importance, de
même que la transportation sur le Dniéper de colons touraniens. Les chroniqueurs ne se contentent pas de ne rien dire

(1) C'est nous même qui ajoutons l'ordre numérique des différences que
l'auteur établit entre les Moscovites et les peuples aryâ-européens , et qui
unissent les premiers avec les Touraniens.

(2) *Des Conditions d'une paix durable*, page 67.

sur la migration volontaire ou involontaire des Slaves en Souzdalie, mais ils constatent encore que les Touraniens habitaient
la Souzdalie dès les temps les plus anciens et qu'ils ne la quittèrent jamais. Telle est la conviction de Nestor et de ses conti-
nuateurs jusque dans le XVIIIe siècle, car les *Stiepennyia Kniglii* et
le *Bytopisaniie Rassyskago Narodu*, dont nous avons parlé, commencent l'histoire des Moscovites par les tribus Ves, Mera et
autres qu'ils reconnaissent pour non-Slaves. 4° Karamzin, sur
l'autorité duquel M. Schewyrieff aime à s'appuyer, commence
l'histoire des Moscovites de nos jours, par l'indication sur sa
carte, jointe au Ier vol. et au chap. 2, que même la partie septentrionale du gouvernement de Novgorod et la partie orientale
du gouvernement de Twer, de même que les gouvernements de
Moscou et de Vladimir n'étaient pas habités au Xe siècle par les
Slaves mais par les Finnois, Ves, Mera, Mourema et autres tribus touraniennes; que ce sont ces tribus que l'historien romain,
Tacite, a en vue dans la caractéristique des Finnois qu'il représente de son temps comme étant encore des chasseurs; enfin,
Karamzin dit que ces Finnois-Moscovites (qu'il appelle *Finnois-
Russes*, comme il nomme les Slaves de Novgorod, du Dniéper et
du Dniester, *Slaves-Russes*) n'étaient déjà plus à l'époque de
Nestor des tribus sauvages comme les présente Tacite, car ils
avaient déjà des demeures fixes et des villes dont il cite quelques-unes (Biéloiezorsk ou Wes-Yervi, [Rostow, Mourom). Il y a
plus : Karamzin, le plus riche défenseur de l'unité de l'État
moscovite (qu'il appelle Russe) sur le Volga, sur la Bérézina et
en Gallicie, tâche de légitimer ses prétentions historiques par
ce fait, que ces contrées étaient unies par les princes russes
rurikowitches, tout en faisant voir dans son *histoire* que jamais,
pas même sous Yaroslaw, le législateur, toutes ces contrées ne
formèrent un état politique (car même sous Yaroslaw beau-père
de Henri Ier, la majeure partie de la Russie-Blanche actuelle et
de la Lithuanie formait l'État de Polotsk). Karamzin ne pouvait
considérer les Moscovites de la Souzdalie comme Slaves d'origine, ou comme issus de colons slaves, car il présente les luttes
des Moscovites contre les Slaves du Dnieper et contre les Nov-

gorodiens, comme luttes de deux éléments complétement opposés, et enfin il constate, ce qui est un fait dominant, que lors de l'invasion des Mongols au XIIIe siècle, c'est la rivière Oka qui formait les frontières réelles des princes rurikowitsches. Les Touraniens au delà de ce cours d'eau, une partie même des Polowtzi avaient des établissements fixes, tandis que les Bourtas, les Mordwa, les Bulgares de la Kama s'occupaient de commerce et d'agriculture, autant, cela va de soi, que les Touraniens peuvent s'en occuper. Personne n'a mieux formulé les droits des Moscovites au slavisme que M. Zb.; mais les preuves fournies par l'auteur renversent ces droits, car la langue et en général la littérature des Moscovites, qu'il appelle Slaves, conservent naturellement des caractères non slaves mais touraniens. L'auteur a fait lui-même le dénombrement des principes touraniens, de la vie des Moscovites, en les résumant dans les six points qu'il est utile de rappeler ; dans les aptitudes de l'esprit, dans la vie communale, dans la constitution spéciale de la propriété (l'auteur aurait dû dire dans la faiblesse du sentiment de la propriété individuelle), dans les penchants à la servitude, dans le faible sentiment du droit et dans le respect du fait.

Pour mettre en harmonie ces différences entre les Moscovites et les Slaves avec ces paroles : « que la race slave s'est superposée à la race finno-turcque en Moscovie ; » ... « qu'il faut considérer les Moscovites comme Slaves en politique; que leur langue, leur littérature et leurs rapports historiques les ont fait entrer dans l'orbite de la race slave, » il faut, disons-nous, créer une nouvelle logique, surtout si l'on prend en considération les événements de l'histoire des Moscovites du XVIe siècle, lorsque la majeure partie des Moscovites étaient hors des possessions des princes russes de Moscou et professaient l'islamisme.

Les Moscovites ne sont pas des Slaves même pour les lexycographes, si ce n'est à deux conditions : 1° qu'ils ne doivent considérer les mots que sous le point de vue purement matériel, sans faire la comparaison de la langue moscovito-slave avec les autres langues slaves sous le point de vue euphémique et surtout sous le point de vue des caractères de civilisation.

M. Zb., en disant que les Moscovites doivent être considérés comme *Slaves en politique*, ne s'explique pas clairement. En s'efforçant de faire passer les Moscovites pour Slaves par rapport à la langue et la littérature, on pourrait penser que, d'après l'auteur, les Moscovites suivent une politique découlant des besoins des Slaves. Mais c'est là une aberration contre laquelle proteste toute histoire, même celle des Novgorodiens, des Pskoviens, des Smolenskiens, des Petits-Russes, des Lithuano-Routhènes d'avant le xive siècle et depuis. L'auteur veut-il dire que les Moscovites doivent être considérés comme Slaves en politique, en ce sens qu'ils développent le panslavisme? Mais dans ce cas, ils sont encore plus Touraniens en politique et ne peuvent être considérés que comme tels, car dans l'Asie centrale, en Chine, ils se présentent comme Touraniens et y développent le pantouranisme. Les Moscovites parlant le slave n'ont pas de Slaves qui seraient aussi bons Moscovites que les douze millions d'après M. Viquesnel, et les quinze millions d'après nos calculs, de Touraniens qui parlent le slave comme langue officielle imposée et leurs idiomes nationaux. Les paysans novgorodiens et pskoviens eux-mêmes ne sont pas aussi bons Moscovites que ces Tourans.

Nos explications sur les autres points du programme de ce chapitre seront plus courtes, mais elles renfermeront la réfutation des erreurs que nous combattons.

3° Sur les difficultés de l'introduction de la religion chrétienne en Moscovie.

Les erreurs sur les rapports des Moscovites avec les Slaves de Novgorod, des bassins du Dniéper et du Dniester, avant l'invasion des Mongols au treizième siècle, sont si nombreuses et d'une si grande importance, surtout pour ce qui concerne le progrès de la religion chrétienne et ensuite de la langue slave en Moscovie, que nous croyons satisfaire nos lecteurs en ajoutant, à ce que nous avons dit sur ce sujet, quelques passages du mémoire de M. Viquesnel. Ces passages constatent : 1° Que la ville de Nijni-Nowgorod elle-même n'a été fondée que l'an 1221 ; que, par conséquent, l'idée sur la grande extension des possessions des princes russes en Moscovie avant l'invasion des Mongols est une idée erronée ; 2° que les princes rurikovitches ne parvinrent à soumettre par la force des armes, même la petite minorité des Moscovites, ceux des gouvernements les plus rapprochés des Petits-Russes actuels et des Russes-Blancs, que dans les douzième et treizième siècles ; qu'ensuite, les traditions historiques des Slaves soumis aux Russes n'appartiennent nullement aux Moscovites ; car les Moscovites de nos jours sont les descendants directs des Moscovites Vès, Mera, Mouromiens et autres Touraniens qui luttaient contre le christianisme. Un des passages que nous allons citer démontre que les guerres des princes rurikovitches, unis aux Slaves du Dniéper contre les Moscovites musulmans de la Souzdalie, aux douzième et treizième siècles, ont retenti jusque dans l'Asie centrale, et y ont causé cette grande perturbation qui provoqua l'invasion en Europe des frères des Moscovites, les hordes de Gengiskhan. Voici ces passages :

« *Frontières orientales des possessions russes à l'époque de l'invasion des Mongols* (1224-1238). La fondation de Nijni-Nowgorod en 1221, dans les circonstances où elle s'est accomplie (guerre contre les Bulgares dont l'auteur vient de parler), rectifie les idées exagérées qu'on est trop enclin à admettre sur l'étendue que présentaient les possessions des princes russes au moment de l'invasion des Tatars. Antérieurement à cette époque, on a vu quelquefois ces princes pousser des expéditions militaires jusqu'aux chaînes du Caucase et de l'Oural. Mais ces expéditions passagères, plus glorieuses qu'utiles, et dont le pillage était le but principal, furent insuffisantes pour soumettre les peuples guerriers qui possédaient ces contrées. L'histoire prouve que, loin de pouvoir étendre leurs conquêtes à de telles distances, *ils ne parvinrent à dompter définitivement qu'aux douzième et treizième siècles les habitants des pays qui constituent*

*les gouvernements actuels de Koursk, d'Orel, de Kalouga, de Vla-
dimir et Nijni-Nowgorod (partie orientale).* »

Après avoir démontré les difficultés qu'ont eues les princes
rurikovitches à soumettre les Moscovites de la partie orientale
du gouvernement de Wladimir (les Mouromiens) et à y introduire
la religion chrétienne, depuis Wladimir le Grand jusque dans
le commencement du [treizième siècle, M. Viquesnel continue
ainsi :

« Ce n'est donc pas avant l'année 1221 (ou 1223 selon les
biographies déjà citées) qu'on peut placer la dernière bataille
livrée par les princes russes aux Mouromiens musulmans·
(*Remarquons bien que les Moscovites de la partie orientale du
gouvernement de Wladimir, adjacent à celui de Moscou, étaient
musulmans l'an 1221.*) » Ce n'est pas avant cette époque que le
christianisme et le slavon qui servait à sa propagation ont pu
devenir dominants dans leur pays. »

Voilà les réponses péremptoires à tous ceux qui commencent
l'histoire des Moscovites à Nowgorod, à Pskow, sur le Dniéper et
en Gallicie, au lieu de la commencer en Moscovie même, réponse
à ceux qui parlent de l'union des Moscovites avec les Slaves de
Nowgorod et du Dniéper par les Normands ou Varègues.

*Retentissement en Asie de la conversion au christianisme des
tribus finnoises au douzième et au treizième siècle.*

« Les recherches de M. Duchinski sur les luttes sanglantes
du christianisme et de l'islamisme, au douzième et au treizième
siècle, dans les contrées qui touchent aux portes de Moscou
(gouvernements actuels de Wladimir et de Nijni-Nowgorod), au
centre de la nationalité moscovite, seront de véritables révélations pour la plupart des lecteurs, habitués à considérer les
Moscovites comme des Slaves devenus chrétiens à la fin du
dixième siècle, sous le règne de Wladimir; c'est pour ce motif
que nous avons exposé avec détails les preuves à l'appui de son
opinion. L'époque de ces graves événements, la scène où ils se

sont accomplis, méritent de fixer l'attention, car la victoire du christianisme et l'introduction de la langue slavone *par la force des armes*, dans cette partie de l'Europe située aux confins des peuples Indo-Européens et Ouraliens, ont dû jeter chez les tribus musulmanes voisines une perturbation dont le retentissement s'est propagé en Asie. Aussi M. Duchinski s'est-il posé la question de savoir si le triomphe de la religion chrétienne sur les bords de l'Oka (gouvernements actuels de Wladimir et de Nijni-Nowgorod), au treizième siècle, ne doit pas figurer au nombre des causes qui attirèrent, dans la Russie, les frères de race des Mouromiens, les Tatars ou Turcs, pendant le courant du treizième siècle. Il répond à cette question de la manière la plus positive. » (Mémoire cité, p. 540-541.)

4° Nous croyons avoir suffisamment démontré que les écrivains qui écrivent l'histoire des Moscovites se trompent fortement en la commençant sur la Moskwa et sur la Kliazma, c'est-à-dire en Souzdalie; car la majorité des Moscovites n'a été soumise aux princes rurikowitches que dès la seconde moitié du xvi⁰ siècle (conquête des khanats de Sibérie, de Kazan et d'Astrakhan par Ivan IV); c'est donc dans l'étendue de ces khanats qu'il faut placer l'histoire des Moscovites, en tant qu'il s'agit de la majorité de ce peuple. Les extraits que nous avons faits des travaux de M. Viquesnel, et que l'on vient de lire, corroborent le principe que nous indiquons. Il ne nous reste qu'à prouver que, la religion chrétienne et par conséquent la langue slave ne furent introduites en Moscovie que par la force des armes. L'opposition de la minorité des Moscovites au christianisme et par suite à la langue slave est bien caractérisée par les conclusions de M. Viquesnel. Du reste, le rapport des évêchés, qui étaient au nombre de treize dans les gouvernements de Novgorod, Smolensk, sur le Dniéper et le Dniester, comparativement à la Moscovie qui n'en comptait qu'un, au commencement du xiii⁰ siècle, éclaircit le mieux la question. Si après le règne d'un Youry Dolgorouki, meurtrier du khan des Méras, Koutcko, d'un André de Bogolub-Kitau, les Moscovites s'opposaient, jusqu'en 1223, à la religion chrétienne, que n'avaient-ils pas fait en

Souzdalie à cette époque ? Mais la majorité des Moscovites, nous l'avons déjà dit, et nous le constatons encore, ne montra pas autant d'opiniâtreté à conserver leur langue et leur religion ; ils ont su au moins combiner leurs religions et leurs langues de manière à satisfairé leur conscience et leur passé avec leurs nouveaux devoirs ; ils sont devenus indifférents en matière de religion, ce qui est du reste, inné chez les peuples touraniens, surtout chez les Chinois. Nous ne connaissons pas de guerres qu'auraient fait les princes rurikowitches de Moscou, pour convertir leurs frères des khanats de Sibérie, de Kazan et d'Astrakhan, guerres que les princes rurikowitches du Dniéper firent contre les Moscovites de la Souzdalie depuis Vladimir le Grand.

Voilà ce qui a fait dire que les Moscovites sont tolérants en matière de religion. Or le fait est que les Moscovites sont indifférents en matière de religion sans cesser d'être fanatiques ; chez les Moscovites comme chez les Chinois, la religion est une question purement politique. Du reste, les manières dont les Moscovites protègent la religion chrétienne répondent au génie politique de leur race, mais ces manières sont tout l'opposé de la tolérance. Aussi l'histoire nous a conservé plusieurs oukases des souverains moscovites, et de simples actes administratifs, ordonnant de massacrer tous les chefs musulmans qui n'embrasseraient pas le christianisme. L'énumération en serait longue. Nous rappellerons seulement ici un acte touchant la propagande de la religion chrétienne et de la langue slave chez les Moscovites. C'est la biographie de saint Paphnouki de Borowsk qui se trouve dans notre écrit publié à Constantinople en 1856 sous ce titre : *La Pologne et la Moscovie*. (Voir pour les détails le dernier chapitre du Mémoire de M. Viquesnel.)

5° Voici les noms des treize évêchés à Novgorod, sur le Dniéper et sur le Dniester sous la domination des princes rurikowitches : 1° Kiew (métropole) ; 2° Novgorod ; 3° Tchernigow ; 4° Bielohorodka ; 5° Vladimir (Volhynie) ; 6° Peréjasław ; 7° Youriew (sur la rivière Roś, non loin de Kiew) ; 8° Połotsk ; 9° Tourowsk ; 10° Smolensk ; 11° Halicz ; 12° Peremyśl ; 13° Ouhrowsk, transporté sous la domination mongole à Chelm, actuellement dans le gouvernement de Lublin. À la même époque, il n'y avait qu'un seul évêché en Moscovie, à Rostow, dans les pays des Méras. Les Méras chassèrent les deux évêques, envoyés par Vladimir le Grand, Fieodor et Hilarion, massacrèrent saint Léonti et saint Issaïa et autres évêques et missionnaires, vers la fin du xie siècle.

6° Le judaïsme des Moscovites est un trait aussi distinct de leur individualité que celui du communisme. Le lecteur a remarqué que ce sujet nous occupe à différentes reprises. Nous croyons plaire aux savants français en leur annonçant que M. l'abbé Rożanski, (de la paroisse de Sainte-Marie de Batignolles), complète nos études, en montrant l'enchaînement des faits qui unissent l'histoire des dix tribus juives exilées par Salmanasar avec les Moscovistes judaïstes. Il y a encore des lacunes dans les travaux de l'abbé Rożanski, mais ce sera certainement l'exposé le plus complet sur le sujet. L'auteur s'occupe de sa traduction du polonais en français.

Il nous suffit de rapporter ici les paroles de Rulhière, et un des nombreux oukases touchant les Moscovites juifs :

« Mêmes cérémonies, dit Rulhière, mêmes usages civils, même infidélité dans le commerce... Les Russes, se glorifiant de cette ressemblance, bâtirent leur cathédrale sur le modèle du Temple de Jérusalem, et les Juifs, étonnés de cette conformité singulière de mœurs et d'usages n'ont point douté, aussitôt qu'ils l'ont connue, que la nation russe ne fût une de leurs tribus autrefois dispersées en Asie (1). »

Comme on a vu plus haut, nous comptons environ 15,000,000 de Moscovites de nos jours comme descendant des Moscovites qui professaient le judaïsme, et 20,000,000 dont les pères pratiquaient le musulmanisme au xiiie siècle, en commençant par ceux de Mourom, dont il a été question au paragraphe 3.

7. La fécondité des femmes juives est proverbiale. Les Juifs suivent, sous ce rapport, le précepte de l'Ancien-Testament, qui dit : « Croissez et multipliez. » Les peuples aryâs s'attachent

L'Histoire de l'Anarchie, chap. V.

au contraire à l'esprit du Nouveau-Testament ; il ne s'agit plus, en effet, du nombre des hommes, comme dans le monde ancien, il s'agit de leur qualité. Les statisticiens, surtout ceux de nos jours, jugent de l'état de prospérité des peuples d'après l'Ancien-Testament. Les Chinois et les Moscovites sont encore sous la loi de la nature purement physique ou physiologique. Nous avons vu que les institutions moscovites les plus nationales, comme le communisme, récompensent les naissances. Pour ce qui concerne la fécondité des femmes moscovites sous le point de vue physiologique, voici le fait constaté par un journal de Saint-Pétersbourg bien connu à Paris. Nous lisons, en effet, dans l'*Abeille du Nord* du 17/29 novembre 1862, les paroles suivantes :

« Fécondité des femmes des sectaires, d'après les informations du comité statistique de Saint-Pétersbourg. — L'an 1861 l'*isprawnik* (commissaire de police) du district de Gdow, du gouvernement de Saint-Pétersbourg, communique au comité de statistique de Saint-Pétersbourg les informations suivantes sur les raskolniks du district dont il est chef. Il en résulte, qu'il y a dans ce district 208 raskolniks hommes et 235 femmes. Ils ont produit par naissance, dans l'espace d'une année, 221 garçons et 222 filles. »

L'*Abeille du Nord* ajoute les réflexions suivantes sur ce court rapport officiel du commissaire du district de Gdow au comité statistique de Saint-Pétersbourg :

« Si l'on admet, dit l'*Abeille*, que la moitié du nombre de 235 femmes qui ont fait 443 enfants dans une année étaient incapables d'engendrement à cause de l'âge, alors il sera clair, que chaque femme raskolnique a mis au monde, en une seule couche, quatre enfants, et quelques-unes seulement trois. Cette fécondité extraordinaire, ajoute de sa part le journal de Saint-Pétersbourg, fut accompagnée de cas de mortalité très-peu nombreux, tant pour ce qui concerne les femmes accouchées que les enfants nouveau-nés. »

En effet, d'après les données citées par l'*Abeille*, il résulte que dans le courant de la même année, il n'y eut de morts parmi les femmes et enfants que dix femmes et quarante deux enfants.

Ce sont là des faits, des chiffres, qui méritent l'attention des anthropologues, des physiologistes, des psychologistes, des moralistes, des statisticiens et des hommes d'Etat. Comme l'on voit, les Moscovites vivent tout simplement sous la loi de la nation, et nullement sous la loi de la charité chrétienne.

Le gouvernement de Smolensk n'appartient pas à la Grande Russie, mais à l'Europe slavo-germano-latine, même sous le point de vue des lois physiologiques qui se manifestent dans l'état relatif à la naissance. Ce fait est constaté par les statisticiens moscovites. Voir, entre autres : *Statistitcheskeia Materialy*, publié à Saint-Pétersbourg, l'an 1839-1840.

PROGRAMME GÉNÉRAL

DE LA SECONDE PARTIE DE NOS TRAVAUX

Cette seconde partie aura pour but de formuler l'histoire des peuples Aryâs-européens et Touraniens, en la divisant en époques et périodes, et en caractérisant chacune de ces divisions et subdivisions. Les dissertations scientifiques y occuperont la place subalterne. Mais nous aurons occasion d'apporter de nouvelles preuves sur les points soumis à notre étude, et qui peuvent être considérés comme faisant suite aux sept points que nous avons déjà examinés.

8° — Différence des idées sur la moralité entre les Moscovites et les Petits-Russes. Manifestation des Petits-Russes à conserver leur autonomie ; — 9° Preuves que les Moscovites, comme les Chinois, ne se divisent pas en castes ; tous sont égaux devant la loi ; se divisent en fantassins et en cavaliers. Preuve de l'unité des Moscovites avec les Chinois, sous le point de vue de l'application des idées à la propriété territoriale ; — 10° Preuves des efforts du cabinet de Saint-Pétersbourg tendant à développer les idées communistes et les penchants nomades de ses sujets ; — 11° Preuves que les femmes moscovites sont plus immorales que les hommes ; — 12° Preuves que les Moscovites n'ont pas de nationalité, qu'ils vivent purement de principes de races ; — 13° Reconnaissance par les Moscovites du polonisme des provinces Lithuano-Ruthènes ; — 14° Preuves du catholicisme de ces provinces avant l'invasion mongole, au XIII° siècle ; — 15° Prohibition en France, du manifeste de Catherine II, à cause de ses tendances révolutionnaires. Efforts de la Tsarine à arrêter le progrès de l'instruction ; — 16° Les peuples Touraniens, ayant pour principal but de leur vie : la sûreté, la sécurité ; ont pour garantie de ces buts : l'autocratie et le communisme. Les peuples aryâs-européens ayant pour principal but la liberté, ont pour garantie de ce but, les quatre castes ou classes : le clergé, les guerriers (noblesse), les bourgeois et les paysans. Les Slaves, les Latins, les Gaulois et les Germains, sont arrivés en Europe avec les castes aryâs ; elles furent modifiées déjà par les Romains et les Grecs païens.

Ce qui suit satisfera certainement nos collaborateurs de l'étranger.

Résumé des sujets que nous préparons pour être soumis à l'attention des différentes Sociétés scientifiques de Paris : 1° à *l'Institut de France* : sur la nécessité de la nouvelle division de l'histoire du genre humain en époques et périodes, et nos principes sur ces divisions ; 2° à *la Société anthropologique* : quelques remarques légitimant notre division du genre humain sous les points de vue physiologico-psycologique et physiologico-moral, dont les premiers traits sont exposés dans le présent ouvrage ; 3° à *la Société ethnographique* : sur les rapports entre les frontières géographico-ethnographiques et géographico-politiques des pays et peuples slaves et moscovites, qui furent soumis aux princes russes rurikovitches avant l'union des premiers avec les Slaves de la Vistule ; sur l'impossibilité de considérer les Kozaks pour Slaves ; 4° à *la Société géographique* : sur les rapports entre l'ethnographie et l'hydrographie dans l'Empire russe ; 5° à *la Société des antiquaires* : sur les nouvelles découvertes des savants moscovites, concernant les monuments mongoliques qui s'élèvent au fond de la Sybérie et de l'Asie centrale jusqu'aux frontières géographico-ethnographiques des Slaves (avec figures); 6° *à la Société de botanique* : sur le peuplier en Moscovie et dans les pays du bassin du Dniéper : 7° *à la Société statistique* : les nouvelles preuves légitimant la nécessité des réformes dans la division des sujets de statistique dans l'Empire Russe, et que nous présentons dans l'ouvrage actuel ; 8° *à la Société zoologique* : quelques remarques sur les races chevaline, bovine, et les chèvres, dans le bassin du Volga et du Dniéper. Pourquoi nous annonçons nos travaux sur ces différents sujets et sur l'époque de leur communication à ces diverses Sociétés.

Aujourd'hui, 4 mars, nous avons commencé la quatrième année de notre cours d'histoire des peuples Aryâs-européens et Tourans (1). Pour cette année nous avons pris pour objet : *Études sur les éléments fédératifs des Aryâs-européens*. Voici les conclusions de l'exposé de notre première conférence :

Nous terminons. Jamais les sciences géographico-ethnographico-historiques n'avaient été appelées à servir à l'apaisement des peuples comme de nos jours. Nos réunions auront pour but cette année, les études sur les éléments fédératifs des Aryâs, c'est-à-dire des peuples Latino-germano-slaves, jusque dans le bassin du Dniéper ; car, en effet, au-delà de ce bassin, aujourd'hui comme à l'époque d'Hérodote, habitent les peuples chez lesquels prédominent les penchants nomades et trafiquants. Les Moscovites, comme les autres peuples Touraniens, n'ont pas d'éléments fédératifs ; ils ne formaient et ne présentent encore de nos jours que des associations qui garantissent la sûreté de leur existence. Mais nous n'oublierons jamais que le but de nos réunions est de servir à l'apaisement des luttes entre les Aryâs et les Tourans, que sans le bonheur des Touraniens, celui des Aryâs-européens ne sera jamais complet, car il ne pourra se consolider.

(1) Au cercle des Sociétés-Savantes, 3, quai Malaquais.

30146 Paris. — Imprimerie Renou et Maulde, rue de Rivoli, 144.

FRONTIÈRES ENTRE LES PEUPLES INDOEUROPÉENS ET TOURANIENS

dès le VI Siècle avant J.C. au XVII Siècle de notre Ère

Fig. 1. DEMEURES ANCIENNES ET PRIMITIVES DES TRIBUS SLAVES AU IV SIÈCLE AVANT J.C.

Les fig. 1 et 2 de cette planche, ainsi que la planche 20, sont destinées à servir d'explication à l'Appendice I du tome I

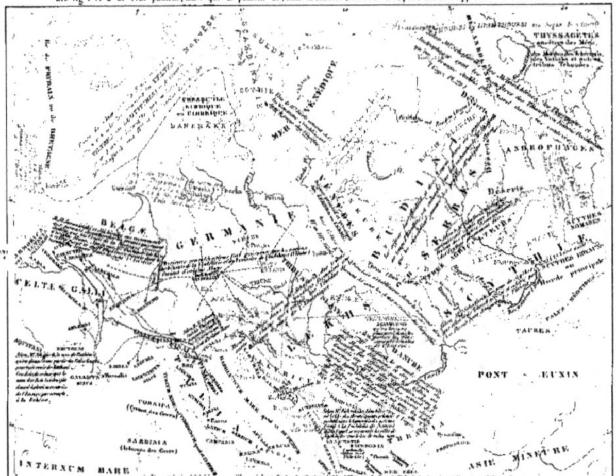

Explications de la Figure 1re.

Mettant à profit les travaux de ses devanciers, M. Schafarik a développé, dans son célèbre ouvrage sur les *Antiquités slaves*, ce fait capital que les peuples de race slave originaires de l'Asie ont habité l'Europe depuis les temps antéhistoriques, et qu'ils y sont contemporains des autres races de la même famille indo-européenne, c'est-à-dire des Celtes, des Germains, des Lithuaniens, des Thraces, des Grecs et des Latins. D'après ce savant écrivain, les Slaves s'établirent primitivement, non pas sur le Danube, mais sur la Vistule où ils consolidèrent leur puissance avant que l'histoire n'enregistrât leurs faits et gestes. Plusieurs tribus de même race se fixèrent sur le Danube et en Illyrie, plusieurs autres sur le Dniéper; mais toutes ces colonies, placées en dehors du bassin de la Vistule, étaient faibles et vivaient au milieu de peuples d'origine différente.

Le nom des *Slaves* est inscrit pour la première fois d'une manière bien positive dans l'histoire, au VI siècle de notre ère, par Jornandès et Procope. Le premier de ces auteurs l'emploie avec ceux de *Vénèdes* et d'*Antes*, le second avec celui d'*Antes*, pour désigner l'ensemble de la nation; ils fournissent ainsi le moyen de relier l'histoire des Slaves du VI siècle après J.-C. à celle des temps qui ont précédé et suivi cette époque. En effet, le commerce de l'ambre avait fait connaître aux Grecs, dès la plus haute antiquité, le nom des Vénèdes. Ce nom doit certainement rappeler celui de leur patrie originaire en Asie. Il a pour radical *Vend* (en allemand, *Wende* et *Winde*; en finnois, *Vene* et *Vanä*). De ce radical sont dérivés les noms de *Venedi*, *Veneti*, *Vindi*, *Veleti*, etc. Le nom des Vénèdes se trouve répandu sous ces différentes formes depuis la Vistule jusqu'à la mer Adriatique. Les Vénèdes se nommaient aussi très anciennement *Serbes* (nation) et *Lekhs* (fils), agriculteurs. Tels étaient les deux noms nationaux des peuples qui furent appelés *Slaves*, dès le VI siècle.

Si l'on compare la distribution géographique ci-dessus des peuples slaves, dans la haute antiquité, avec celle qui leur fut propre au VII siècle de notre ère (voy. la fig. 2 ci-contre), on reconnaît que cette dernière était à peu près la même, et qu'elle n'a varié que dans des limites très restreintes (1). Cependant des événements de la plus haute importance s'étaient accomplis dans l'intervalle immense qui sépare les deux époques.

A. **IV et III siècles avant J.-C.** — Au Nord-Ouest, les Vénèdes, [illegible]

Les flèches indiquent d'une manière approximative les migrations des deux peuples étrangers qui exercèrent, à cette époque, une si grande influence sur les destinées des anciennes tribus slaves.

B. **Du IV siècle avant J.-C. au II siècle de notre ère.** — [illegible]

C. **Du II au VII siècle de notre ère.** — [illegible]

Fig. 2. RAPPORTS ENTRE LES LANGUES SLAVONES ACTUELLES (considérées au point de vue lexicographique) ET LES MIGRATIONS DES TRIBUS SLAVES DU II AU VII SIÈCLE DE NOTRE ÈRE.

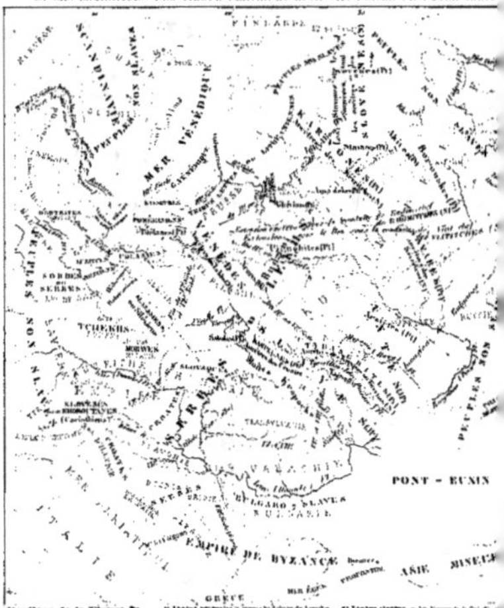

Explications de la Figure 2e.

[illegible]

Gide, Éditeur.

CARTE ETHNOGRAPHIQUE DE LA RUSSIE ET DES CONTRÉES ENVIRONNANTES, AU IX.ᵉ SIÈCLE.
Pour servir d'explication à l'Appendice 1.er du Tome 1.er

EXPLICATIONS.

RÉCAPITULATION PAR ORIGINE.

B. — Classification d'après les langues considérées au point de vue lexicographique.

Principales inscriptions de la carte : MER DES VARÈGUES, SCANDINAVES, KIRIALANDIE, FINLANDE, BIARMIE, PERMIE, SAMOIÈDES, PETCHÉRIENS, IOUGRA, PEUPLES TRIBUTAIRES vers le XII.ᵉ Siècle (tantôt des SCANDINAVES, tantôt des NOVGORODIENS, tantôt des BULGARES), VÈMES, SLOVÈNES, MOXEL, TCHÉRÉMISSES, BULGARES DE LA KAMA, BULGARES BLANCS, KRIVITCHES, RUSSIE BLANCHE, MORDVIENS, OUZES ou TORQUES, PRUSSE, LITHUANIE, LEKHS, VIATITCHES, MECHTCHÉRÈS, TZARISTE DE KAZAN, DRÉGOWITCHES, SÉVÉRIENS, PÉTCHÉNÈGUES, KHANAT D'ASTRAKHAN, POLOGNE, POLIANES, DRÉWLIENS, SOULITCHES, OUGRES, PETITE RUSSIE, NOGAIS, KHOZARS, KHANAT DE CRIMÉE, KHANAT DES, KHUALISSES, HONGRIE, LOUTITCHENS, TIVERSES, TRANSSILVANIE, VALACHIE, BULGARIE, OBÈLES, YNNES, KASSOGUES, MER NOIRE, MER D'AZOF, MER CASPIENNE.

Note au bas de la carte : *Note. L'hydrographie de cette Carte, ainsi que les anciennes parties des limites ethnographiques, ont été calquées sur le Livre qui accompagne l'Histoire de l'Empire de Russie, par Karamsine (Traduction française, Paris, 1819).*

Giès, Éditeur.

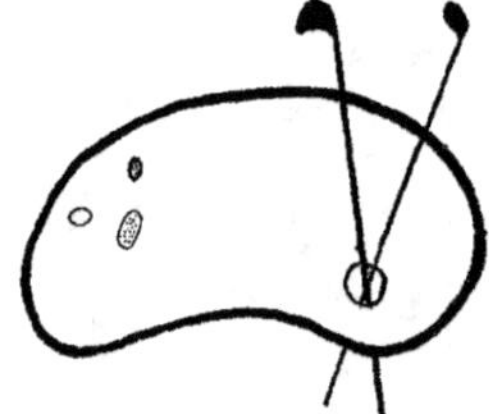

CARTE ETHNOGRAPHIQUE DE LA RUSSIE ET DES CONTRÉES ENVIRONNANTES, AU IX.e SIÈCLE.
Pour servir d'explication à l'Appendice I.er du Tome I.er

EXPLICATIONS.

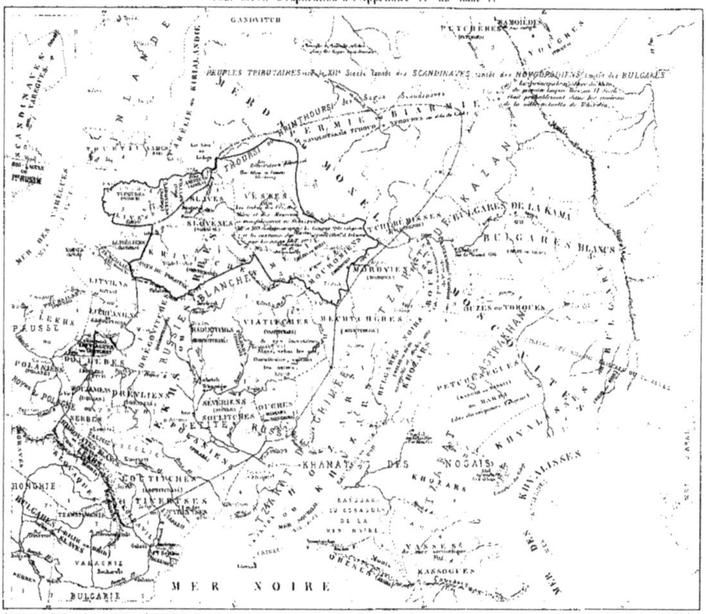

Les limites ethnographiques ont été tracées d'après les travaux d'Alexandre, Nestor, Muller, Schlözer, Lelewel, Karamsin, Schafarik, Nebenzov, Soloviev, Wielinski, Castren, etc. On remarquera que les frontières qui séparent les Slaves des peuples ouraliens, au IX.e siècle, sont restées les mêmes qu'au XVI.e siècle, et l'on peut ajouter jusqu'à nos jours.

Légende des couleurs et signes conventionnels.

RÉCAPITULATION PAR ORIGINE.

B. — Classification d'après les langues considérées au point de vue linguographique.

C. — Classification d'après le double point de vue de civilisation et de rapports historiques.

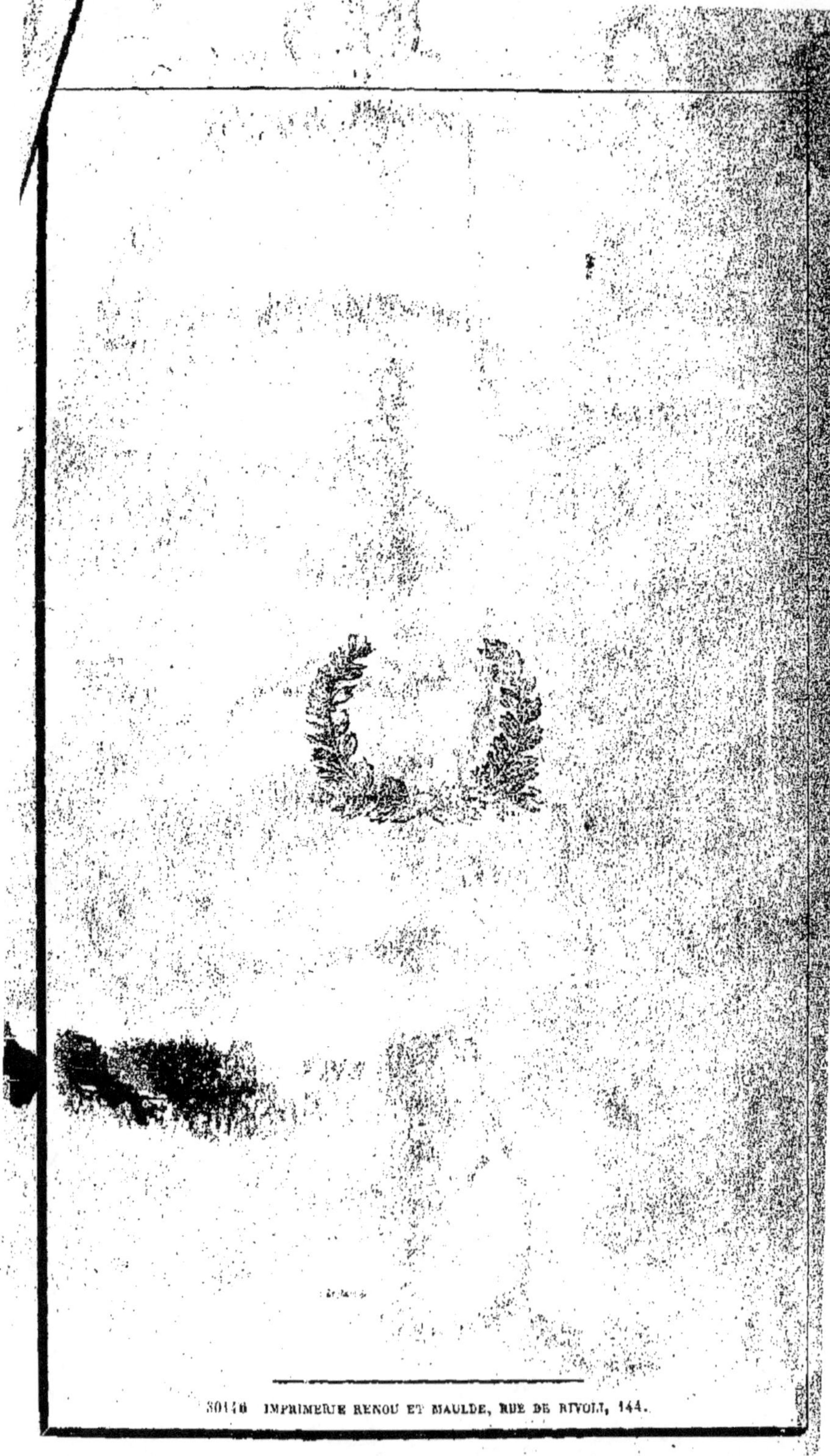

30148   IMPRIMERIE RENOU ET MAULDE, RUE DE RIVOLI, 144.